Este mundo é dos gatos...
você apenas vive nele

Justine A. Lee

Este mundo é dos gatos... você apenas vive nele

Tudo o que você sempre quis saber sobre seu bichano de estimação

Tradução
CARMEN FISCHER

Título original: *It's a Cat's World... You Just Live in It.*

Copyright © 2008 Justine Lee Veterinary Consulting, LLC.
Copyright da edição brasileira © 2013 Editora Pensamento-Cultrix Ltda.
Publicado mediante acordo com Three Rivers Press, uma divisão da Random House, Inc.

Texto de acordo com as novas regras ortográficas da língua portuguesa.

1ª edição 2013.

Todos os direitos reservados. Nenhuma parte desta obra pode ser reproduzida ou usada de qualquer forma ou por qualquer meio, eletrônico ou mecânico, inclusive fotocópias, gravações ou sistema de armazenamento em banco de dados, sem permissão por escrito, exceto nos casos de trechos curtos citados em resenhas críticas ou artigos de revistas.

A Editora Cultrix não se responsabiliza por eventuais mudanças ocorridas nos endereços convencionais ou eletrônicos citados neste livro.

Editor: Adilson Silva Ramachandra
Editora de texto: Denise de C. Rocha Delela
Coordenação editorial: Roseli de S. Ferraz
Preparação de originais: Suzana Riedel Dereti
Produção editorial: Indiara Faria Kayo
Assistente de produção editorial: Estela A. Minas
Revisão: Liliane S. M. Cajado e Vivian Miwa Matsushita
Editoração eletrônica: Join Bureau

Dados Internacionais de Catalogação na Publicação (CIP)
(Câmara Brasileira do Livro, SP, Brasil)

Lee, Justine A.
    Este mundo é dos gatos...: você apenas vive nele: tudo o que você sempre quis saber sobre seu bichano de estimação / Justine A. Lee; tradução Carmen Fischer. – 1. ed. – São Paulo: Cultrix, 2013.

    Título original: It's a Cat's World – You Just Live in It.
    ISBN 978-85-316-1232-9

    1. Animais de estimação – Manuais, etc. 2. Gatos 3. Gatos – Criação 4. Gatos – Cuidados 5. Gatos – Hábitos e comportamentos 6. Relação homem-animal I. Título.

13-05333   CDD-636.8

Índices para catálogo sistemático:
1. Gatos: Criação   636.8

Direitos de tradução para o Brasil adquiridos com exclusividade pela
EDITORA PENSAMENTO-CULTRIX LTDA., que se reserva a
propriedade literária desta tradução.
Rua Dr. Mário Vicente, 368 – 04270-000 – São Paulo – SP
Fone: (11) 2066-9000 – Fax: (11) 2066-9008
http://www.editoracultrix.com.br
atendimento@editoracultrix.com.br
Foi feito o depósito legal.

Para Ma e Ba, por não terem me obrigado a estudar medicina...

Para Seamus e Echo, os melhores gatos do mundo,
pelo alívio do estresse que me proporcionam todas as noites no sofá,
me fazendo de gato (e sapato) e me ensinando que a melhor
maneira de levar a vida é dando muitas espreguiçadas e
curtindo muitas sonecas ao sol...

$\mathcal{S}$umário

Capítulo 1: OS GATOS MANDAM E OS CACHORROS BAJULAM 19

Por que os gatos ronronam?   22

Por que os gatos silvam?   23

Com que acuidade os gatos enxergam no escuro e por que suas pupilas
são verticais?   24

Os gatos têm cáries?   25

Os gatos têm umbigo?   26

É verdade que a curiosidade mata o gato?   26

O gato sente dor quando seus bigodes são cortados?   27

Os gatos soltam pum?   27

Por que os gatos soltam pelos?   28

O que posso fazer para que meu gato solte menos pelos?   29

Por que, quando raspados, os pelos do gato voltam a
crescer com outra cor?   30

Posso pedir emprestada a máquina de cortar cabelos do meu vizinho para
cortar os pelos do meu gato?   31

Por que os gatos soltam mais pelos quando estão na clínica veterinária?   31

8 ESTE MUNDO É DOS GATOS... VOCÊ APENAS VIVE NELE

Por que o meu gato dorme tanto?   32

Todos os gatos são bons caçadores de ratos?   32

Por que os gatos gostam de ficar no lugar mais alto do ambiente e, de
repente, agem como se tivessem medo de altura?   33

Os gatos sempre caem sobre as patas?   34

Por que os gatos preferem beber água corrente?   35

Os gatos gostam de nadar?   36

Por que os gatos malhados cor de laranja são quase sempre machos e
os tricolores são sempre fêmeas?   37

É verdade que gato preto dá azar?   39

Por que meu gato gosta tanto de assistir a corridas de *stock car*?   40

Por que os gatos gostam tanto de apontadores laser? Eles podem
deixá-los cegos?   41

Os gatos siameses são sempre idênticos?   41

Que raios significa atresia anal?   42

Por que os gatos Manx não têm cauda?   42

É verdade que os gatos têm dois pares de pálpebras?   43

Meu gato ouve quando eu falo com ele?   44

Por que os gatos gostam de ficar deitados exatamente no lugar em
que você está lendo?   44

Por que os gatos arqueiam as costas?   45

Por que os gatos gostam de dormir ao sol?   45

Por que a urina dos gatos fede mais do que a dos cachorros?   46

Por que os gatos entram com você no banheiro?   47

Capítulo 2: A CURIOSIDADE MATOU O GATO......................   49

Como saber se sou uma pessoa do tipo canino ou felino?   50

É verdade que um ano de vida de gato equivale a
sete anos de vida humana?   51

Quantos gatos são demais?   53

É mais conveniente adquirir um gatinho recém-nascido
ou um gato já adulto?   55

Devo adotar um gato de pelos curtos ou longos?   56

Os gatos de raça pura são melhores?   56

Que raça de gato é a melhor para mim? Quais são as variedades mais
populares de gatos de raça pura?   57

Por quanto tempo o gato da minha namorada vai viver?   60

Devo terminar com o meu namorado só porque ele não
  gosta do meu gato?   62
Quais são os dez nomes mais populares de gato?   62
É mais conveniente adquirir um gato de raça pura ou um "vira-lata"
  (gato doméstico de pelo curto)?   64
Como adquirir um gato saudável de um criador?   65
É verdade que os gatos têm nove vidas?   67
Como dar comprimido ao meu gato?   67
Como dar comprimido a um gato   68
Como dar comprimido a um cachorro   70
Por que tantas pessoas são alérgicas a gatos e o que causa essas alergias?   70
É possível adquirir um gato hipoalergênico?   71
Eu adoro meu gato, mas sofro de alergia. O que devo fazer?   71
Devo me livrar do meu gato porque meus filhos são alérgicos?   72
Como posso tornar meu gato mais tolerável para pessoas alérgicas
  que venham me visitar?   73
Por que as unhas das patas traseiras do gato parecem crescer menos do
  que as das patas dianteiras?   73
Como e com que frequência devo cortar as unhas do meu gato?   74
Por que o meu gato faz do meu sofá o alvo de seus arranhões e
  como impedi-lo de fazer isso?   76
É crueldade remover as garras de um gato?   78
Posso deixar meu gato sem garras sair de casa?   81
Por que o meu gato tem dedos extras?   81
Meu gato pode doar sangue?   82
O que são FIV e FeLV?   83
O que é hipertireoidismo?   84
É verdade que os gatos de pelo branco e olhos azuis são surdos?   85
O que significa meu gato começar a perder peso?   86
Por que os gatos vomitam tanto?   87
Por que os gatos produzem bolas de pelo e por que elas se
  parecem com fezes?   88
Por que os gatos gostam de lamber as partes íntimas?   89
O que é a DTUI e como tratá-la?   91
Meu gato pode ter espinhas?   92

Capítulo 3: A VIDA QUE OS GATOS PEDIRAM A DEUS...... 93

Quanto é que este gato vai me custar? 95

Devo fazer um seguro-saúde para meu gato? 95

Posso tingir os pelos do meu gato? 97

Posso pintar as unhas do meu gato? 97

Existem creches para gatos? Devo arranjar companheiros para
  meu gato ter com quem brincar? 98

Posso levar meu gato comigo em viagens rodoviárias? 99

Posso levar meu gato para um hotel? 99

Posso levar meu gato comigo numa viagem de avião? 100

Será que o Tigger gostaria de andar vestido? 103

Como prevenir que o pelo do gato fique cheio de nós? 103

As pulgas do meu gato podem passar para mim se ele dormir comigo? 104

Posso dar à minha gata bala de menta para refrescar seu hálito? 105

Quais culturas continuam a reverenciar os gatos? 105

Tenho que ensinar o meu gato a fazer as necessidades na caixa sanitária? 107

Posso treinar o meu gato para usar o toalete? 107

Quantas caixas sanitárias são necessárias? 109

Devo comprar uma caixa sanitária com ou sem tampa? 109

Com que frequência tenho que *realmente* limpar a caixa
  sanitária do meu gato? 110

Argila, grânulos ou cristais? 111

Qual é o tamanho considerado normal para uma mijada de gato? 115

O que posso fazer para tornar a caixa sanitária menos fedorenta? 116

Por que o meu gato gosta de chupar meu suéter de caxemira? 116

A erva-dos-gatos provoca embriaguez? Posso usá-la? 118

O que é crack felino? 118

Capítulo 4: SENSIBILIDADE FELINA.. 119

Existem psicólogos ou "encantadores" de gatos? 120

Posso dar Valium a meu gato? 121

Os gatos são vingativos? 122

Os gatos pensam? 123

Os gatos choram? 123

Os gatos também sofrem a dor da perda? 124

Por que os gatos têm a mania de esfregar a cara e o corpo todo em
  você, nos móveis e nas visitas? 125

Por que os gatos parecem gostar mais justamente daquela única
visita que odeia gatos?   125
O que o meu gato está fazendo quando amassa o meu cobertor?   126
Por que minha gata me ataca quando passo a mão na barriga dela?   126
Por que meu gato gosta de atacar meus tornozelos?   127
O ódio dos gatos pelos cachorros é instintivo?   128
O que fazer para que o meu namorado goste de gatos?   129
Gostaria de saber se o meu gato tem um despertador interno.
O que devo fazer para desligá-lo?   130
O que devo fazer para o meu gato parar de pedir comida às
cinco horas da manhã?   131
Por que alguns gatos cobrem suas fezes e outros não?   132
Será que a minha gata se reconhece no espelho?   133
Qual é a melhor maneira de segurar um gato?   133
É verdade que os gatos podem "sufocar um bebê"?   135
Os gatos conseguem realmente prever a morte ou o câncer?   135
É verdade que os gatos costumam fugir para morrer?   136
O que o meu gato está querendo dizer quando mexe a cauda?   137
É verdade que os gatos podem causar esquizofrenia?   138

Capítulo 5: TREINANDO A FERA DE QUATRO PATAS.......... 141

O que é Feliway e para que servem esses feromônios felinos?   142
Quão apertada deve ser a coleira do meu gato?   143
Posso treinar o meu gato a andar com coleira ou peitoral
preso a uma guia?   144
Como impedir que o Twinkie mate pequenas criaturas inocentes?   145
Por que o Tigger tortura as pequenas criaturas antes de matá-las?   146
Como impedir o meu gato de trazer animais mortos para dentro de
casa e os deixar na minha cama?   147
Como treinar o meu gato para não ficar preso lá no alto de uma árvore?   147
O que posso fazer para que meu gato antissocial se torne mais sociável?   148
Por que os gatos não atendem quando chamados?   150
Posso ensinar novas habilidades ao meu gato?   150
Como fazer com que meu gato gordo e preguiçoso se exercite?   152
Por que o meu gato de repente desata a correr como se estivesse treinando para
uma prova olímpica de 200 metros?   153
Por que a minha gata derruba as coisas de cima dos armários?   153

Capítulo 6: A DIETA CATKINS (OU DIETA ATKINS PARA GATOS)... 155

Qual é o peso ideal do meu gato?   157
Meu gato está com excesso de peso. O que devo fazer?   157
A dieta Catkins é similar à dieta Atkins?   159
É verdade que a obesidade tem um alto custo?   161
Posso dar leite ao meu gato?   162
Por que os gatos comem grama?   162
Como fazer o meu gato parar de devorar a comida?   163
Posso dar comida vegetariana para o meu gato?   164
A comida enlatada faz *realmente* mal aos gatos?   164
Se o meu gato anda torcendo o nariz para a comida que lhe dou,
    posso deixá-lo passar fome até que ele se disponha a comê-la?   165
As pessoas podem ingerir a comida enlatada para gatos?   166
A comida para gatos que custa mais caro é melhor?   167
Posso preparar comida caseira para meu gato?   168
Posso dar comida de gente ao meu gato?   169
Por que alguns gatos não gostam da comida servida à mesa?   170
É verdade que comida enlatada causa hipertireoidismo?   170
Por que certos gatos tentam esconder a vasilha depois de comerem?   172
Por que meu gato gosta de esfregar o focinho no meu cabelo?   172

Capítulo 7: A IMENSIDÃO DO ESPAÇO INTERIOR.............. 173

É verdade que os gatos de rua se divertem mais?   174
Por que os gatos ficam querendo voltar para dentro de casa logo
    depois de terem insistido para sair?   176
Por que os gatos fazem aqueles estranhos sons guturais quando veem um
    passarinho do lado de fora da janela?   176
Quantos pássaros canoros são anualmente exterminados por gatos?   177
É seguro deixar o meu gato pegar ratos e esquilos?   178
Posso deixar o meu gato fora de casa preso a uma guia?   178
O que é um gato feroz?   179
Posso ter um gato "selvagem" em casa?   180
Seria possível, se eu dispusesse de espaço, domesticar um
    tigre ou um gato selvagem?   181
Posso deixar o meu gato passar a noite toda fora de casa?   182
É prudente adotar um gato de rua como novo membro da família?   183

Capítulo 8: SUBSTÂNCIAS TÓXICAS PARA GATOS 185

Quais são as dez principais substâncias tóxicas para gatos?   186

As plantas cultivadas dentro de casa podem ser venenosas
  para os gatos?   187

Há algo de errado no fato de o Tigger gostar dos
  enfeites da árvore de Natal?   190

Por que você não deve usar fio dental ou, se usá-lo, deve livrar-se
  corretamente dele?   191

Se vejo um fio saindo do ânus do meu gato, devo puxá-lo?   191

Se vejo um fio saindo da boca do meu gato, devo puxá-lo?   192

Posso dar ao meu gato um comprimido de Tylenol?   193

Os produtos antipulgas são todos iguais?   194

São duas horas da madrugada. Tenho que realmente levar meu gato à clínica
  veterinária de emergência?   195

Por que os perfumadores de ambiente são tóxicos para os gatos?   196

Por que aquelas bijuterias fosforescentes são tóxicas?   196

Por que o veneno para ratos não mata apenas ratos?   197

Capítulo 9: SEXO, DROGAS E ROCK AND ROLL 199

Por que é tão difícil determinar o sexo de um felino?   200

Por que a cabeça dos gatos machos inteiros é maior?   201

É verdade que o pênis dos machos felinos possui espículas e é voltado
  para trás; ou "Por que os gatos de rua fazem toda aquela barulheira?"   201

Por que não consigo ver o pênis do meu gato?   202

Por que o meu gato tem a mania de lançar jatos de urina?   203

Existem gatos doadores de esperma?   204

Como se comporta uma gata no cio?   205

O que é um Q-tip?   206

"Castração" é a mesma coisa que "histerectomia"?   207

"Capar" é a mesma coisa que "castrar" um animal?   207

Os gatos se masturbam?   208

É verdade que se pode mudar o sexo de um gato?   209

É verdade que a castração reduz o risco de câncer?   209

Eu quero que a minha gata tenha uma ninhada para que o meu filho possa
  presenciar o milagre da vida. O que preciso saber?   210

A reprodução consanguínea ocorre entre os grandes felinos?   212

14 ESTE MUNDO É DOS GATOS... VOCÊ APENAS VIVE NELE

É verdade que muitos felinos de zoológico são portadores
do vírus da AIDS felina?   213

Se o meu gato tem herpes, o vírus pode passar para mim?   213

Por que os gatos gostam de levar umas palmadas no traseiro?   215

Os gatinhos de uma mesma ninhada são gêmeos idênticos ou fraternos?   215

Tenho que me livrar do meu gato quando eu engravidar?   216

Será que o meu gato vai se dar bem com o meu bebê?   217

Capítulo 10: O VETERINÁRIO E OS ANIMAIS DE ESTIMAÇÃO.. 219

Como as idas ao veterinário sempre deixam meu gato muito
estressado, se eu o mantiver estritamente dentro de casa, ele não
precisa mais tomar vacinas?   220

Quantas vacinas meu gato precisa *realmente* tomar?   221

Devo vacinar o meu gato contra a leucemia felina (FeLV)?   222

Por que as vacinas não podem ser aplicadas entre
as escápulas do meu gato?   223

Devo submeter meu gatinho aos exames que detectam se ele
é portador dos vírus FeLV e FIV?   224

Por que os gatos não contraem a doença de Lyme?   225

O que é a febre da arranhadura do gato?   226

A peste bubônica está de volta...   227

Por que a dirofilariose está se tornando cada vez mais
comum entre os felinos?   228

O que o veterinário realmente faz quando leva seu gato
para a sala dos fundos?   229

Com que frequência os veterinários são mordidos por gatos?   229

Existem veterinários que são alérgicos a gatos?   231

Os veterinários são atacados por pulgas?   231

Quais são os dez principais motivos que fazem as pessoas levarem
seus gatos ao veterinário?   232

O que é um especialista veterinário?   233

Qual é a principal implicância que a Dra. Justine A. Lee
tem com a veterinária?   235

Posso confiar num veterinário que não seja ele mesmo
dono de nenhum gato?   235

Vocês fazem ressuscitação cardiopulmonar (RCP) em gatos?   236

Quanto custa sacrificar um animal? 236

Eu tenho que estar presente enquanto meu gato é sacrificado? 237

Existe algum documento pelo qual posso assegurar o direito de decidir
sobre a vida do meu gato em alguma situação de emergência? 238

Os veterinários fazem necrópsias de animais? 239

Quais são as possibilidades de eu dispor dos
restos mortais do meu gato? 241

É verdade que é mais difícil ingressar numa faculdade de veterinária
do que numa de medicina? 241

Por que existem tantas mulheres veterinárias? 243

É verdade que os veterinários detestam ouvir a frase: "Eu queria ser veterinário,
mas não suportei a ideia de ter de sacrificar animais"? 243

Você assiste a casos de violência contra animais? 244

Como saber se um hospital veterinário é bom? 245

Quais são os benefícios que um gato traz para a saúde do seu dono? 246

Notas 249

Referências 257

Agradecimentos 261

ESTE MUNDO É DOS GATOS... VOCÊ APENAS VIVE NELE

CAPÍTULO 1

Os gatos mandam e os cachorros bajulam

Um gato não é um cachorro pequeno, e qualquer dono de gato irá lhe dizer gentilmente que *os gatos mandam e os cachorros bajulam*. Afinal de contas, são 76 milhões de americanos donos de gatos contra meros 68 milhões de donos de cachorros, e existem bons motivos para isso. Para todos vocês que moram em apartamento, os gatos são mais convenientes – não ocupam muito espaço, saúdam quando você entra em sua quitinete vazia, custa pouco mantê-los, você pode deixar comida para eles quando sai para passar o fim de semana fora de casa, não tem que levá-los para passear e, o mais importante, eles não bajulam!

Para você que, pela primeira vez, acabou de adquirir um gato, este capítulo irá guiá-lo no processo que o levará a se tornar um conhecedor experiente das idiossincrasias dessas adoráveis criaturas, por mais independentes e arredias que sejam. Se você nunca teve um gato, não adquira nenhum antes de ler este capítulo e conhecer todos os seus adoráveis defeitos felinos. (Sim, eles *de fato* têm alguns; aliás, como todos nós.) Ou talvez você seja uma daquelas pessoas que já têm gatos há anos, mas continuam sem saber por que eles fazem todas as esquisitices que fazem. Saiba por que exatamente seu gato silva, ronrona, solta pum e vomita. Você vai encontrar as respostas para todas as perguntas e curiosidades sobre por que os gatos são, simplesmente, como são.

Como veterinária, eu gosto evidentemente tanto de cachorros como de gatos. Mas existem – por mais incrível que isso possa parecer – veterinários que têm preferência por uma dessas espécies. Se você leva o seu gatinho a um hospital veterinário que atende unicamente a gatos, pode apostar que ele será atendido por um profissional que prefere gatos a cachorros. Minha melhor amiga, de quem eu gosto muito (e quero reencarnar como seu próximo cachorro para receber todos os seus paparicos), é uma veterinária que não gosta de gatos. Não me interprete mal – ela cuida bem deles e até os afaga, mas não quer ter um gato (ou, mais especificamente, ela não quer ter de lidar com suas fezes). Portanto, escolha seu veterinário com muito cuidado (dica: quem tem amigos das duas espécies de quatro patas em casa deve escolher um veterinário que goste tanto de cães como de gatos). Pessoalmente, eu passo mais tempo com cachorros porque gosto de correr ao ar livre e rolar na lama com eles, mas também tenho e adoro gatos. Na verdade, eu acho que não há nada mais relaxante do que chegar em casa após um árduo dia de trabalho e deixar que me façam de gato no sofá da sala.

Meu primeiro animal de estimação para valer (depois de adulta) foi um felino. Eu adotei Seamus, um gato malhado branco e cinzento, durante o período de minha residência veterinária no Angell Memorial Animal Hospital, em Boston. Seamus, então com apenas quatro semanas de idade, foi levado ao serviço de emergência depois de ter sido pisado "acidentalmente". Ele estava em coma profundo, cego e parcialmente paralítico, mas depois de alguns dias de tratamento ele se recuperou rapidamente do traumatismo craniano e do edema cerebral. Minha dúvida era se realmente ele havia se acidentado ou se tinha sido vítima de maus-tratos. Embora eu me sinta agradecida pelo fato de os donos terem se mostrado suficientemente humanos para levá-lo ao hospital, o fato é que eles nunca voltaram para buscá-lo (suponho que para não terem de pagar a conta de 273 dólares), e eu acabei adotando-o. Prefiro pensar que Seamus encontrou então um lar muito mais acolhedor. Eu me senti muito feliz por ser sua nova dona e ele se tornou o "primeiro amor felino" da minha vida.

Um dos motivos que me levaram a adotar Seamus (além de ele ser adorável e de seu estado de vulnerabilidade e desamparo) foi eu nunca antes ter tido a posse plena de um animal. Ele seria minha primeira "experiência" de ter a vida de um animal totalmente sob minha responsabilidade e, como uma veterinária que acabara de se formar, eu queria provar que era também capaz de ser uma boa dona! Não me interprete mal – tive muitos gatos e cachorros, mas nunca, até aquele ponto, com vinte e poucos anos, eu tivera a responsabilidade total sobre um animal (em outras palavras, como adulta responsável financeira, mental e emocionalmente por outra criatura viva). Como veterinária, achei que estava na hora de eu adotar um gato e aprender na prática o que implicava a plena responsabilidade por um. Eu não sabia nada a respeito do dia a dia de um gato (além do que havia aprendido na faculdade de veterinária). Eu queria saber a respeito de caixas sanitárias, das opções de materiais disponíveis, como também conhecer seus problemas comportamentais e os cuidados gerais que os gatos exigem.

Desde então, Seamus se tornou tanto parte minha como o branco no arroz. Como "filho único" (afinal, era toda a responsabilidade que eu conseguia assumir na época), Seamus era muito apegado a mim – em outras palavras, ele dormia sobre a minha cabeça. Como tínhamos alguns felinos morando no hospital durante o período da minha residência, ele tinha alguns amigos gatos, mas perdeu seu *status* de "filho único" logo depois, quando salvei JP, um *pit bull* de apenas oito semanas de idade. JP, cujo nome é uma referência a Jamaica Plain, uma área conturbada de Boston (ou seja, um gueto), foi abandonado no hospital com parvovírus. Pelo visto, seus donos tampouco tinham condições de tratá-lo e o abandonaram para que alguém o salvasse. Foi assim que me tornei a felizarda dona de outro animal maravilhoso. JP e Seamus tornaram-se irmãos instantaneamente; dormiam juntos, brigavam e perseguiam um ao outro. Quando JP deixou de ser um filhote (melhor dizendo, quando ele passou a pesar 23 kg), Seamus não achou mais graça em brigar com ele.

Por sorte, Seamus viu com bons olhos a presença de um amigo felino mais compatível, quando, alguns anos depois, eu adotei Echo, um jovem macho felino totalmente preto que havia se extraviado.

Encontrei Echo pela primeira vez quando estava realizando exames veterinários rotineiros num abrigo das redondezas. Diagnostiquei-o instantaneamente com um grave defeito cardíaco assim que o peguei para examinar. Os batimentos cardíacos de Echo eram tão altos que faziam vibrar as paredes de sua caixa torácica e eu pude senti-los com as mãos ao tirá-lo da jaula. Infelizmente, ele havia nascido com esse defeito cardíaco e surpreendeu-me o fato de ele ter sobrevivido à anestesia para ser submetido à remoção das garras e à castração antes de ser levado para o abrigo. Eu adotei Echo sabendo que teria vida curta, mas também por querer dar a ele uma melhor qualidade de vida antes de seu coração parar definitivamente de bater. Foi assim, portanto, que ele ganhou esse nome esquisito: de "ecocardiograma", o termo técnico para designar o ultrassom do coração (eu contava com ter de pagar por muitos desses procedimentos caros no futuro próximo, ainda que fosse por pouco tempo). Mas só para provar que eu estava errada, Echo continua bem vivo, apesar da minha previsão de que ele teria apenas um ou dois anos de vida (é por isso que os veterinários odeiam ter de responder à pergunta: "Doutor, quanto tempo ele ainda tem de vida?"). Sou extremamente agradecida por todos os meus três animais de estimação continuarem muito vivos e considero que fui eu a abençoada por ter adotado tais "refugos" que ninguém mais queria.

Por que os gatos ronronam?

Por que, ah por que raios, ele tem de começar a ronronar às duas horas da madrugada, justamente quando caio no sono? Por que meu gato não ronrona na hora do jantar ou durante a sessão de sofá diante da televisão? O ronrom é uma vibração incomum produzida por estímulos nervosos dos músculos da laringe e do diafragma (o músculo que separa os órgãos da cavidade torácica da abdominal). A frequência do ronrom ocorre a uma média entre 25 e 150 *hertz*,[1] altura suficiente para despertar você se Max estiver dormindo sobre sua cabeça. O ronrom pode ocorrer tanto durante a inspiração como durante a expiração e pode dar a impressão que seu gato esteja tendo mais dificuldade para respirar do que normalmente. A causa e o mecanismo exato do ronrom parecem escapar ao entendimento até mesmo dos cientistas e veterinários mais entendidos (os gatos teriam enorme prazer em lhe dizer que são mais espertos do que os humanos). Como o ronrom não parece ter qualquer função em termos evolutivos, eu suspeito que os gatos ronronem com o propósito de criar vínculo com seus seres queridos (ou seja, você ou seus iguais). Os gatos costumam ronronar quando estão confortavelmente desfrutando o contato humano e as gatas que são mães podem ronronar enquanto amamentam. Afora isso, um gato pode ronronar quando está estressado ou muito indisposto (como quando vai à clínica veterinária) e, portanto, o ronrom nem sempre deve ser interpretado como sinal de bem-estar.

Não tem certeza se o que seu gato faz é mesmo ronronar ou se está apenas com dificuldade para respirar? É importante saber a diferença, especialmente se o seu gato sofre de asma ou de algum problema cardíaco. Quando tiver dúvida, examine outra vez com a mão sobre o peito do gato. Se você não sentir suas vibrações, pode ser que ele esteja com dificuldade para respirar e, nesse caso, você deve levá-lo imediatamente ao veterinário. Se você sentir suas vibrações e ele parecer feliz da vida dormindo sobre seu travesseiro depois de uma farta refeição, o mais provável que seus ronrons sejam apenas indícios de que está feliz por estar junto de seu dono. E você também deveria ficar feliz por ele estar satisfeito com sua presença.

Por que os gatos silvam?

Pode parecer algo típico dos veterinários, mas quando eu ouço dois colegas discutindo à minha frente, às vezes eu também rosno para eles. É o meu jeito animal de dizer a eles que estão se comportando como...

bem, como gatos. Suponho que para as pessoas normais, esse seja um comportamento muito estranho. Mas, afinal, por que os gatos rosnam?

Os gatos rosnam para intimidar e espantar o que estiver os ameaçando. Exatamente como quando as cobras sibilam, provavelmente para que as outras criaturas saibam que devem ficar longe, já que o som não é em geral associado a nada de bom (ou seja, que você está prestes a ser mordido ou agarrado). Alterando a forma da língua e da faringe (o tecido bem na frente de sua laringe), os gatos conseguem soltar um forte jato de ar e, com isso, também cuspir saliva. Como veterinária, estou acostumada a ouvir com frequência esses sons (quando tenho gatos imobilizados ou estou tratando deles) e trato de tomar muito cuidado. Vocês que são amantes de gatos, fiquem atentos. Ao chegar perto de um gato (ou de uma pessoa) que está rosnando para você, trate de recuar imediatamente.

Com que acuidade os gatos enxergam no escuro e por que suas pupilas são verticais?

A evolução preparou os gatos para serem caçadores noturnos e, por isso, eles são muito mais sensíveis à luz do que os seres humanos e seu "nível mínimo de apreensão da luz é muitas [sete] vezes menor do que a dos seres humanos".[2] Além disso, as pupilas dos gatos são verticais para ajudá-los a controlar de maneira apurada a quantidade de luz que penetra no fundo do olho. Quando dilatada, a pupila pode assumir uma forma redonda ou oval para permitir a entrada de mais luz no período da noite, tornando sua visão noturna mais aguçada. A pupila vertical pode também se contrair até se tornar uma fenda minúscula para impedir a entrada de demasiada luz no olho durante o dia.

Você já se perguntou por que seu gato às vezes aparece nas fotos com os olhos vermelhos? Bem, é que os gatos são providos de um *tapetum lucidum*, aquele reflexo esverdeado, azulado ou avermelhado no fundo do olho. Esse tapetum é capaz de refletir 130 vezes mais do que o dos humanos.[3] Em conjunto, por terem uma maior sensibilidade à luz, pupila vertical, tapetum hiperativo e uma retina que tem mais células fotossensíveis (que aumentam a acuidade visual à luz fraca) do que as células cônicas (que dão a percepção das cores e detalhes), os gatos têm uma visão noturna excepcional que os torna exímios caçadores ou atacantes de sua cabeça às três horas da madrugada.

Os gatos têm cáries?

Como os gatos são totalmente carnívoros, eles só querem saber de comer carne, carne e mais carne e, de vez em quando, alguma ração como petisco, que é carne em forma de bolinhas ou estrelas feitas de cenoura ou pedacinhos de ração em forma de peixe. Por sorte, os gatos não gostam de chocolate, doces e alimentos acidíferos e, portanto, são menos propensos a desenvolverem as bactérias sacaríferas que produzem ácidos (em outras palavras, as bactérias causadoras de cáries) em sua boca. Além disso, os gatos também contam com a vantagem de seus dentes não terem que durar um século, porque infelizmente não têm vida longa como os humanos. (Nós humanos precisamos fazer com que nossos dentes durem até pelo menos termos a oportunidade de colocar uma dentadura com desconto!) Outra razão de os gatos raramente terem cáries deve-se ao fato de seus dentes terem uma forma física diferente dos nossos; seus dentes têm menos cantos e fendas, onde costumam surgir cáries. Na verdade, seus dentes afiados como navalhas foram feitos para ajudá-los a rasgar e cortar carne. Essa é uma característica que torna seus dentes diferentes dos dos onívoros, cujas superfícies são planas e oclusivas (para morder e mastigar). Mas, como você constata ao receber a conta pelo tratamento dentário do Tigger, os gatos desenvolvem lesões orais felinas causadas pela ressorção ou lesões na linha cervical que requerem muitas visitas a um dentista veterinário e muita escovação em casa. Exatamente como algumas pessoas são mais predispostas a terem a boca cheia de cáries, o mesmo acontece com alguns gatos; infelizmente, não há muita coisa que possamos fazer para preveni-las além dos cuidados higiênicos diários. Embora essas lesões não sejam cáries, elas são semelhantes – elas corroem as gengivas, o esmalte e o marfim do lado externo dos dentes, expondo a polpa dentária (o interior do dente onde se encontram os nervos e os vasos sanguíneos) e provocando dor[4] e, com isso, deixando o Tigger ainda mais nervoso. Se você observar que as gengivas de seu gato estão vermelhas, que ele não está comendo ou que está com forte mau hálito, leve-o ao veterinário para ver se seus dentes precisam ser tratados ou extraídos. Para azar de seu bolso, receio ter de dizer que esse problema só pode ser resolvido pela extração, por mais que você escove ou passe fio dental nos dentes de seu gato.

Os gatos têm umbigo?

Pode ser difícil localizá-lo por baixo daquela grossa almofada, mas seu gato tem, sim, umbigo. Exatamente como você e eu, seu gato também teve um cordão umbilical preso à placenta de sua mãe para lhe prover de sangue, nutrientes e troca de oxigênio. A mãe o corta com os dentes assim que os filhotes acabam de nascer. Esse procedimento ajuda a fechar os vasos sanguíneos, criando o umbigo. Como não havia nenhum obstetra presente para fazer o nó, normalmente não há nenhuma saliência ou reentrância visível em seu gatinho. Se os pelos da barriga forem raspados, você verá uma cicatriz do tamanho de um a dois centímetros, que é o umbigo. Se aparecer uma bolsinha de gordura, é possível que seu gato tenha uma hérnia umbilical, resultante do corte não devidamente cicatrizado; na maioria das vezes, essa hérnia precisa ser removida e corrigida cirurgicamente para que a passagem dos intestinos não seja obstruída por ela. A maioria dos gatos que já vi tem uma barriga tão grande que há pouco espaço ali para qualquer coisa que não seja gordura.

É verdade que a curiosidade mata o gato?

O motivo de os gatos serem tão curiosos continua sendo um mistério para os veterinários. Esse ditado não surgiu do nada – a curiosidade de fato mata o gato, mas a satisfação o traz de volta. Por terem uma natureza inquisitiva e predatória, os gatos se colocam muitas vezes, mas acidentalmente, em situações de perigo. A culpa não é da Chloe se aquele esquilo deu de subir correndo a árvore e, por ter de persegui-lo, ela provocou a vinda dos bombeiros para resgatá-la. Ninguém a havia avisado de que ficaria presa naquela ratoeira. Não é culpa dela se não há avisos advertindo sobre os perigos à espreita nas redondezas. É justamente por sua natureza inquisitiva que amamos os gatos – sabemos que teremos de ocasionalmente salvá-los de sua própria curiosidade.

O gato sente dor quando seus bigodes são cortados?

Não, o gato não se machuca nem sente dor se cortar acidentalmente os bigodes, ou *vibrissas*. Os bigodes em si não têm nervos nem vasos sanguíneos, mas estão firmemente presos a um folículo capilar e ao seio nasal, que contêm inervação. (Nunca aconteceu de você ter arrancado acidentalmente um pelo de suas narinas? Que dor!) O gato usa os bigodes como um mecanismo sensor e os movimentos ou vibrações do ar permitem que ele "sinta" onde está. Você pode notar que os bigodes de seu gato são da largura dele (ou, talvez devesse dizer, de sua largura *ideal*), o que, de acordo com a evolução, tem a função de permitir que ele passe por espaços apertados, sentindo quanto de espaço pessoal ele tem ao seu redor. Por favor, não corte seus bigodes – eles têm a função realmente muito importante de informar seu gato sobre quanto de espaço ele tem para se mover.

Os gatos soltam pum?

Cachorros (e homens) peidam. Gatos (e mulheres) não. Sim, certo. Vamos lá, mulheres, admitamos afinal que nós também soltamos gases odoríferos. Os gatos são como as mulheres – nós podemos peidar, mas são peidos silenciosos, discretos, nobres e jamais em público. Enquanto os cachorros (e os homens) soltam peidos ruidosos, grosseiros e escancarados diante de todo mundo, os gatos são majestosos demais para fazerem isso. Eu só ouvi Seamus peidar uma vez e fiquei chocada – afinal, os gatos são afetados e egoístas demais para nos agraciarem com seus gases. Os gatos são em geral criaturas meticulosas com respeito à própria higiene. Estão sempre se lavando, se lambendo e se aprumando, mas se você chegar bem perto, poderá ouvir alguma explosão intestinal – que pode ser bastante fedorenta. Só que os gatos são suficientemente espertos para fazer você acreditar que foi o cachorro!

Por que os gatos soltam pelos?

Existe uma razão para os gatos terem pelos – não é apenas para enlouquecer seu namorado alérgico. E essa função é ajudar a proteger o gato do frio, do calor, dos nocivos raios ultravioletas e das mordidas de artrópodes (afinal, esses insetos preferem morder uma pele nua a abocanhar um monte de pelos!). Eles também agem como uma barreira de proteção contra qualquer lesão cutânea que possa ocorrer em suas brigas com o macho que se acha dono do pedaço.

Como seu bichinho peludo não tem a opção de usar uma parca aconchegante no inverno e andar com o traseiro exposto no verão, sua pelagem foi feita para se adaptar às mudanças climáticas. Durante os períodos do ano em que os dias são mais curtos, seu cérebro providencia uma pelagem espessa para mantê-lo aquecido. Durante os meses de primavera e verão, você pode perceber que tem de limpar a casa com muito mais frequência, porque os dias são mais longos e, portanto, o cérebro de seu gato, afetado pelo fotoperiodismo (a quantidade de luz a que fica exposto), providencia para que ele comece a soltar mais pelos. Por essa razão, nós veterinários não recomendamos a raspagem de pelos de gatos que passam muito tempo ao ar livre, pois eles podem sofrer as seguintes consequências: (a) queimaduras de sol; (b) mordidas de insetos; (c) ferimentos na pele; e (d) ridicularização pelos gatos que se acham donos do pedaço.

O desenvolvimento do pelo felino passa por três estágios: período de crescimento, período de transição e período de repouso. Uma vez cumpridos todos esses três estágios, os pelos permanecem nos folículos como pelos mortos até se soltarem ou serem removidos pelas esfregadas ou lambidas do gato. Para dar uma ajudinha a você, o gato fica então soltando todos aqueles pelos mortos em seu tapete oriental às três horas da madrugada. É importante lembrar que os gatos normalmente soltam um pouco de sua pelagem para se livrarem dos pelos mortos; entretanto, se ele começar a ficar careca ou se você ou alguém de sua família começar a ter coceira, leve seu gato ao veterinário e a pessoa da família a um dermatologista humano. Por mais que ame seu gato, com certeza você não vai querer ser também alvo de suas pulgas, ácaros e infecções cutâneas. Sabendo disso, não culpe seu gato injustamente sem antes dispor das evidências periciais. Certa vez, um casal me levou seu gato para ser sacrificado, com o argumento de que ele estava com piolhos (chatos) e que por isso ambos estavam com coceira; ao investigar melhor, eu concluí que, pelo visto, os piolhos haviam sido passados deles para o gato, e não o contrário! Que injustiça! Por sorte, depois de uma aula sobre transmissão de doenças, o gato foi salvo e os donos ficaram com remorso.

O que posso fazer para que meu gato solte menos pelos?

Meus amigos que não são veterinários sempre me perguntam com apreensão: "Há algo de errado com seus gatos?" antes de estenderem a mão para acariciar um deles. A questão é que eu costumo raspar o pelo de Seamus e Echo (que já têm pelos curtos) até a raiz. Faço isso porque não suporto a quantidade extra de pelos soltos pela casa. Talvez não seja a maneira mais normal ou tipicamente saudável de reduzir a quantidade de pelos espalhados pela casa durante os meses de primavera e verão, mas ora... como sou veterinária, há sempre uma tesoura bem ali à mão desta mãe com mania de limpeza! Não se preocupe – elas são seguras do ponto de vista médico, especialmente porque meus gatos vivem dentro de casa e, portanto, não se expõem de maneira alguma aos riscos já mencionados. Mas devo adverti-lo que, se você fizer o mesmo, todos os seus amigos vão tirar sarro da feiura dos seus gatos (embora eu ache lindo o *look* de leão depenado).

Além de cortar e escovar constantemente, não há muita coisa que você possa fazer para impedir que eles soltem pelos. Apesar de todos os líquidos, unguentos, linimentos, *sprays* e outros produtos alardeados em propagandas, não acredite em sua eficácia. A dica mais importante para minimizar a queda de pelos é escovar diariamente o seu bichano (ou pelo menos uma vez por semana), especialmente se o comprimento do pelo dele for de médio a longo. Quanto mais pelos você remover com a escovação (com aquele tipo de escova metálica com pontas afiadas), menor será a quantidade que ficará grudada em seus móveis, piso e pés. Existem algumas poucas raças que não soltam pelos, como o Devon Rex e o Sphynx, esse último desprovido de pelos, mas você terá que se acostumar a tocar naquela pele gordurosa como se fosse a de um rato e que apenas uma mãe é capaz de amar.

Por que, quando raspados, os pelos do gato voltam a crescer com outra cor?

Ao tosar os pelos do seu gato, você deve estar ciente de que eles podem voltar a crescer com outra cor e textura. Com a nova tosa, a pelagem ainda será parecida com a anterior, mas a camada interna de pelos pode ficar mais espessa e os contornos talvez se apresentem um pouco menos definidos. A raspagem de pelos pode estimular o crescimento de uma pelagem atípica ou alterar o ciclo de três estágios dos folículos capilares. Eu notei que aos poucos as listras da pelagem de Seamus foram ficando menos definidas depois de todas as minhas tosas. Não se entusiasme demais – afinal, não dá para transformar seu gato malhado num himalaio loiro.

Posso pedir emprestada a máquina de cortar cabelos do meu vizinho para cortar os pelos do meu gato?

Devido ao risco de contrair doenças sexualmente transmissíveis, você não deve emprestar seus "brinquedos" a amigos e familiares, por mais asseados que você os considere, de acordo? Da mesma maneira, eu não empresto a ninguém a tesoura que uso para cortar os pelos dos meus gatos. Pode parecer cruel (ora, é apenas uma manifestação de amor responsável), mas a verdade é que uma grande percentagem de gatos é portadora dos fungos responsáveis pela micose conhecida como pé de atleta, sem nunca apresentar sintomas. E eu não quero que meus gatos sejam contagiados pelos gatos dos meus amigos (nem pelos pés dos meus amigos). Invista algumas centenas de dólares para adquirir seu próprio brinquedo, quer dizer, sua própria tesoura. Seria muito embaraçoso ter de comprar o fungicida *Tough Actin' Tinactin* para seu gato diante de todos os seus amigos.

Por que os gatos soltam mais pelos quando estão na clínica veterinária?

Até mesmo o gato mais valente fica nervoso ao entrar numa clínica veterinária e começa a soltar grandes quantidades de pelo. É seu instinto de luta ou fuga entrando em ação. Em resposta ao estresse, não apenas a frequência cardíaca aumenta, mas também a respiratória – ele começa a respirar com maior intensidade para levar mais oxigênio aos pulmões. O corpo do felino começa a se preparar para a fuga ("Socorro! Estou sentindo cheiro de cachorro!"). Ao mesmo tempo, todos os vasos sanguíneos e folículos capilares se dilatam para permitir que o sangue flua para os músculos, preparando-os para a fuga, e, por isso, ele desate a soltar pelos. Não leve demasiadamente a sério (ou seu próprio cabelo também pode começar a cair); os sintomas devem passar assim que você levá-lo para casa.

Por que o meu gato dorme tanto?

Ah, a vida de um gato. Se, como os gatos, todos nós tirássemos algumas sonecas ao longo da semana, seríamos muito menos estressados e mal--humorados, você não acha?

Antes de os gatos selvagens terem sido domesticados e transformados em bichos de estimação, eles estavam no topo da cadeia alimentar e, portanto, não tinham de perder muito tempo à procura de comida, podendo passar o resto do dia dormindo. Normalmente, os gatos selvagens tinham curtos e rápidos momentos de atividade de caça e, concluídas as tarefas de caçar, matar e comer, eles dispunham do resto do dia para se espreguiçar. Desde então, nossos gatos domesticados evoluíram, de modo que podem ficar de bobeira durante, digamos, dezesseis horas por dia. Como os gatos são animais noturnos, você pode não se dar conta do quanto eles dormem durante o dia enquanto você dá duro no trabalho. Na realidade, aproximadamente 70% da vida do seu gato é passada cochilando. Como veterinária de pronto-socorro que trabalha em diferentes turnos (de turnos diurnos a plantões noturnos, e turnos até altas horas da noite), eu sempre apreciei o fato de Seamus e Echo dormirem comigo durante o dia (depois do meu plantão noturno) sem me causarem nenhuma perturbação. Entretanto, eles se vingam quando tento dormir à noite (depois de um plantão diurno) – brincando, correndo e atracando-se em volta da minha cabeça às três horas da madrugada. Depois de terem passado dezesseis horas dormindo durante o dia, eles ficam entediados de madrugada. Dá para pôr a culpa neles?

Todos os gatos são bons caçadores de ratos?

Eu estaria mentindo se dissesse que todos os gatos têm alguma utilidade. Não adote um gato para resolver seu problema com ratos; mas adote-o para desfrutar sua companhia pelos próximos 10-20 anos. Como nem todos os gatos são bons caçadores de ratos, você poderá ter que se contentar com um mau caçador. Infelizmente, não existe nenhum teste comportamental e de habilidades (nem garantia de devolução) que permita a você saber se o gato que você está pretendendo adotar é ou não um bom caçador de ratos. Lamento dizer que tudo depende da genética. Nem todos nós temos predisposição atlética para nos tornar zagueiros com perfeita coordenação entre os olhos e os pés. Meu gato Echo é um ótimo caçador. Eu o mantenho preso dentro de casa para que não mate nenhuma outra criatura, mas todas as traças e insetos que conseguem rastejar para dentro de casa são rapidamente exterminados. Meu outro gato, Seamus, que é mais gordo e preguiçoso, quando esteve diante de um rato, ficou só olhando, sem nem se mexer. É possível que você adote um gato gorducho tremendamente preguiçoso.

Por que os gatos gostam de ficar no lugar mais alto do ambiente e, de repente, agem como se tivessem medo de altura?

Já notou que seu gato gosta de ficar perto de você e de acomodar-se em cima da cadeira ou do sofá mais alto da sala? Nossos gatos domesticados gostam de subir e ficar no ponto mais alto, como em cima da geladeira ou do armário da cozinha, ou sentados sobre o monitor do computador enquanto trabalhamos. É que nessa posição eles têm uma visão global de todo o espaço, podendo controlar os movimentos de todos e ver tudo o que acontece ao redor. Se sua casa dispõe de prateleiras perto do teto, seu gato não sabe quanto é privilegiado!

Lá em cima, o gato parece uma pantera ou um jaguar preguiçoso se refestelando na floresta ou descansando sobre os galhos de uma árvore alta à espera de algo para atacar. Ali, ele se sente em segurança para descansar enquanto observa o mundo girar. O gato doméstico que sai para explorar o mundo lá fora está mais propenso a entrar em apuros – e descobrir afinal que talvez tenha medo de altura. Acontece que nossos gatos domésticos gostam de subir em árvores, mas depois não sabem como descer delas com a mesma elegância de uma pantera. A tonta da Chloe só sabe subir, cada vez mais alto, até perceber que não passa de uma gata medrosa que não sabe como descer de uma árvore de cinco metros de altura. É possível que alguns gatos saibam que gostam de estar no topo do mundo, mas como "a curiosidade mata o gato", eles logo descobrem que apenas os bombeiros poderão resgatá-los...

Os gatos sempre caem sobre as patas?

Cuidado! Não jogue seu gato para o alto para saber se ele cai sobre as patas! Os gatos são criaturas extremamente ágeis que saltam para cima de um armário ou de um galho de árvore para pegar um brinquedo ou um passarinho. Mas enquanto muitos gatos parecem cair graciosamente sobre as quatro patas, outros saem gravemente feridos dessa aventura que os veterinários chamam de "síndrome da queda de grandes alturas".

Essa síndrome felina afeta tipicamente os gatos curiosos que, ao debruçarem-se sobre uma janela de apartamento, caem de no mínimo uma altura de dois andares. É possível que o Tigger talvez só estivesse andando no parapeito da janela para controlar os insetos e, de repente, impelido pela curiosidade, acabou caindo por acidente. Não é de surpreender que a maioria dos gatos que sucumbem à síndrome da queda de grandes alturas seja de machos jovens (em média, de dois a três anos de idade) e inexperientes (76%).[5] É bem provável que os machos felinos jovens sejam mais tontos e descuidados (exatamente como seus correspondentes de duas pernas). Os veterinários constataram que a queda mais comum é a da altura de quatro andares e, felizmente, a maioria dos gatos (mais de 95%) sobrevive. Mas lamentavelmente, mais de um terço sai com alguma fratura de pernas ou algum trauma torácico (como uma fratura nas costelas, lesão nos pulmões ou escapamento de ar dos pulmões).[6] É óbvio que quanto maior a altura da queda (mais de seis ou sete andares), mais graves são os ferimentos. (Não é preciso um veterinário para lhe dizer isso, não é mesmo?) Considerando-se que o custo médio do tratamento de uma fratura e do atendimento de emergência fica entre dois e três mil e quinhentos dólares, convém prevenir esse acidente potencialmente fatal com janelas bem trancadas e à prova de crianças pequenas ou gatos.

Respondendo à pergunta, parece haver várias razões para os gatos caírem naturalmente sobre as quatro patas. A primeira é que eles atingem a velocidade máxima (que ocorre quando a força da gravidade puxando o peso para baixo se iguala à força que o puxa para cima, resultando numa velocidade estável) muito mais rapidamente do que um paraquedista humano. Os veterinários estimam que os gatos atinjam a velocidade máxima numa altura aproximada de cinco andares. Os gatos também são dotados do reflexo "apropriado", que faz com que eles se virem e girem até ficarem na posição correta. Como os gatos são ágeis e flexíveis, eles conseguem se espalhar (estendendo as patas dianteiras e traseiras) para ampliar a área da superfície corporal e minimizar o impacto da queda. Mas como indicam as estatísticas acima, nem todos os gatos caem sobre as patas. Evite o problema e ajude a preservar as outras oito vidas do seu gato, mantendo bem trancadas as janelas do seu apartamento.

Por que os gatos preferem beber água corrente?

Os gatos são por natureza criaturas curiosas que gostam de brincar na água sem *quase* se molhar. Minha mãe, que não é lá muito amiga dos felinos, certa vez quando tomava conta do Seamus me ligou angustiada; ela explicou que tinha de deixar a torneira da pia do banheiro pingando para que ele pudesse beber a quantidade necessária de água. Como nunca tinha visto Seamus beber a água da tigela, ela estava preocupada com a possibilidade de ele ficar desidratado. Eu lembrei a ela que os gatos são criaturas do deserto, dotadas de rins especialmente capazes (com alças de Henle especialmente longas, se quer realmente saber) de concentrar a urina e absorver o máximo possível de água dos rins. Por isso, você provavelmente nunca verá um gato colocar-se com a mesma frequência de um cachorro diante da vasilha de água. Pessoalmente, eu sei que Seamus adora correr para o banheiro quando acabo de tomar banho para lamber toda a água que fica no piso. Embora seus rins funcionem perfeitamente, ele gosta de beber água de diferentes sabores (talvez ele aprecie a essência do sabonete Dove) e de diferentes lugares. Não há por que se preocupar em deixar a torneira aberta para seu gato, uma vez que aumentaria em muito a sua conta de água e deixaria Al Gore irritado. É comum que gatos saudáveis gostem de beber água escorrendo da torneira para variar, apesar de uma vasilha cheia de água limpa e fresca ser suficiente.

Se, no entanto, você notar que: (a) seu gato idoso anda frequentemente rondando a vasilha de água; (b) tenta erguer a tampa do vaso sanitário para beber água; (c) as manchas de urina na caixa sanitária são maiores do que a sua cabeça (ou a dele); ou (d) a vasilha de água está sempre vazia, leve-o ao veterinário para fazer exames de sangue e urina e descartar a possibilidade de alguma doença. Isso é necessário porque existem certas doenças, como diabetes, hipertireoidismo, insuficiência renal ou doença do trato urinário inferior, que prejudicam o equilíbrio entre a sede e a ingestão de água (e, com isso, a capacidade do gato para manter-se hidratado); nesses casos, é imperativo tratar a doença de fundo e também fazer com que seu gato beba mais água do que normalmente. Como alguns gatos bebem mais água de bebedouros apropriados para eles (de onde a água sempre escorrendo produz um som melódico), esses bebedouros são excelentes para os gatos que sofrem de alguma das terríveis doenças acima mencionadas. Eu recomendo que você vá correndo até o *pet shop* mais próximo de sua casa e compre um desses bebedouros se ficar comprovado que seu gato tem alguma dessas doenças – vale a pena!

Os gatos gostam de nadar?

Não ouse deixar que seu namorado leia isso e pense que pode colocar seu gato na banheira ou na piscina – a não ser que seu gato seja um Van Turco. Essa raça ímpar de gatos é reconhecida pela Cat Fanciers' Association desde a metade da década de 1990 e é a única que de fato *escolhe* brincar na água. Como eles foram criados perto do Lago Van no leste da Turquia, passaram adiante os genes de nadadores que fazem deles os Michael Phelps (campeão olímpico de natação) dos gatos. Diferentemente do Angorá Turco, com o qual não deve ser confundido, o Van tem uma pelagem extremamente macia que seca rapidamente e lhe permite recuperar o "penteado" e a compostura imediatamente após um mergulho.

Todos os outros gatos, com exceção do Van, detestam nadar e, em geral, preferem não ser submetidos à tortura de um banho. Embora os gatos possam se mostrar curiosos e queiram enfiar as patas na água, a maioria deles prefere não se molhar e chega a se recusar totalmente a mergulhar. Que injúria! Como você se atreve a bagunçar os seus pelos? A maioria dos gatos é originária das regiões desérticas do mundo, onde não costumavam dar um mergulho. Embora alguns felinos selvagens de grande porte (como os tigres) adorem nadar e brincar na água para se refrescar, a maioria dos outros grandes felinos, como as panteras e os leões, não se dispõe a enfiar a cabeça na água; eles só nadam quando têm de ir de um determinado ponto a outro ou para obter sua próxima refeição.

Por que os gatos malhados cor de laranja são quase sempre machos e os tricolores são sempre fêmeas?

Na maioria das vezes, os gatos malhados de listras brancas e laranja são machos e os tricolores (cor de laranja ou preto com grandes partes brancas, ou malhados de preto e laranja sem grandes manchas brancas) são fêmeas. Isso se deve ao complexo gene da cor relacionado ao sexo.

Antes de entrarmos nas questões de genes, sexo e cores, é importante saber que alguns veterinários são tendenciosos com respeito à cor dos gatos. Por muitos anos, os veterinários levantaram hipóteses misteriosas ligando os padrões de cores com o gene da docilidade. O interessante é que hoje podemos recorrer a estudos científicos para sustentar essa antiga superstição veterinária: um estudo recente demonstrou que, quando raposas domesticadas são criadas para serem afáveis, a sua pelagem fica feia e menos densa. Com base nesse estudo,[7] muitas pessoas acreditam que a cor do pelo tenha relação com os hormônios que tornam um animal mais dócil.

Eu pessoalmente acredito que os gatos malhados cor de laranja sejam os mais atraentes e amáveis de todos, enquanto as fêmeas tricolores sejam as "rainhas" da espécie. ("Por favor, não me toque. Você está me *perturbando*.") Se quer realmente saber, muitas das gatas tricolores parecem ser mais ferozes e irritáveis quando estão no hospital. Não me leve a mal – elas podem ser uns anjinhos em casa, mas no veterinário são as que compram mais briga. É provável que seu veterinário não lhe diga, mas, quando está na clínica veterinária, sua gata se comporta como uma tigresa feroz disposta a arrancar os olhos de quem estiver à sua frente (é sério). Quer seja por ser fêmea, quer seja devido à relação genética entre docilidade e cor, o fato é que ela vira uma fera quando levada pelo veterinário para o quarto dos fundos. Muitos veterinários e assistentes nutrem um respeito saudável por essas fêmeas fora de si. Estamos falando de drogas químicas (para dopá-las), redes, luvas de couro, mordaças, toalhas, pelos voando para todos os lados, perseguição e tudo o mais. Na verdade, se você tem uma gata dessa cor e sabe que ela se enfurece quando vai ao veterinário, faça-nos um favor: dê a ela antes um sedativo oral – isso vai facilitar a vida de todo mundo!

Independentemente de suas preferências de cor, os veterinários sabem que, na maioria, os gatos malhados de laranja e branco são machos, enquanto a maioria dos tricolores é constituída de fêmeas. A coloração do pelo é um fenômeno complexo influenciado por muitos genes e por seu *status* genético como dominante ou recessivo (que é o vigor em sua capacidade de se expressar). Para cada cor existem muitos alelos, como o "O" para a cor de laranja (que é o gene dominante da cor e que resulta em laranja) ou o "o" para o alelo preto (que é o gene recessivo da cor e que resulta numa cor que não seja o laranja). Essas cores são consideradas ligadas ao sexo por sua relação com o cromossomo X feminino: o gene "O" está localizado no cromossomo X e, se você prestou atenção às aulas de ciências do segundo grau sobre a genética de Mendel, deve lembrar que os machos são constituídos de cromossomos XY, enquanto as fêmeas são XX. Em outras palavras, como os machos só têm um cromossomo X, eles tendem mais a ter o pelo cor de laranja, por ele também estar associado a um gene dominante. Como o gene "o" é recessivo, é preciso que haja uma combinação "oo" para resultar numa cor que não seja o laranja, enquanto o "Oo" resulta na pelagem tricolor. Para resultar na pelagem tricolor, tanto o "O" como o "o" precisam estar presentes no cromossomo X feminino e, como os machos só têm um cromossomo X, a maioria dos tricolores é composta por fêmeas (mais de 90%). Muito bem! Com base na cor do seu filhotinho, você pode determinar o sexo, sem precisar estudar oito anos de veterinária para isso. Se você acabou de adotar um gatinho, pode apostar escolhendo um nome masculino se for um malhado cor de laranja e, um nome feminino, se for tricolor. Se por acaso ele for um macho tricolor, você pode se considerar: (a) com sorte; ou (b) o dono privilegiado de um possível animal com a combinação de cromossomos XXY, ao qual pode chamar Hermie. (Parabéns, ser dono de um hermafrodita é algo muito raro!) Embora a cor do pelo seja resultante de uma complexa combinação de fatores, os malhados cor de laranja são quase sempre machos, enquanto os tricolores são quase sempre fêmeas.

É verdade que gato preto dá azar?

Como dona de um gato totalmente preto, eu pessoalmente não acredito na lenda supersticiosa em torno dessa cor. Em parte, essa superstição pode ter se originado durante o reinado do rei Carlos I da Inglaterra, que tinha tal adoração por seu gato preto que o mantinha protegido sob intensa vigilância. No dia seguinte ao da morte do gato, por coincidência o rei foi preso, fato esse que pode ter dado origem à superstição de má sorte. Além disso, de acordo com o folclore antigo, as mulheres dos pescadores costumavam manter seus gatos pretos em casa para que seus maridos permanecessem seguros no mar; muitos desses gatos eram roubados por serem extremamente cobiçados. Os marinheiros acreditavam que se um gato preto se aproximasse do navio, era sinal de que teriam boa sorte, mas se ele se aproximasse e fosse embora, estariam condenados à má sorte. De acordo com certas lendas, as bruxas podiam se transformar em gatos pretos, despertando nas pessoas medo deles. Mas, nos dias de hoje, podemos ainda ter medo de gatos pretos?

Como veterinária, eu pessoalmente acho que os machos malhados de branco e laranja sejam os mais amistosos, seguidos de perto pelos machos pretos. Tricolores estão em último lugar em termos de cordialidade (ver a resposta à pergunta anterior), pelo menos quando estão na clínica veterinária, enquanto os gatos cinzentos de pelagem longa são os mais retraídos. É claro que não disponho de dados científicos para provar o que estou dizendo (tais dados não existem!), mas na minha opinião tendenciosa, *black is beautiful* (preto é lindo!).

Por que meu gato gosta tanto de assistir a corridas de *stock car*?

Talvez você tenha notado que o seu gato tem verdadeiro prazer em perseguir qualquer coisa que se mova na tela da TV. Alguns gatos parecem dar mais atenção, enquanto outros não ligam muito. Com seu forte instinto predatório, alguns gatos podem ver na TV uma excelente oportunidade para afiar suas habilidades. Se o seu gato reage aos trinados dos passarinhos ou aos movimentos bruscos de uma corrida de *stock car* da mesma maneira que o meu cachorro reage quando uma campainha toca na TV, deixe a TV ligada para ele quando sair para trabalhar, se isso fizer você se sentir melhor. Mas, antes, consulte o seu marido, para saber se ele não se importa com marcas de patas sujas na tela da sua nova TV de plasma. Apesar de não ter preferência por Tony Stewart ou Bobby Labonte (pilotos de corrida), seu gato adora objetos que se movem velozmente. Na minha opinião, não compensa o desperdício de energia; dez minutos de exercícios quando você chega em casa podem proporcionar os estímulos físicos e mentais de que seu gato necessita. Dessa maneira, ao mesmo tempo que colabora para a preservação do planeta, você estará também contribuindo para a redução da cintura do seu gato!

Por que os gatos gostam tanto de apontadores laser? Eles podem deixá-los cegos?

Não se preocupe – ninguém vai acusar você de tentar abater um avião ao utilizar um apontador laser nas brincadeiras com o seu gato (mas só com gatos adultos, por favor). O apontador laser é um excelente brinquedo barato para gatos, que pode deixá-los loucos de felicidade ou frustração. Esse brinquedo pode ajudar a exercitar seu gato gorducho e preguiçoso (ver pergunta "Como fazer com que meu gato gordo e preguiçoso se exercite?" no Capítulo 5). Um dono de gato especialmente dedicado patenteou a ideia de usar esse brinquedo como forma de exercitar os gatos (Patente dos Estados Unidos registrada sob número 5.443.036).[8] Pelo visto, eu não sou a única a achar que isso foi levar as coisas um pouco longe demais (alguém com inveja da patente?). O Big Brother das patentes, *freepatentsonline.com*, também estava de olho e incluiu essa na sua lista de patentes malucas.[9]

Dependendo da potência do apontador laser (que normalmente excede a 5 mW), podem ocorrer danos à retina se o laser for apontado diretamente para dentro do olho. Por sorte, o ato de piscar intermitentemente pode reduzir a incidência de danos aos olhos, mas seu gato pode não perceber isso durante a brincadeira ("Pisque, Felix, pisque!"). Como regra, você deve apontar a luz do apontador laser para o chão (e não para os aviões que voam nas alturas) e evitar os olhos do gato.

Os gatos siameses são sempre idênticos?

Os gatos siameses surgiram no final do século XIX no Sião (atual Tailândia para quem é ignorante em geografia). Essa bela e única raça de gatos é conhecida por seu pelo marrom escuro e seus olhos azul-amendoados e ficou famosa pela notável "Canção do Gato Siamês": "Nós somos siameses, se lhe agrada!", do filme da Disney *A Dama e o Vagabundo*. Se você está prestes a ser o dono privilegiado de um siamês, deve se preparar para ouvir essa cantiga (constantemente), pois essa é uma raça extremamente tagarela.

A expressão "gêmeos siameses" em geral alude à história de dois gêmeos humanos que não conseguiram se separar, e sua origem provavelmente ficou famosa no início do século XIX. Chang Bunker e Eng Bunker (nascidos em 11 de maio de 1811 e falecidos em 17 de janeiro de 1874), de pais chineses da etnia Cham, nasceram no Sião ligados entre si por uma membrana, parte da pele, cartilagem e pelo mesmo fígado.[10] Depois de viajarem com o circo Barnum e serem chamados de "gêmeos siameses", o termo pegou. Embora o país de origem dos gatos siameses seja o mesmo dos primeiros gêmeos siameses, não, os gatos siameses não são idênticos.

Que raios significa atresia anal?

Eis algumas palavras interessantes para você usar no próximo coquetel: apoptose (morte programada de células), célula da crista neural e atresia anal. Pode ser que os profissionais da medicina gostem realmente de usar termos que só eles entendem, mas ora...

Atresia anal é, lamentavelmente, a ausência congênita (nata) do ânus ou de um ânus de tamanho apropriado. Às vezes, apenas uma covinha no lugar de uma abertura. Isso fica bem evidente (e surpreendentemente, a maioria das pessoas não tende naturalmente a procurar uma abertura no traseiro) depois de alguns dias do nascimento do gatinho. Talvez você note que a mãe não fica lambendo o filhote, que ele não defeca e, por isso, sua barriga fica cada vez maior (por ele não estar eliminando as fezes... é um caso sério de constipação). É necessária uma intervenção cirúrgica o mais rápido possível. Esse problema afeta às vezes gatos ou bezerros com poucos dias de vida, mas pode também afetar todas as espécies.

Por que os gatos Manx não têm cauda?

Enquanto alguns cachorros de certas raças têm a cauda extirpada (ou removida cirurgicamente de acordo com padrões da raça), alguns gatos são naturalmente desprovidos de cauda. É claro que alguns gatos perdem a cauda em suas escapadas pelas redondezas ou por causa daquelas malditas cadeiras de balanço (que horror!). O gato Manx, no entanto, pode botar a culpa pela falta desse apêndice anatômico nas células da crista neural. Pelo que parece, essas células nervosas do início do desenvolvimento são muito importantes, uma vez que propiciam o desenvolvimento normal da medula espinhal, da coluna dorsal e da cauda. Sem essas células da placa neural, a cauda não se desenvolve, resultando num gato Manx. Embora você possa até achar interessante a ausência de cauda em seu Groucho, o fato é que essa anomalia celular pode às vezes resultar em deformidades graves que chegam a ameaçar a vida, como a espinha bífida (presença de brecha na formação da medula ou canal espinhal), atresia anal (ausência de abertura anal) ou incontinência fecal (que não tem nada de engraçado nem para você nem para ele!); infelizmente, nenhum desses problemas é facilmente curável. Sabendo disso, se numa visita ao abrigo você puser o olho num gato desprovido de cauda e achar que gostaria de adotá-lo, antes de se decidir, procure saber se ele não sofre de incontinência fecal. No melhor dos casos, ele teve a cauda amputada cirurgicamente (depois de ter perdido a cauda num acidente de carro ou a prendido numa porta) e seu esfíncter anal continua funcionando perfeitamente (o que normalmente descarta a possibilidade de incontinência fecal). Não se preocupe – seu veterinário irá examiná-lo para assegurar que essa parte do seu novo gato funciona perfeitamente.

É verdade que os gatos têm dois pares de pálpebras?

Os gatos têm um total de três pálpebras: uma na parte superior e outra na inferior que permitem ao Felix piscar, e uma pálpebra extra dentro do canto do olho. Essa terceira pálpebra é chamada de *membrana nictitante* e basicamente constitui uma camada extra de proteção da córnea. Como os gatos gostam de se engalfinhar, essa terceira pálpebra atua como um escudo de proteção à córnea. Às vezes, pode ocorrer de a terceira pálpebra se elevar em função de um trauma (como uma ulceração da córnea, provocada por um arranhão na superfície clara do olho) ou saltar para cima em função de algum problema (causado por séria desidratação ou perda de peso) ou infecção (como por vírus nas vias respiratórias). Normalmente, a terceira pálpebra não deve ser visível e, se ela aparece, é porque há algo de errado, e você deve levar seu gato ao veterinário para um exame mais minucioso.

Meu gato ouve quando eu falo com ele?

Embora você possa achar que não, seu gato ouve sim quando você fala e, pelo menos, distingue o *tom mais alto* de sua voz. O que não sabemos é se ele entende o que você diz nem se ele *está interessado* em entender. Tanto Seamus como Echo entendem quando os chamo pelo nome e se aproximam, mas afora isso, é como querer conversar com meu namorado durante uma partida de futebol. Diferentemente dos cachorros, os gatos não têm a mesma necessidade de buscar a aprovação dos donos e, portanto, não precisam fingir que ouvem quando você fala. Os cachorros foram criados originalmente com propósitos específicos (como caçar a refeição para o dono, protegê-lo, proteger seus familiares e seu rebanho de ovelhas) e, por isso, são muitos sensíveis aos comandos de voz. Em outras palavras, aqueles que não ouviam os donos ou não cumpriam suas ordens, provavelmente não tinham seus genes reproduzidos nos locais de procriação (afinal, se o cachorro simplesmente se afastava do dono e se mostrava incapaz de pegar um coelho, o dono muito provavelmente não o reproduziria como cão de caça). Por sua vez, os gatos foram criados para caçar ratos e, no Egito antigo, para ter sua beleza apreciada, e foram desde então bem-sucedidos em ambos os propósitos – sem terem que se preocupar com o que você diz.

Por que os gatos gostam de ficar deitados exatamente no lugar em que você está lendo?

Os gatos adoram ser o centro das atenções sem realmente ser o centro das atenções – em outras palavras, eles querem estar onde possam ser vistos, mas não *tocados* por você. Se considerar a questão, você vai se dar conta de que sempre tem uma pilha de jornais num canto. Você já percebeu que o seu gato fica sobre essa pilha de jornais? Não – a não ser que esteja tentando lê-los à mesa da cozinha. Portanto, não é que o seu gato queira de fato se deitar sobre uma superfície diferente por prazer – ele simplesmente quer que você saiba que ele está bem ali a seu dispor, apoiando sua leitura.

Por que os gatos arqueiam as costas?

Os gatos arqueiam as costas por muitas razões. Quando Seamus se levanta de uma soneca ao sol, ele arqueia as costas para alongar a musculatura epaxial e da coluna lombar. Quando eu passo a mão no traseiro do Seamus, ele o ergue de satisfação – ele quer que eu o afague mais na base da cauda. Para ele, isso equivale ao que para nós é uma massagem de graça nas costas. Se, no entanto, você notar que ele está arqueando as costas ao mesmo tempo que silva, arrepia os pelos e tenta parecer maior e mais temível, é porque ele está com medo e pode estar tentando intimidar e fazer recuar outro gato, cachorro ou esquilo que esteja se aproximando.

Por que os gatos gostam de dormir ao sol?

A temperatura normal de um gato permanece entre 37,7 e 39,1 °C, independentemente de estar com o aquecedor ou o ar-condicionado ligado. Seu gato não se deita ao sol para se aquecer – mas para ter o mesmo prazer que você busca ao se deitar ao sol num belo dia ensolarado. Sentir os raios de sol no corpo é simplesmente delicioso. E é gostoso sentir toda aquela pelagem aquecida – equivale a uma sessão de terapia com pedra quente num spa para felinos.

Esteja atento, no entanto, para o caso raro de o seu gato estar constantemente em busca de calor. Apesar de isso ocorrer muito raramente, pode ser que sua tireoide esteja funcionando de maneira deficiente (isso ocorre às vezes após o tratamento do hipertireoidismo, que se caracteriza pela atividade excessiva da glândula tireoide) e seu metabolismo tenha ficado excessivamente lento. Se não, ele simplesmente prefere o calor do sol ao aquecedor dentro de casa.

Por que a urina dos gatos fede mais do que a dos cachorros?

Quem já teve um gato macho ou o quintal visitado por um gato de rua pode confirmar que a urina dos gatos fede muito mais do que a urina dos cachorros. Mas por quê? A urina dos gatos tem uma concentração muito mais intensa do que a dos cachorros. A concentração normal da urina é baseada na *densidade específica* (comumente abreviada como "dens. esp." por veterinários extremamente preguiçosos, como eu mesma) que mede a densidade de um líquido (ou seja, quão concentrado o líquido está). Com a ajuda de uma ferramenta simples chamada refratômetro, seu veterinário pode verificar a concentração da urina do seu gato. A densidade específica normal da urina do gato é superior a 1.040, enquanto a do cachorro costuma ser de 1.020 a 1.040. Isso pode parecer coisa tipicamente médica e sem sentido, mas o que interessa é que os cachorros têm uma urina muito mais diluída, o que resulta em ela ser menos fedorenta, menos concentrada e de cor menos amarelada do que a dos gatos.

A urina dos gatos é tão concentrada porque eles se originaram em regiões desérticas, e eles têm as alças de Henle, a parte dos rins responsável pela filtragem e concentração, extremamente longas. Embora você também tenha uma alça de Henle (muito romântico!), a sua não é tão longa quanto a dos gatos e, por isso, sua urina não é normalmente tão concentrada quanto a deles (a não ser que você faça longas caminhadas na natureza sem se hidratar adequadamente!). Em consequência disso, os gatos absorvem uma grande quantidade de água da urina para se manterem hidratados, o que também explica por que você dificilmente os vê beber água – a concentração deles é muito eficaz! A alça de Henle dos gatos é tão eficiente na absorção de cada gota de água disponível que essa concentração torna a urina extremamente fedorenta. A boa notícia é que ela traz alguns benefícios: os gatos não apenas urinam menos do que os cachorros (você consegue imaginar como seria limpar a caixa sanitária de um cachorro?), mas também é mais difícil para as bactérias se desenvolverem em sua bexiga contendo uma urina tão concentrada. Isso às vezes pode resultar em problemas, caso seu gato tenha um histórico de tendência a desenvolver cristais na bexiga. Quanto mais concentrada for a urina, mais concentrados se tornam os cristais, que podem se transformar em pedras. Para mais informações sobre doenças do trato urinário dos felinos, veja a resposta à pergunta "Com que frequência tenho que *realmente* limpar a caixa sanitária do meu gato?" no Capítulo 3.

Os gatos machos que não foram castrados têm o efeito adicional da testosterona, que torna a urina dez vezes mais fedorenta. Você pode minimizar a ocorrência dessa urina fétida em sua caixa sanitária, como também os hábitos comportamentais de demarcação de território (espalhando jatos de urina nojenta pelas paredes da casa), mandando castrá-lo antes de ele completar oito ou nove meses de idade.

Se você notar que a urina está demasiadamente diluída, e não tão fétida como de costume, ou se as poças de urina na caixa sanitária são demasiadamente grandes, entre em contato com um veterinário, pois esses são frequentemente sintomas de alguma doença renal, de problemas de tireoide ou mesmo de diabetes (ver a resposta à pergunta "Qual é o tamanho considerado normal para uma mijada de gato?" no Capítulo 3). Seu gato não está tentando beber mais de oito copos de água por dia simplesmente para aliviar seu olfato ao limpar a caixa sanitária, mas porque pode haver algo de errado.

Por que os gatos entram com você no banheiro?

Bem, com certeza não é por gostar dos seus odores. A despeito do olfato apurado, os gatos parecem tolerar seu mau cheiro e adoram entrar com você no banheiro. Há quem especule que eles fazem isso por não gostarem de ser excluídos de uma parte da casa e que, assim que uma porta é fechada, eles querem entrar para investigar o que está acontecendo por trás dela. Eu acho que os gatos sabem que você não tem escapatória, como um rato que caiu numa ratoeira. Eles sabem que você não pode ir a qualquer lugar enquanto estiver usando o vaso sanitário e, portanto, terá que lhes dar atenção. Eles podem ficar esfregando a cara em suas pernas, impedindo que você se mova ou resista simplesmente porque não tem saída. Pelo menos, você pode ter a certeza de que ele ama você e seus odores.

CAPÍTULO 2

A CURIOSIDADE MATOU O GATO

Você acabou de se formar, conseguir seu primeiro emprego, comprar seu primeiro apartamento na cidade e mobiliá-lo com móveis da Ikea? Pronto para encarar o próximo objeto da casa – em outras palavras, *pensando em ter um gato*? Talvez você esteja pensando em adotar um gatinho recém-nascido ou comprar um gato caro de raça pura, mas, desde que se tornou uma pessoa adulta, você nunca teve um sob sua plena responsabilidade. Pode ser que o seu amor por gatos seja inato, mas ainda não tem certeza de estar preparado para assumir o compromisso de ter um pelos próximos quinze ou vinte anos (nem ouse devolver o Tigger para o abrigo depois de dez anos!). Se é a primeira vez que você adota um gato, é muito importante que leia este capítulo antes de levar o objeto de seu desejo para casa – informe-se sobre o que precisa saber antes de assumir o compromisso. Continue lendo, pois este é o guia completo do dono de gatos!

Talvez você seja um dos meus clientes favoritos: aqueles que têm alguns exemplares de cada espécie (provavelmente, você já sabe por que, considerando que eu sou dona de Seamus, JP e Echo). E provavelmente (mas erroneamente), você pensa que um ano "canino" corresponda a sete anos humanos, o mesmo valendo para os gatos, estou certa? Você pode achar que sabe como medicar um gato, apenas porque sabe como enfiar um comprimido num cachorro-quente para dar ao Fido. Acha que pode usar aquela enorme tesoura de metal em forma de guilhotina, que usa para cortar as unhas do seu cachorro, também para cortar as unhas do seu gato? Está totalmente equivocado.

Tem curiosidade animal? Se você não tem nenhum animal de estimação, talvez não tenha certeza se prefere gatos ou cachorros. Existem pessoas que sabem intuitivamente, com base na experiência com os animais com os quais cresceram. Como já disse, eu passo mais tempo com cachorros, porque sou uma pessoa que curte andar ao ar livre, mas também tenho e adoro gatos. Seamus foi minha "primeira experiência" de adoção e, como meu primeiro gato oficial, ele me ensinou tudo sobre gatos que não é ensinado na faculdade de veterinária – desde então, ele é um dos meus grandes amores.

Se você é um dono de gatos experiente, já notou que assim que pega a bolsa Sherpa, seu gato corre e se esconde no armário, onde fica rasgando seu lindo vestido de seda e urinando sobre suas sandálias Manolo Blahnik? Os gatos são mais inteligentes do que você imagina e conseguem lembrar que a última visita ao veterinário ocorreu ontem. Tranquilize-se, seu veterinário amante dos felinos não vai torturar seu gato (eu garanto), mas às vezes o gato simplesmente não entende. As seguintes perguntas e respostas envolvem informações que seu veterinário quer que você saiba, mas os quinze minutos de consulta não permitem. Neste capítulo, você vai saber por que seu gato foge das respostas veterinárias que você busca.

Como saber se sou uma pessoa do tipo canino ou felino?

Em geral, os gatos são mais independentes e requerem menos comprometimento. Eles gostam de estar perto de você, mas esperam que você lhes dê comida e atenção apenas quando querem. Os gatos são ótima companhia, com seus ronrons relaxantes que reduzem o nível da pressão sanguínea e o bônus extra daquela bola de pelos vomitada sobre o carpete às três horas da madrugada. Eles se dão bem em apartamentos e espaços pequenos, mas requerem cuidados veterinários rotineiros (como exames anuais), mesmo que não sejam expostos aos perigos que rondam lá fora ou a outros gatos. Tendo um gato, você pode se ausentar por um fim de semana sem ter de pedir a alguém para dar uma olhada nele duas ou três vezes por dia. Em média, como eles podem viver de quinze a vinte anos, se você não consegue se imaginar num compromisso a tão longo prazo, não deve adotar um gato.

Os cachorros, por sua vez, são companheiros que exigem um nível muito maior de comprometimento. Eles não apenas precisam ser levados para passear três vezes por dia, mas também têm de ter um dono responsável que recolha suas fezes, dê-lhes de comer e beber, brinque com eles e até durma com eles. Em caso de dúvida quanto ao nível de comprometimento requerido, pode ter a certeza de que cachorro dá muito trabalho. É claro que sua companhia, amizade e lealdade merecem tudo isso, mas se você não dispõe de tempo e energia para estar com ele, ainda não chegou a hora de você ter um cachorro. Além do mais, como diria qualquer gato, enquanto os cachorros bajulam os gatos mandam.

É verdade que um ano de vida de gato equivale a sete anos de vida humana?

Embora as pessoas achem que um ano de vida de cachorro corresponda a sete anos de vida humana, a verdade é que a coisa não é bem assim, tampouco com os gatos. Na verdade, não existe essa proporção 1:7 e nem mesmo dados científicos precisos sobre essa questão. Lembre-se de que as diferentes espécies ou raças envelhecem em ritmos diferentes e que fatores como peso, obesidade, alimentação, além de fatores genéticos e ambientais, também contam. Embora essa proporção 1:7 possa ser tomada como referência genérica, ela é provavelmente inexata nas idades extremas: animais muito jovens ou muito velhos. Por exemplo, um gato com um ano de idade pode ter chegado à "puberdade", mas isso não tem nenhuma correlação com uma menina de sete anos. Assim como muitos gatos podem comumente viver até os quinze ou vinte anos de idade. Essa medida corresponde a uma proporção de 105 a 140 anos de vida humana e não existem muitos seres humanos que chegam aos 140 anos. Em geral, um ano de vida felina equivale a sete anos de vida humana apenas na "meia-idade".

O primeiro ano de vida de um gato equivale ao tempo de vida de um adolescente (de aproximadamente quinze anos), enquanto um gato de dois anos de idade equivale a um jovem adulto (de aproximadamente 24 anos). Depois disso, cada ano equivale a aproximadamente cinco anos de vida humana. Eu prefiro classificar as idades em categorias mais amplas: recém-nascidos, crianças entre um e três anos, crianças, adolescentes, jovens adultos, adultos, meia-idade, idosos e em idade geriátrica, e, bem, mortos. Como isso depende de certos fatores, o mais importante a ser lembrado é que à medida que o gato envelhece, seu corpo também envelhece e que, para mantê-lo saudável, você deve levá-lo sempre ao veterinário. Para saber mais, dê uma olhada na seguinte tabela comparativa de idades e também nos sites do IDEXX na Internet.

CÃES				GATOS	
Idade (anos)	De pequeno porte	De médio porte	De grande porte	Idade (anos)	Equivalente humano
1	15	15	15	6 meses	10
2	24	24	24	1	15
3	28	28	28	2	24
4	32	32	32	3	28
5	36	36	36	4	32
6	40	42	45	5	36
7	44	47	50	6	40
8	48	51	55	7	44

CÃES				GATOS	
Idade (anos)	De pequeno porte	De médio porte	De grande porte	Idade (anos)	Equivalente humano
9	52	56	61	8	48
10	56	60	66	9	52
11	60	65	72	10	56
12	64	69	77	11	60
13	68	74	82	12	64
14	72	78	88	13	68
15	76	83	93	14	72
16	80	87	120	15	76
17	84	92		16	82
18	88	96		17	84
19	92	101		18	88
20				19	92
21				20	96
				21	100

IDEXX Comparative Age Chart[1] (ver Referências).

Quantos gatos são demais?

Precisamos realmente responder a essa pergunta?

Infelizmente, sim. Ocasionalmente surgem notícias sobre pessoas malucas que vivem com centenas de gatos escondidos em casa (espera-se que não seja nas redondezas de onde você mora).[2] Para azar dos gatos, existem muitas pessoas com estranhos hábitos de amá-los, e que gostam de viver em lugares bagunçados e fedendo a urina. Essas pessoas, em sua maioria, são solteiras e vivem sozinhas (e você que achava que era difícil achar um namorado por ter apenas dois gatos!), pertencem a todas as classes sociais e, em geral, têm mais de sessenta anos. E, ainda por cima, são na maioria mulheres, contribuindo para aumentar a má reputação das mulheres solteiras. Em 69% dos casos, foram encontrados acúmulos de urina e fezes em suas habitações. Se você acha isso horrível, saiba que as camas de uma em cada quatro dessas pessoas são cobertas de excrementos de animais. Suponho que você não gostaria de deitar-se numa delas. Lamentavelmente, em 90% dos casos noticiados, havia animais mortos ou doentes nas casas, e 60% dos donos nem haviam constatado o problema. Finalmente, os gatos parecem ser os animais "preferidos" dessa gente maluca, envolvendo mais de 65% dos casos, embora algumas dessas pessoas prefiram cachorros e coelhos.[3]

Embora seja improvável que este livro vá parar na biblioteca de uma dessas pessoas, nós como veterinários costumamos recomendar que a posse se restrinja a quatro ou cinco gatos. Meus colegas veterinários, assistentes e amigos chegam às vezes a se ofender quando digo que meu critério para definir alguém como maluco é a posse de seis gatos. Acima disso, a pessoa passa para a categoria de "louca de pedra". É claro que se você perguntar a dez veterinários, poderá obter dez respostas diferentes. Dito isso, até que cada um dos nove outros veterinários escreva seu livro com suas opiniões sobre o assunto, eu continuo recomendando não mais que quatro ou cinco gatos por casa. Em geral, os especialistas em comportamento animal encontram mais problemas em casas com muitos gatos. A presença de gatos demais costuma resultar em problemas com urina (fora do devido lugar), brigas e ataques entre gatos e dificuldades para detectar possíveis problemas de saúde. Por exemplo, verificar a caixa sanitária para ver se um dos gatos está com infecção urinária é mais difícil quando você tem seis gatos. Além disso, apesar de amar meus bichos, também amo minha casa e não quero que os cantos fiquem fedendo a urina – mas essa é apenas a minha opinião.

Afinal, quantos gatos você acha que deve ter? Devo dizer que gostava de ter apenas um gato em casa – Seamus era mais amável e afetuoso com as pessoas (diga-se de passagem, comigo) quando era filho único. Depois que adotei Echo, passei a vê-lo menos. Agora, eles só querem brincar um com o outro (e constantemente). Eu fui oficialmente rebaixada para as funções de provedora de alimento e limpadora de caixas sanitárias. Os dois agora vivem brincando, se perseguindo e se engalfinhando e, em geral, só me procuram, e ficam rondando minha cabeça, às três horas da madrugada, justamente quando estou a fim de dormir. A boa notícia é que a qualidade de vida, a vida social e o nível de atividade física de Seamus melhoraram muito. Infelizmente para mim, eu passei a dormir menos. Por sorte, eu me vingo deles, despertando-os repentinamente às duas da tarde ("Vamos, acordem!"), justamente quando estão tirando um cochilo ao sol ("Desculpem, vocês estavam dormindo?"). Concluindo, dois gatos, um cachorro e muitos coelhos e pássaros no quintal são o suficiente para a minha casa de aproximadamente 200 metros quadrados...

É mais conveniente adquirir um gatinho recém-nascido ou um gato já adulto?

Eu tive ambas as experiências. Adotei Seamus quando era filhote e, Echo, já adulto. Na verdade, sou uma ardente defensora da adoção de gatos adultos, pelo fato de os abrigos terem muita dificuldade para encontrar quem os queira. A maioria das pessoas quer filhotes bonitinhos, fofinhos e brincalhões por serem mais divertidos; por isso, os gatinhos mais novos são logo escolhidos para adoção nos abrigos, deixando os coitados dos jovens adultos "menos desejáveis" para trás. Ao escolher aquele filhote, tenha em mente que ele pode ser extremamente travesso e ativo e que, portanto, se você está à procura de uma companhia calma, tipo gato dorminhoco de sofá, é melhor adotar um já adulto. Um filhote também requer um bocado de treinamento até aprender a usar o lugar demarcado para arranhar e a caixa sanitária para fazer suas necessidades. Mas lembre-se de que todos os filhotes se tornam gatos adultos e, se você tiver disposição, tempo e energia, adotar um filhote pode ser uma maneira divertida de se afeiçoar ao seu novo amigo de quatro patas. Mas se você não tem disposição para treinar um filhote e prefere adotar um gato mais velho, vá em frente – tanto seu veterinário como a instituição beneficente terão muito orgulho de você. Você provavelmente terá salvado e prolongado a vida do Frisky.

Devo adotar um gato de pelos curtos ou longos?

Não consegue se decidir entre um gato de pelos curtos e outro de pelos longos? Sua escolha deve se basear no tamanho da sua disposição para ficar escovando o gato, recolhendo bolas de pelo ou usando o aspirador de pó. O tipo de gato que você escolher irá determinar a frequência com que você terá que escová-lo para dar conta de toda aqueles pelos espalhados. Eu reconheço que acho os gatos de pelos longos bonitos, macios e sedosos. Mas eles precisam ser escovados no mínimo uma vez por semana para que não formem bolotas nem fiquem cheios de nós (difíceis de serem desembaraçados, suprimindo meu desejo de algum dia usar *dreadlocks*). É uma lástima, mas gatos de pelos longos não cabem em meu estilo de vida atribulado. Honestamente, eu mal consigo dar conta do meu próprio cabelo e não tenho tempo para cuidar dos pelos dos meus gatos uma vez por semana. Seamus e Echo têm ambos pelos curtos (que ficam ainda mais curtos quando os escovo) e os adoro assim.

Se você está pensando em adotar um gato de pelos longos, saiba que vai dar muito trabalho cuidar de sua pelagem. Finalmente, considere se vai suportar conviver com pelos espalhados por toda a casa. Se não, adote um gato de pelos curtos ou corte-os com frequência à moda do leão. Embora a maior parte das bolas de pelos passem para as fezes sem causar complicações, ocorre às vezes de elas provocarem vômito ou resultarem em obstruções só resolvidas por uma cirurgia dispendiosa. Todo esse dinheiro daria para muitos cortes leoninos.

Os gatos de raça pura são melhores?

Exatamente como entre os cachorros de raça pura, existem gatos maravilhosos de raça pura. Dependendo de que traços – como tipo de pelagem, cor, tamanho ou outras características – você esteja procurando, existem gatos para todos os gostos. Diferentemente dos cachorros, os gatos não são usados para finalidades específicas, o que é uma boa coisa, pois não sei se iria preferir adotar um gato trabalhador (um gato policial, por exemplo) a um gato comum. De qualquer modo, algumas pessoas podem ter preferências por raças com certos tipos de personalidade. Assim sendo, seja consciente e exerça sua cidadania ao escolher um gato de raça pura; assim como ocorre entre os cães de raça pura, existem certas doenças, como peritonite felina, leucemia felina ou defeitos geneticamente herdados (como problemas cardíacos ou rins policísticos) resultantes de possíveis cruzamentos consanguíneos que ocorrem mais comumente em criadouros desleixados onde não são realizados os devidos exames e testes. Antes de adquirir um gato de raça pura, pesquise tudo sobre a raça em questão e consulte um veterinário para ter a certeza de que está tomando uma decisão bem pensada. Se você não tem preferência por nenhuma raça em particular, saiba que poderá encontrar gatos de todas as raças, cores, sexos, de pelos longos e curtos disponíveis nos abrigos. Portanto, é só ir até lá e explorar suas possibilidades.

Que raça de gato é a melhor para mim? Quais são as variedades mais populares de gatos de raça pura?

Apesar de haver disponível na Internet uma quantidade razoável de testes do tipo "qual o gato que tem a minha cara", eles não são tantos quanto os relativos a cachorros. Esses testes na realidade não servem para indicar de que raça você seria se reencarnasse como gato (Será que por ser de origem asiática meu tipo de gato seria um siamês?), mas apenas para testar seus conhecimentos sobre a origem e a história do gato (tenho orgulho em dizer que acertei 80% das questões, mas só depois de ter pesquisado para escrever este livro).

Continua sem saber? Não que eu queira incentivar você a seguir a maioria, mas as dez raças de gatos mais populares, de acordo com o relatório de 2006 da Cat Fanciers' Association (CFA), são as relacionadas a seguir. Sendo a veterinária realista que sou (sinto muito, mas estou apenas tentando proteger você e seu gato), eu incluí também os problemas genéticos mais comuns inerentes a cada raça, não querendo com isso dizer que todos os gatos de uma raça apresentam esses problemas, mas apenas para que você fique atento!

Persa: Os gatos dessa raça são conhecidos por sua cara amassada, olhos lacrimejantes, espirros crônicos, roncos ocasionais e pelos longos e difíceis de serem tratados (o que implica você ter de escová-los frequentemente). Apesar de tudo isso, eles são populares por uma única razão: têm uma cara que só uma mãe é capaz de amar. A má notícia é que essa raça tem um problema renal hereditário chamado doença renal policística, caracterizada pela presença de muitos cistos sem função, que pode resultar em falência renal com risco de morte em idade precoce.

Maine Coon: Essa é uma das minhas raças preferidas. Com ossos grandes e fortes e lindos pelos longos, eles são também muito afetuosos. São os gigantes afáveis da espécie felina, mas seus pelos também requerem muitos cuidados e escovação constante. Lamentavelmente, essa raça também é portadora de cardiomiopatia hipertrófica hereditária, que ocorre mais comumente em machos jovens. Essa é a mesma doença cardíaca que, por tornar o músculo do coração demasiadamente denso e ineficiente, ocasionalmente leva jogadores de basquete a caírem mortos.

Exótico: Os gatos dessa raça são também conhecidos como "o persa do homem preguiçoso". Eles têm os mesmos traços do persa e também personalidade semelhante, só que dão menos trabalho. Perfeito! Seu pelo curto exige menos cuidados do que os do persa, sua cara continua sendo aquela que só uma mãe (ou um pai) consegue amar.

Siamês: Os gatos siameses foram muito populares na década de 1980, graças ao filme lançado pela Disney, *A Dama e o Vagabundo*. Os dois siameses foram tipicamente representados no filme da Disney – tagarelas, graciosos e ótimos cantores. Está se sentindo muito só em sua enorme casa? A gritaria dos siameses logo irá encher a casa (o tempo todo), pois eles estão sempre na sua cola em busca de afeto. Como a asma e a *diabetes mellitus* são mais comuns nessa raça, atente para o seguinte: se você fuma ou tende a deixar que seus gatos fiquem obesos (e detesta ter que dar-lhes injeções duas vezes ao dia), essa pode não ser a raça apropriada para você.

Abissínio: Eu pessoalmente considero os gatos dessa raça os mais bonitos – eles têm aquele característico pelo castanho-avermelhado (embora existam em muitas outras cores) e são extremamente afetuosos. Os gatos dessa raça parecem ser os próprios gatos originais e majestosos que eram reverenciados no antigo Egito. Eles são acrobatas ativos e frequentemente são vistos saltando por cima da geladeira e dos móveis. Uma rara doença que pode ser fatal, chamada amiloidose, e resulta na infiltração de tecido anômalo em seus órgãos, ocorre nos gatos dessa raça, embora sua ocorrência tenha sido menos frequente ultimamente. Esta é a raça em cuja lista de espera para adoção eu estou inscrita.

Ragdoll ("boneca de pano"): Esse gato é exatamente o que seu nome indica. Desengonçado como uma boneca de pano. É o Bob Marley dos felinos, retraído, tranquilo e maduro.

Birmanês: Esse gato parece uma mistura de persa e siamês com suas patas dianteiras brancas. Originário da Birmânia (atual Mianmar), era considerado sagrado pelo povo khmer, vivendo nos templos com os sacerdotes Kittah. Como os gatos de todas as raças, eles querem ser tratados como majestade!

Americano de pelos curtos: Esse gato pertence à categoria de "trabalhadores", se é que tal categoria existe. Eles são descendentes dos gatos que fizeram parte da tripulação do *Mayflower*, onde eram usados para manter a população de roedores confinada ao porão do navio. Embora essa raça varie muito, ela é conhecida por sua imponente aparência tigrada.

Oriental: Existem mais de trezentas variedades do gato oriental, mas ele é originário do gato siamês e tem uma personalidade muito parecida (talvez um pouco menos vocal). Você pode escolher praticamente qualquer cor que quiser.

Sphynx: Não gosta de pelo de gato? Então, escolha um sphynx careca. Essa raça surgiu em 1966 quando um gato doméstico de pelos curtos gerou um gatinho careca e, desde então, ela se propagou. Com uma aparência singular, esses gatos causam uma sensação um pouco estranha e pegajosa quando você os toca, se você está acostumado a sentir o pelo do gato. Tome cuidado: essa raça não é hipoalergênica. A caspa encontrada na saliva ressecada do gato é que provoca alergia em você, e não os pelos – e o seu sphynx vai continuar se lambendo. Veja a resposta à pergunta "É possível adquirir um gato hipoalergênico?" mais adiante neste capítulo para saber mais sobre caspa, saliva e alergias.

É importante saber o básico sobre cada raça, o que você poderá encontrar facilmente na Internet. Examine atentamente as informações sobre cada raça e, quando tiver dúvidas, siga as orientações da Cat Fanciers' Association, que é a maior organização mundial de gatos com *pedigree*, o equivalente ao Kennel Club americano com respeito aos cães.

Por quanto tempo o gato da minha namorada vai viver?

A vida média de um gato que vive dentro de casa é de quatorze a dezoito anos. Certos gatos vivem até vinte anos. Lamentavelmente o tempo de vida é muito menor para os gatos que se aventuram pela vastidão do espaço exterior, os quais, segundo as estatísticas, vivem de dois a cinco anos.[4] As principais causas de morte dos gatos que vivem dentro de casa são a falência renal e o câncer; para os gatos que vivem na rua, as causas principais são o traumatismo (atropelados por um carro, atacados por outros animais ou baleados por um vizinho) e as doenças infecciosas, como a leucemia felina, peritonite felina ou o vírus da imunodeficiência felina. Não gosta do gato da sua namorada?

Obrigá-lo a ser um guerreiro de fim de semana na rua é de fato... uma atitude inapropriada!

Um interessante estudo realizado recentemente pela Purina avaliou os cães submetidos a uma alimentação restrita em comparação com os cães alimentados de acordo com as recomendações que vêm nas embalagens e constatou que os primeiros pesavam menos e tinham menos quantidade de gordura no corpo.[5] De acordo com esse mesmo estudo, o tempo médio de vida é significativamente mais longo para os cães submetidos a uma alimentação restrita. O surgimento de sintomas clínicos de doenças crônicas também é retardado nos cães alimentados com restrição. Os resultados sugerem que uma redução em 25% da quantidade de alimento ingerido aumenta o tempo médio de vida e retarda o surgimento de sintomas de doenças crônicas.[6] Em outras palavras, os cães mais magros podem viver por mais tempo do que os cães obesos ou com peso acima do normal, o que é importante lembrar diante do fato de que entre 40% e 70% dos animais dos Estados Unidos são obesos.[7] A razão por que nós, donos de gatos, devemos nos preocupar é porque queremos que eles vivam até a idade de vinte anos, certo? Sendo a maioria de nossos gatos domésticos obesa, essa é uma notícia estimulante para ajudar o Felix a cumprir sua resolução de Ano-Novo. Continuamos esperando que a Purina realize esse mesmo estudo com gatos, embora essa recomendação provavelmente sirva para todas as espécies (a minha e a sua incluídas). Além de perder peso, é importante fazer anualmente os exames rotineiros, particularmente dos gatos em idade mais avançada, pois com isso é possível detectar precocemente o surgimento de possíveis problemas.

É importante que você saiba por quanto tempo terá de se comprometer com o gato que pretende adotar. Terá de estar preparado para assumir um compromisso por vinte anos com aquele gatinho adorável que você viu no *pet shop* ou no abrigo da sociedade beneficente. E isso envolve ter de lidar com muito cocô e xixi de gato, muita agitação em volta da sua cabeça às três horas da madrugada (quando você está querendo dormir), muitas despesas com comida e visitas ao veterinário e, graças a Deus, muitos ronrons e afagos em troca.

Devo terminar com o meu namorado só porque ele não gosta do meu gato?

Sim.

Veja a resposta à pergunta "O que fazer para que o meu namorado goste de gatos?" no Capítulo 4, para obter algumas sugestões interessantes, mas enquanto isso, tente empenhar-se em pensar por conta própria.

Quais são os dez nomes mais populares de gato?

Com base num estudo realizado recentemente pela seguradora Veterinary Pet Insurance (VPI), os dez nomes de gato mais populares (que rufem os tambores, por favor!) são os seguintes:

PARA FÊMEAS:
Chloe
Lucy
Cleo
Princesa
Angel
Molly
Kitty ("Gatinha" – Qual é, pessoal, um pouco mais de imaginação!)
Samantha
Misty
Missy

PARA MACHOS:
Max
Tigger
Tiger
Smokey
Oliver
Simba

Shadow

Buddy

Sam

Sammy

DOS 450 MIL GATOS SEGURADOS PELA VPI, OS DEZ NOMES DE GATO MAIS POPULARES DE AMBOS OS SEXOS SÃO OS SEGUINTES:

Max

Chloe

Lucy

Tigger

Tiger

Smokey

Oliver

Bella

Sophie

Princesa

Se você quiser evitar a repetição de nomes enfadonhos, eis algumas sugestões úteis que poderá levar em consideração no processo de escolha do nome para seu novo gato. Para começar, não se apresse a dar logo um nome para a sua gatinha – de qualquer maneira, ela vai passar semanas ignorando totalmente que você existe antes de começar a fingir que reconhece o próprio nome. A personalidade do gato pode lhe dar uma sugestão do nome mais apropriado. Você vai precisar de algum tempo para descobrir que o Maluco é na verdade tímido, enquanto o Espoleta se revela um tremendo preguiçoso. Eu, pessoalmente, gosto de dar nomes aos animais em memória a algo ou alguém, seja meu cliente, paciente, cidade ou lugar de caminhada preferido. Escolhi o nome Seamus em homenagem a um paciente de longa data que tive em Boston. Decidi manter esse nome quando, por engano, na sala de espera, chamei "Si-mus" (em vez de "Shei-mus", a pronúncia irlandesa correta). Uma das minhas colegas deu a sua gatinha o nome Tettegouche por ser esse o nome de um de seus lugares preferidos para fazer longas caminhadas no norte de Minnesota. Concordo que "Tettegouche" seja um nome difícil, mas Gouche acabou se revelando um apelido bem curioso.

Em seguida, escolha um nome que seja facilmente reconhecido por seu gato, se não ele ficará ouvindo apenas um longo blablablá. Um nome de duas sílabas que termine em vogal (como Monkee ou Sallie) pode ajudar seu gato a identificar seu nome. Uma de minhas clientes deu a seu gato o nome Ulysses, mas Fatty (Gorducho) acabou se mostrando o nome com o qual ele se identificou melhor. Terminando em vogal, por mais politicamente incorreto que seja, tudo bem, pelo menos para mim. Ele parece se identificar muito bem com o nome. E finalmente, é importante escolher um nome que não cause embaraço ao ser chamado em voz alta na sala de espera da clínica veterinária. "Pussy" (Perereca) é um nome bastante constrangedor para o veterinário chamar em voz alta, por mais engraçado que você o ache.

É mais conveniente adquirir um gato de raça pura ou um "vira-lata" (gato doméstico de pelo curto)?

Em geral, eu recomendo a adoção de um gato de abrigo ou resgatado de uma situação de risco, salvo quando você estiver à procura de uma raça específica para uma finalidade específica. Não me interprete mal, eu tenho minhas próprias preferências quanto a raças e adoraria ter um gato de raça pura. Entretanto, com o crescente problema de superpopulação de animais, você pode salvar um velho e comum (mas adorável) gato "vira-lata" de ser sacrificado num abrigo. Em geral, por seu vigor híbrido, que é a combinação do "melhor material genético", os gatos domésticos de pelo curto costumam ser mais saudáveis e menos sujeitos a doenças hereditárias.

Ultimamente, têm surgido grupos de resgate de raças específicas. Gatos de raça pura podem ser entregues aos grupos de resgate por problemas dos donos ou por problemas comportamentais ou de saúde, e organizações que trabalham com raças específicas tratam então de encontrar novos lares para esses gatos de raça desamparados. Por outro lado, existem muitos abrigos com animais de raça pura disponíveis para adoção. Alguns deles chegam a oferecer a possibilidade de você se inscrever numa lista de espera para adoção de um gato de uma determinada raça. É sempre recomendável procurar se informar sobre as opções disponíveis.

Como adquirir um gato saudável de um criador?

Também aqui, devo exaltar os benefícios do "vigor híbrido". Os gatos domésticos ou "vira-latas" têm menos problemas do que os de raça pura, devido à combinação do "melhor" material genético; além disso, você pode com frequência obter um "vira-lata" de graça. Isso não quer dizer que os gatos domésticos, tanto de pelo curto quanto de pelo longo, não tenham problemas de saúde, mas apenas que sua incidência é menor.

Além do fator saúde, outro bom motivo para se adotar um gato comum é que com isso se contribui para reduzir a superpopulação de animais nos abrigos. Milhões de gatos são "abandonados" anualmente nos Estados Unidos e, adotando um, você estará não apenas salvando uma vida, mas também ajudando a reduzir o número de gatos sacrificados todos os anos em consequência da superpopulação.

Não há, no entanto, nada de errado em se querer ter um gato de raça pura. Cada raça tem suas características positivas e, se você está à procura de um determinado tipo de pelagem, um gato de raça pura pode satisfazer plenamente suas exigências. Quer você deseje um gato para exposição, quer apenas para exibi-lo a seus amigos, os gatos de raça pura são os melhores no que diz respeito à cor exata, à constituição e ao tipo de sua preferência. Entretanto, antes de adquirir um ao acaso, faça o dever de casa de um consumidor consciente. É importante obter do criador o histórico médico do gato de raça pura antes de adquiri-lo. Como saber, por exemplo, se os pais ou irmãos de ninhada apresentaram sinais de doenças hereditárias ou congênitas típicas da raça. Criadores responsáveis são aqueles que oferecem certificados e resultados de exames antes da compra, para assegurar que estão vendendo gatos saudáveis. A presença de problemas cardíacos, asma, diabetes ou doença inflamatória intestinal também pode ser mais predominante em certas raças e, portanto, você deve obter do criador um histórico completo de toda a linhagem antes de efetuar a compra. Desconfie do criador que apresentar toda uma linhagem totalmente sem defeitos – isso é extremamente improvável. O criador responsável se disporá prontamente a fornecer corretamente todas essas informações. Previna-se contra futuras dores de cabeça, fazendo seu dever de casa para se assegurar de que o gatinho que está levando para casa é saudável.

Você também deve visitar e examinar as instalações do criador. Ver se as gaiolas são mantidas limpas, secas e em boas condições. Se o ambiente e a iluminação são adequados. Se as gaiolas estiverem num porão escuro, desista, vá procurar em outro lugar. Os pais do gato em questão estão disponíveis para que você os examine? Têm sido ambos devidamente vacinados e examinados anualmente por um veterinário? Não há nenhum animal ali nas instalações do criador que seja portador de leucemia felina ou do vírus da imunodeficiência felina? Houve ali algum caso de peritonite felina? Os pais do candidato à sua compra tomaram os remédios preventivos contra pulgas e carrapatos ou, o que seria ideal, são mantidos apenas em espaço fechado? Os irmãos de ninhada são todos saudáveis e bem cuidados? O criador deve ter dado a eles os vermífugos e a primeira vacina (de uma série de três a quatro doses para gatos). Caso ele não tenha feito isso, eu recomendo que você vá procurar em outro lugar. Se o criador não tem condições de arcar com a primeira vacina e exame, ele não tem competência para se estabelecer enquanto tal e nem deveria estar no ramo. Além disso, os filhotes devem permanecer com a mãe até completarem seis ou sete (o ideal seriam oito) semanas de idade, para serem devidamente socializados; quem os vende antes dessa idade está sujeitando-os a problemas de abandono e não está preocupado com o bem-estar dos gatos. Finalmente, o criador responsável deve estar disposto a garantir pela saúde do gatinho, de maneira que você possa receber seu dinheiro de volta ou trocá-lo por outro se algum problema for detectado.

Se você não sabe por onde começar sua procura de um gato de raça pura, peça a um veterinário que recomende um criador confiável.

Pergunte a seus amigos e familiares. Pesquise na Internet. Seja um consumidor consciente. É extremamente triste ver um cliente que se afeiçoou a seu gatinho descobrir oito semanas depois que ele tem uma doença congênita. Eu posso lhe garantir que o novo gatinho também irá logo se afeiçoar a você. E, portanto, você vai querer adotar um que seja saudável desde o início.

É verdade que os gatos têm nove vidas?

Os gatos têm uma incrível capacidade de sobrevivência e olha que essa é a afirmação de uma veterinária! Conheci gatos que sobreviveram aos piores azares. O gatinho de um colega chegou ao centro de atendimento veterinário de Nova York semicongelado e quase sem vida. Apesar das tentativas desesperadas de fazer a ressuscitação cardiorrespiratória cerebral, o gatinho morreu e nada o fazia reviver. Como tinha outra emergência para atender, o veterinário saiu correndo e, ao voltar, percebeu que a lâmpada cirúrgica havia sido deixada acesa e que o gatinho estava vivo, aquecido e revivido pelo calor da lâmpada. Aparentemente, a morte não ocorre enquanto o corpo se mantiver quente. Por sua bravura, o gatinho recebeu o nome Ripley, em homenagem ao Ripley do Museu Ripley's Believe It or Not! Apesar de sofrer de deficiência renal, ele foi o mascote milagroso da sala de emergência daquele hospital por muitos anos. Portanto, sim, é verdade que alguns gatos têm nove vidas.

Como dar comprimido ao meu gato?

Bem, sendo dona de gatos, eu sou capaz de me solidarizar com os pobres clientes que mando para casa com receitas de antibióticos em comprimidos ou em solução oral. Não é tão fácil quanto parece e foi só quando tentei de fato dar remédio em solução oral ao meu próprio gato que percebi que era mais difícil do que fazê-lo ingerir comprimidos.

Antes de começar, veja se está segurando o comprimido entre o polegar e o indicador da sua mão dominante ou se ele está ao alcance da mão. A maneira mais fácil de começar é colocando o gato na posição correta: com as costas dele voltadas para você, mantenha-o preso entre suas pernas enquanto se agacha sobre ele. Coloque o indicador e o polegar da outra mão em volta das bochechas do gato – é mais seguro que os coloque atrás dos caninos (aqueles dentes pontudos) do maxilar superior, para que ele não os morda. Ao mesmo tempo, vire o gato para que fique com o focinho apontado para o teto, fazendo com que solte um pouco o maxilar inferior. Coloque o dedo médio da mão dominante entre os caninos inferiores do gato e pressione rapidamente o maxilar inferior enquanto empurra para o fundo da garganta o comprimido que tem entre o polegar e o indicador, mantendo o focinho voltado para o teto. Aplique uma pressão suave para fechar a boca do gato enquanto ele revira a língua e (com sorte) engole o remédio. Acariciar suavemente a garganta pode também ajudar, pois estimula a ingestão involuntária.

Se a minha descrição parecer muito complicada, não se desespere – existem muitos vídeos excelentes, e também sites na Internet, que mostram como dar remédio a um gato.[8] Confira as referências veterinárias, como o Cornell Feline Health Center, para sugestões de vídeos. Quando tiver dúvida, peça a seu veterinário ou seu assistente que mostre como dar o primeiro comprimido. Logo você perceberá: (a) que se tornou perito nessa tarefa; ou (b) um monte de comprimidos cuspidos atrás do sofá da sala.

Para aqueles de vocês que são donos com experiência em medicar gatos, eis algumas sugestões que merecem ser consideradas e que foram colocadas em circulação na Internet![9]

Como dar comprimido a um gato

1. Pegue o gato e enganche-o no braço esquerdo dobrado como se fosse um bebê. Com a mão direita, coloque o dedo indicador de um lado e o polegar do outro da boca do gato e pressione

levemente as bochechas. Quando a boca do gato se abrir, enfie nela o comprimido. Deixe que ele feche a boca e o engula.

2. Pegue o comprimido do chão e o gato de trás do sofá. Acomode delicadamente o gato no braço esquerdo e repita o processo.

3. Pegue o gato no quarto; recolha e jogue fora o comprimido lambuzado.

4. Retire outro comprimido da embalagem e acomode o gato no braço esquerdo, prendendo bem suas patas traseiras com a mão esquerda. Force a abertura das mandíbulas e empurre o comprimido para dentro da boca com o dedo indicador. Aperte as mandíbulas para manter a boca fechada enquanto conta até dez.

5. Pegue o comprimido de dentro do aquário de peixe e o gato de cima do guarda-roupa. Chame seu parceiro que está lá fora no jardim para vir ajudar.

6. Ajoelhe-se no chão com o gato preso firmemente entre os joelhos e segure suas patas dianteiras e traseiras. Ignore os rosnados do gato. Peça ao seu parceiro para segurar firmemente a cabeça do animal com uma mão enquanto você enfia uma régua de madeira na boca do gato. Faça o comprimido descer pela régua e esfregue-a com força na garganta do gato.

7. Pegue o gato de trás da cortina e retire outro comprimido da embalagem. Anote que terá de comprar uma nova régua e mandar consertar a cortina.

8. Envolva o gato com uma toalha grande e peça ao seu parceiro para deitar-se sobre ele, deixando só a cabeça de fora da axila. Coloque o comprimido na ponta de um canudo, enquanto com um lápis mantém a boca do gato aberta, então, com um sopro no canudo, faça o comprimido voar para dentro de sua boca.

9. Leia a bula para saber se o comprimido não faz mal aos seres humanos, beba um copo de água para remover o gosto. Aplique um curativo no antebraço do seu parceiro e remova o sangue do carpete com água fria e sabão.

10. Resgate o gato do barracão do vizinho. Pegue outro comprimido. Coloque o gato dentro do armário da cozinha e feche a porta,

deixando apenas sua cabeça visível. Force a abertura da boca do gato com uma colher de sobremesa. Peça ao parceiro que, com um elástico, faça o comprimido disparar garganta abaixo.

11. Pegue a chave de fenda na garagem e coloque a porta do armário de volta nas dobradiças. Aplique compressa de gelo na face e confira os registros para saber quando foi que você tomou a última vacina antitetânica.

12. Chame o parceiro para levá-lo ao pronto-socorro. Fique sentado calmamente enquanto o médico costura dedos e antebraços e remove um comprimido do olho direito.

13. Chame a organização em defesa dos animais para recolher o gato e entre em contato com o *pet shop* mais próximo de sua casa para saber se tem algum hamster à venda.

Como dar comprimido a um cachorro

1. Envolva o comprimido numa fatia de bacon.

Como você mesmo pôde constatar, não é tão fácil quanto parece. Peça ao seu veterinário algumas sugestões para facilitar, como, por exemplo, que receite remédios com sabor de peixe, se achar necessário.

Por que tantas pessoas são alérgicas a gatos e o que causa essas alergias?

Não sabemos ao certo por que ultimamente cada vez mais pessoas têm se mostrado alérgicas a gatos. Talvez porque mais donos, em nome da saúde e da segurança de seus gatos, os estejam mantendo dentro de casa, onde os alérgenos são mais abundantes. Pode ser também que seja porque o número de gatos excedeu o de cachorros em termos de popularidade e com mais de 80 milhões de gatos vivendo em casas, mais pessoas estejam descobrindo que são alérgicas. Lamentavelmente, a culpada é a Fel d 1, uma glicoproteína que os gatos produzem e secretam naturalmente de suas glândulas sebáceas e depois a soltam pela pele e saliva. Como fazem o próprio asseio, os gatos espalham esse alérgeno por todo o corpo (e também pela casa, carpete, cama, roupas de cama e pessoais), fazendo seus olhos arderem e ficarem vermelhos e o nariz escorrer.

É possível se adquirir um gato hipoalergênico?

Eleita em 2006 pela revista *Time* como uma das melhores invenções médicas, o gato hipoalergênico da Allerca Lifestyle Pets pode ser seu pela insignificante quantia de 5.950 dólares ou pela astronômica quantia de 125 mil. Pelo visto, a Lifestyle Pets encontrou uma forma de criar modificações genéticas (que resultaram no gato chamado Allerca GD) que minimizam a produção da Fel d 1, gerando um gato que não provoca alergias. Dependendo de quão "exótico" você quer que seja seu gato hipoalergênico (talvez com um pouco do Serval Africano ou do Leopardo Asiático em sua combinação genética), você pode chegar a pagar 125 mil dólares. Não se preocupe – esses gatos hipoalergênicos são considerados "amáveis, brincalhões e afetuosos",[10] mas por toda essa dinheirama, eles deviam também ser capazes de limpar os próprios excrementos enquanto buscam a sua correspondência. Por toda essa fortuna, você pode adquirir um gato de pelos médios, gatos de todos os tipos de pelo, cor e tamanho. Há, é claro, uma lista de espera, que pode levar de um a dois anos para você ter o seu, mas se puder pagar a bagatela extra de 1.950 dólares, esse tempo se reduzirá de dois anos para apenas alguns meses.

Para você ver como, afinal, o dinheiro pode trazer felicidade. Ou comprar uma grande quantidade de lenços Kleenex e de antialérgicos Claritin.

Eu adoro meu gato, mas sofro de alergia. O que devo fazer?

Você que é alérgico a seu gato não acredite no que diz seu médico que odeia gatos – você não tem que *necessariamente* se livrar do seu gato apenas por ter alergia. É claro que se você tem alergias graves e asma e os remédios não estão surtindo efeito, a coisa pode mudar de figura. Evitar o contato com o gato é normalmente o melhor meio de prevenir alergias, mas os gatos são tão maravilhosos que a gente simplesmente não consegue viver sem eles (para a tristeza dos alergistas). Existe uma percentagem extremamente alta de veterinários com alergia a gatos, mas a solução que encontramos é evitar concursos de cheirar gatos e tomar anti-histamínicos. Por sorte, não tenho nenhuma outra alergia a não ser a coelhos e, por isso, trato de evitá-los como o diabo evita a cruz.

Existem alguns truques que ajudam a minimizar a severidade de suas alergias. Usando aspirador de pó com filtros de partículas de ar altamente eficientes (filtros Hepa), anti-histamínicos, inaladores, esteroides e injeções antialérgicas, algumas formas brandas de alergia são controláveis. Mas, por favor, consulte seu médico ou alergista para que ele receite o anti-histamínico apropriado para uso prolongado. O assoalho de madeira é mais fácil de manter limpo do que o forrado com carpete e passar frequentemente o aspirador de pó com filtro Hepa pode também aliviar alguns sintomas. Manter uma parte da casa interditada aos gatos e reservada apenas para os seres de duas pernas também é importante (por exemplo, o quarto de dormir, onde você passa um terço de sua vida). E, finalmente, apesar de o seu gato passar a odiar você por isso, simplesmente lavá-lo com água uma vez por semana reduz dramaticamente a quantidade de caspa (que pelo fato de ele estar sempre se lambendo, acaba passando para todo o corpo). Se você tem boas condições financeiras, ou pode esperar dois anos, comprar um gato hipoalergênico é uma opção disponível.

Devo me livrar do meu gato porque meus filhos são alérgicos?

Se algum pediatra alergista estiver lendo este livro, por favor, não obrigue os pais de seus pacientes a se livrarem dos gatos só porque as crianças são alérgicas. Estudos têm demonstrado que quanto mais cedo as crianças são expostas a alérgenos como pelo e caspa de gato, *menos* alergias elas terão em idade adulta.[11] É claro que se seu gato estiver provocando ataques de asma alérgica em seu filho, você deve ter uma conversa muito franca com seu marido a respeito de se devem livrar-se do gato ou da criança.

Como posso tornar meu gato mais tolerável para pessoas alérgicas que venham me visitar?

Se você tem muitos amigos com alergia a gatos, procure passar o aspirador de pó com filtro Hepa alguns dias antes de recebê-los em casa (a não ser quando as visitas são feitas de surpresa). Uma limpeza completa de sua casa antes da chegada deles também é importante. Melhor a inda é arrancar definitivamente todo o carpete e substituí-lo por piso de madeira... mas é claro que isso depende de "quão" amigas são de fato essas pessoas. Contanto que tenha um bom filtro de ar trocado com frequência, o ar-condicionado ou a calefação também ajuda a remover parte da caspa. Se seus amigos aparecerem de surpresa, prenda os gatos num cômodo onde ninguém vá entrar, evitando assim a exposição direta aos animais. Finalmente, considere a possibilidade de brindá-los com Claritin. Sua última opção desesperada é ter como amigos apenas pessoas que não sejam alérgicas a gatos.

Por que as unhas das patas traseiras do gato parecem crescer menos do que as das patas dianteiras?

A maioria dos donos de gatos nota que raramente tem de cortar as unhas das patas traseiras e que as das patas dianteiras crescem muito mais rapidamente. Por que isso acontece? Bem, não sabemos ao certo – não existe nenhuma explicação patofisiológica para isso. Como os gatos costumam usar as garras dianteiras para se defender, saltar e escavar a caixa sanitária, as unhas acabam se desgastando e se soltando com maior frequência. Isso pode fazer com que elas cresçam cada vez mais rapidamente. As garras traseiras são usadas para ajudar o gato a escalar uma árvore e a atacar ou "brincar" de dar golpes em outro animal da casa, mas fora isso, elas não têm muita função. É bem possível que pelo fato de serem mais usadas, as unhas das patas dianteiras cresçam muito mais rapidamente para se manterem afiadas.

Como e com que frequência devo cortar as unhas do meu gato?

Ah, o que a gente não faz por um gato? Nem sempre é tão fácil quanto parece, não é mesmo? Você não apenas tem de limpar a caixa sanitária enquanto permite que seu gato ande livremente espalhando cocô pela casa, mas tem também de tentar cortar suas unhas evitando ter de ir (você mesmo!) parar no pronto-socorro. A melhor maneira de cortar as unhas do seu gato é começar treinando-o desde cedo, para você não acabar sendo vítima de maus-tratos. Desde novinho, dedique alguns segundos ou minutos diários para brincar com as patinhas dele – para que ele se acostume a sentir seu toque (afinal, nem todos nós temos fetiches por pés). É também muito importante que você use um cortador de unhas que, além de eficiente, seja delicado. Eu pessoalmente prefiro o minúsculo cortador de unhas de gato com cabo de borracha preta que parece uma tesoura. Ele é pequeno, fácil de manejar e vale o que custa. O cortador de unhas humanas também serve, desde que seja pequeno e macio. Nem pense em usar aquelas enormes guilhotinas de metal que são os cortadores de unhas caninas, pois elas rasgam as unhas do gato e ele terá de suportar o resultado de um horrível trabalho de manicure, doloroso e malfeito!

Depois, é preciso também ter paciência. Nem se dê ao trabalho de tentar cortar todas as unhas numa única sentada; você e seu gato acabarão se odiando. Eu costumo cortar as unhas de uma pata de cada vez e aceito o que meus gatos podem me dar. Seu gato pode ficar se perguntando por que tem de ficar dançando sapateado sobre as unhas longas de uma pata enquanto a outra pisa o chão, mas pode confiar no que eu digo – ele prefere isso a suportar uma sessão completa de tortura.

Para cortar as unhas do seu gato, prenda a pata com o polegar por cima e o indicador por baixo dela. Pressionando um pouco os dedos, você vai notar que a unha se estende para fora, tornando-se mais visível. Você vai perceber que há uma parte transparente e outra rosada, e você deve cortar com rapidez e eficiência o máximo possível da parte transparente, de uma tacada. Não corte perto demais do tecido rosado (o sabugo, onde passam o nervo e os vasos sanguíneos) para não doer e sangrar. Depois de cortar algumas unhas, dê a seu gato um bem merecido petisco e a você mesmo uma pausa.

A frequência com que você dever cortar as unhas do seu gato depende de quanto valor você dá ao seu sofá de couro. Eu procuro me lembrar de cortá-las uma vez por mês, para não ser lembrada à força quando Seamus e Echo andam sobre a minha cabeça às três horas da madrugada em busca de aconchego. Como as unhas das patas dianteiras parecem crescer mais rapidamente do que as das patas traseiras, você verá que terá de cortar essas últimas com menos frequência (algo que, por ser mais difícil, é um grande alívio). Percebo que devo cortar as unhas das patas dianteiras dos meus gatos uma vez por mês, mas as traseiras apenas de tantos em tantos meses. Quando tiver dúvida, é sempre mais seguro manter as unhas do seu gato bem cortadas, para que ninguém (isto é, você) acabe ferido. Isso é particularmente importante se você tem filhos pequenos ou outros bichos de estimação, para evitar arranhões e ferimentos (intencionais ou não). Lembre-se de que quanto mais afiadas forem as unhas do gato, maior será a possibilidade de o ferimento ser grave (pois pode atingir mais profundamente o tecido). Como existem também algumas doenças que podem resultar de arranhões de gatos, você com certeza vai querer manter as unhas bem cortadas (ver a resposta à pergunta "O que é a febre da arranhadura do gato?", no Capítulo 10, para mais informações).

Se o seu gato tem hipertireoidismo (doença causada pelo funcionamento excessivo da glândula tireoide), você pode notar que as unhas dele crescem com uma rapidez fora do normal. Elas costumam ser muito grossas e se quebram facilmente quando você as está cortando. Embora as unhas do seu gato não precisem de tratamento com cera de parafina nem de tratamento intensivo com vaselina, tome muito cuidado ao cortá-las. E, mais importante, se você notar sinais de sede excessiva simultaneamente a um volume maior de cocô na caixa sanitária, e também de perda de peso apesar do apetite voraz do seu animal, leve-o ao veterinário para um exame da tireoide – e um corte grátis de unhas enquanto ele estiver ali. Ver "O que é hipertireoidismo?" mais adiante neste capítulo, para mais informações.

Por que o meu gato faz do meu sofá o alvo de seus arranhões e como impedi-lo de fazer isso?

Apesar das centenas de dólares que você gastou para comprar toda a parafernália de brinquedos para seu gato arranhar, de alguma maneira ele sempre acaba escolhendo os objetos mais caros, como o seu sofá de microfibra. Por que será?

As razões que levam seu gato a arranhar são muitas. Como ele tem suas glândulas odoríferas embaixo das patas, ele gosta de espalhar amor para que os outros gatos saibam que tal parte da casa é dele. Também porque arranhar produz uma sensação gostosa – talvez você tenha deixado as unhas dele crescerem demais e essa seja a maneira de gastá-las naturalmente ou livrar-se delas (você alguma vez já encontrou um pedaço de unha largado pela casa?). Arranhar, além de ser uma forma de esticar as patas dianteiras, proporciona ao gato o prazer equivalente ao de uma massagem.

Tem poucas coisas que você pode fazer para impedir seu gato de arranhar. A primeira é manter as unhas dele bem cortadas, para causar menos prejuízos e minimizar (espera-se) a necessidade de arranhar. A segunda é tentar fazer com que seus móveis fiquem menos atraentes ao toque (a microfibra é simplesmente irresistível por sua maciez). Você pode fazer isso aplicando fita adesiva de dupla face ou folhas de alumínio nas superfícies que ele gosta de arranhar – mas use um tipo de fita que não danifique mais os móveis do que os arranhões do gato (dica: não use fita isolante em móveis antigos de madeira). O efeito grudento da fita logo fará o gato recuar. Se você quer ver com que cara suas visitas vão ficar, coloque folhas de alumínio presas com fita adesiva sobre seus móveis – a sensação metálica fria fará com que seu gato saia voando. Logo, ele perceberá que arranhar a superfície do sofá já não é mais tão divertido e gostoso como costumava ser. É claro que seus amigos vão achar sua decoração um bocado esquisita, mas vale tudo para salvar seu sofá de microfibra. A má notícia é que assim que você retirar a fita e a folha de alumínio, seu gato voltará imediatamente a arranhá-lo para se vingar. Uma dica de sofá: o presente que eu me dei por ter ingressado na pós-graduação foi um conjunto de sofá de couro italiano extremamente caro (que veio com cinco anos de garantia); o vendedor me garantiu que o couro era flexível e macio o suficiente para resistir à pressão das garras de um animal e não mentiu. O material simplesmente não atrai meus gatos e dou batidas na madeira pelo fato de o sofá até agora não ter sofrido nenhum arranhão.

Outra maneira de acabar com os maus hábitos do seu gato é com reforço negativo. Essa técnica envolve *pegar* o gato em flagrante. Um jato de água servirá para ele aprender imediatamente que não pode arranhar em sua presença. É claro que ele tem o tempo todo em que você está trabalhando para arranhar, mas pelo menos por alguns minutos você poderá sentir que tem um gato especial. Infelizmente, é pouco provável que o gato consiga se controlar na sua ausência e, a não ser que você considere a possibilidade de deixar de trabalhar para proteger o sofá, talvez você tenha que recorrer a outras medidas.

Por último, mas mais importante, treine o gato para usar os objetos apropriados para seus arranhões. Se esses objetos de apenas dois dólares ficarem escondidos num canto escuro e úmido do porão onde ninguém vê, eles não servirão para nada. Se não forem de material gostoso de arranhar (por exemplo, papelão comum), o gato não vai usá-los. Só o melhor para seu gato! Procure dar-lhe objetos feitos de barbante ou corda grossa, carpete ou sisal (uma fibra semelhante à do carpete), que fiquem bem visíveis e sejam firmes (se cair sobre o gato quando ele estiver arranhando, posso garantir que ele nunca mais o usará). Embora possa afetar o *feng shui* ou a harmonia do seu ambiente, coloque o objeto no centro da sala ou perto da superfície vertical ou horizontal que ele costuma arranhar, pois os gatos adoram ser o centro das atenções. Eu coloquei embaixo da mesinha de centro um dos objetos para meus gatos arranharem; não é nada que ofenda ostensivamente os amigos decoradores de interiores que me visitam e, ao mesmo tempo, ocupa uma posição suficientemente central para que meus gatos o usem.

Finalmente, tente suborná-lo. Induza seu gato a se interessar pelo objeto, colocando brinquedos ou petiscos junto dele. Espalhar fragrância de erva-dos-gatos sobre o objeto a ser arranhado pode ser uma boa ideia, afinal o uso de substâncias químicas para certas finalidades é válido, concorda? Se nada disso funcionar, você pode pedir ajuda a um veterinário especialista em comportamento animal ou, em último caso, apelar para uma cirurgia de remoção das garras. Eu pessoalmente não faço essa cirurgia, mas se ela for o último recurso para você não entregar seu gato a um abrigo ou sociedade beneficente ou (pior ainda) deixá-lo ser sacrificado, eu apoio totalmente sua decisão.

É crueldade remover as garras de um gato?

Essa questão polêmica continua em debate mesmo entre os veterinários. Alguns deles são a favor da remoção por duas razões. A primeira é por ela reduzir o risco de o gato arranhar os móveis e, com isso, facilitar sua adoção. A segunda é por impedir que alguns gatos sejam sacrificados devido aos danos causados aos móveis ou às crianças da casa.

Em geral, eu defendo a prevenção e o treinamento para promover a mudança de comportamento em lugar da remoção das garras. Eu pessoalmente não faço essa remoção. É claro que aprendi esse procedimento e o pratiquei uma ou duas vezes na faculdade de veterinária, mas não sou perita nisso. Isso porque eu fiz minha residência no Angell Memorial Animal Hospital (filiado à Society for the Prevention of Cruelty to Animals de Massachusetts), onde esse procedimento não era realizado por motivos éticos.

Se as técnicas de treinamento e mudança de comportamento não funcionarem e o seu gato continuar arranhando, talvez ele precise ter as garras removidas. Antes, no entanto, você deve saber que existem muitas opções de remoção, como a onicectomia (procedimento proibido no Brasil pelo Conselho Federal de Medicina Veterinária), tratamento a laser, tenotomia e o uso de Soft Paws. Em geral, quando um veterinário faz o procedimento, ele remove apenas as unhas das patas dianteiras, por serem elas usadas para arranhar o sofá. Além de custar menos remover apenas as unhas das garras dianteiras, é em geral desnecessário remover as das patas traseiras e submeter o gato a ainda mais sofrimento. Mas mesmo com as garras dianteiras removidas, você terá de cortar as unhas das patas traseiras de tempos em tempos.

Onicectomia é a remoção da terceira falange com um bisturi ou cortador. O procedimento remove a falange que contém a unha, o que deve impedi-la de voltar a crescer. Esse é o tipo de remoção mais comum realizado pelos veterinários e, em geral, sem problemas. Ocasionalmente, pode ocorrer alguma complicação, como dor, sangramento, lesão na pata, inchaço provisório na pata, infecção ou crônica. É raro acontecer, mas se a remoção das células germinais não for completa, a unha pode voltar a crescer. Como esse é o método mais doloroso de remoção de garras, providencie para que o veterinário dê ao seu bravo gatinho todos os analgésicos necessários antes e depois da cirurgia.

O tratamento a laser é um método não cirúrgico de onicectomia. O procedimento é rápido, causa um mínimo de dano aos tecidos e a recuperação é rápida. Entretanto, como nem todos os veterinários dispõem desse equipamento caro, a disponibilidade desse recurso é limitada. Como a prática desse procedimento também depende da experiência do veterinário, converse com o seu para saber se é viável.

A tenotomia do flexor digital é um procedimento menos invasivo, uma vez que a unha propriamente não é removida. Em vez disso, o tendão é cortado, deixando o gato impossibilitado de expor as unhas. Em outras palavras, ele continua com sua arma carregada, mas não consegue dispará-la. As garras continuam retraídas depois que esses tendões são cortados, limitando a sua capacidade de arranhar, mas as unhas continuam grossas e ásperas e, portanto, precisam ser cortadas regularmente. É rara a ocorrência de alguma complicação resultante desse procedimento. Por exemplo, se o veterinário corta o tendão errado (o tendão flexor digital superficial), o gato pode ficar com um problema permanente de pés chatos. A boa notícia é que ele nunca vai ser recrutado para o serviço militar.

Em geral, se for para remover as garras de um gato, é melhor fazê-lo o mais cedo possível (entre três e seis meses de idade). Ou seja, antes de ele começar a arranhar os móveis. E o mais importante é que os gatos mais jovens se recuperam mais rapidamente – em poucos dias eles voltam a correr e brincar. Ao contrário do que diz a lenda urbana, a remoção das garras de gatos mais velhos não prejudica seu equilíbrio e agilidade, mas sua recuperação pode demorar algumas semanas. Finalmente, escolha um veterinário que receite analgésicos para depois da cirurgia. Eu costumo mandar os gatos para casa com prescrição de analgésicos de uso oral, como o Buprenex (uma droga tipo morfina), por vários dias após qualquer tipo de cirurgia.

Para quem a cirurgia causa medo e ansiedade, existe uma opção não cirúrgica que é o uso de Soft Paws, que são luvas de vinil coladas em volta das patas dianteiras. Essa é uma maneira não agressiva de impedir que o gato arranhe os móveis. Embora elas não sejam confortáveis (imagine-se digitando com unhas postiças), os gatos parecem tolerá-las razoavelmente bem. No site da Soft Paws também há dicas sobre como cortar unhas de gato, como colocar cola nas luvas e como colocá-las nas patas do gato de maneira rápida e segura (ver Referências). Essas luvas supostamente devem permanecer coladas por um período de quatro a seis semanas (dependendo da sua habilidade para colá-las), mas eu as encontrei espalhadas ao acaso pela casa, na caixa sanitária e até mesmo nas fezes do Seamus (o material é inofensivo e supostamente desce facilmente pelos intestinos) quando tentei usá-las. A boa notícia é que elas existem em diferentes cores e estilos. Infelizmente não, não é possível levar seu gato a uma manicure para colocá-las, mas você vai ficar perito nisso depois de passar por muitas experiências de tê-las grudado no próprio cabelo, na cara do gato, nas pontas dos dedos e nas roupas.

Posso deixar meu gato sem garras sair de casa?

Deixar um gato sem garras sair para a rua é como deixá-lo ir desarmado para a guerra. Como os gatos não têm como se proteger sem as garras, os que as tiveram removidas devem ser mantidos dentro de casa. Se o seu gato insistir em querer sair, considere a possibilidade de acompanhá-lo preso a uma guia (ver a resposta à pergunta "Posso treinar o meu gato a andar com coleira ou peitoral preso a uma guia?" no Capítulo 5). Embora alguns gatos que tiveram as garras removidas continuem subindo em árvores para fugir do perigo (usando as unhas das patas traseiras), isso é obviamente muito mais difícil e os expõe diretamente a riscos. Já vi gatos demais na sala de emergência depois de terem sido fatalmente atacados por cachorros e coiotes. Quando percebo que são pobres gatos que, apesar de indefesos depois de suas garras terem sido removidas, tiveram permissão para andar na rua, me sinto extremamente frustrada e pesarosa.

Por que o meu gato tem dedos extras?

Exatamente como ocorre de algum ser humano ter dedos extras nas mãos, os gatos podem ter dedos extras nas patas. A polidactilia é uma anomalia que se manifesta pela presença de um dedo extra – que pode ou não ser funcional – cujo osso ou articulação pode não se desenvolver normalmente. Embora esse traço hereditário não ajude seu gato (ele continua sem poder pegar um lápis), ele tampouco o prejudica. Em Ithaca, Nova York, um gato de rua cor de laranja e branco com dedos extras vivia andando pela cidade e, em consequência disso, o lugar tem um índice notavelmente alto de felinos com polidactilia. Apesar de não ser uma doença, não se esqueça de cortar a unha desse dedo extra. Seamus, o gato branco e cinzento que adotei em Boston, tem dois dedos extras em cada pata dianteira; na verdade, quase o chamei de Fenway por causa de suas enormes mãos. Mas como lamentavelmente o time de beisebol do Fenway (o Red Sox de Boston) não andava muito bem das pernas (ou das mãos) na época, acabei desistindo. Hoje me arrependo disso.

Meu gato pode doar sangue?

Você pode não acreditar, mas nós veterinários também fazemos transfusões de sangue. Os gatos que perdem sangue numa cirurgia ou que ficam anêmicos (em consequência de insuficiência renal, problemas imunológicos, câncer ou leucemia felina) podem necessitar de uma transfusão para aumentar sua quantidade de glóbulos vermelhos. Existem apenas três tipos básicos de sangue felino: A, B e AB. Bem, existe um outro tipo de sangue felino descoberto recentemente, o Mik (que recebeu esse nome de um gato chamado Michael), mas é tão raro que ainda não existe uma maneira eficiente de testá-lo. Mas todo gato precisa ser submetido a um teste de sangue para determinar seu tipo antes de receber uma transfusão, uma vez que não existem gatos que sejam "doadores universais" (e ele não pode receber seu sangue tipo O negativo).

Se você mora perto de uma faculdade de veterinária ou de algum grande hospital de referência, considere a possibilidade de seu gato ser um doador assíduo de sangue. A sua gatinha Kitty não apenas irá receber uma medalha de ouro do seu veterinário, mas também terá comida e exames físicos de graça, além de acumular um bom karma para todas as vidas futuras. Como os gatos não são tão tranquilos quanto os cachorros, eles precisam ser sedados para doar sangue, por mais vigorosas que sejam suas veias. Em geral, para ser doador, o gato tem de ser bastante amigável, pesar acima de quatro quilos e meio (peso de carne magra sem incluir a gordura), ter entre dois e sete anos de idade, estar com as vacinas em dia, ser saudável, não estar tomando nenhuma medicação (além dos preventivos contra a dirofilariose, pulgas e carrapatos); ser um gato que vive dentro de casa (e isso inclui também todos os outros gatos da casa). Além disso, ele é submetido a exame para descartar a possibilidade de ser portador de leucemia felina e do vírus da imunodeficiência felina. Finalmente, ele nunca deve ter procriado nem recebido qualquer transfusão de sangue. A lista de exigências pode parecer extremamente longa, mas vale a pena ver se o seu gato as preenche, pois além de poder salvar a vida de outro, é uma experiência gratificante!

O que são FIV e FeLV?

A AIDS dos gatos é conhecida como vírus da imunodeficiência felina, ou FIV, e é causada por um lentivírus, que é da mesma família do retrovírus similar ao vírus da leucemia felina (FeLV). Embora esses dois vírus felinos *não* sejam transmissíveis aos humanos, ambos são similares ao vírus humano causador da AIDS e foram os primeiros usados pelos pesquisadores para estudar o vírus da AIDS nos humanos. Tanto o FIV como o FeLV podem ser transmitidos a outros gatos por meio da saliva, do sangue e das secreções, embora a transmissão ocorra mais comumente por meio de brigas (com aquele gato de rua das redondezas) ou da placenta (da mãe para o filhote). Esses vírus podem ser transmitidos pelo contato sexual, apesar de isso raramente acontecer. Machos felinos não castrados e agressivos que vivem na rua e que gostam de morder e brigar são comumente os mais predispostos a esses vírus e os espalham com suas mordidas. Portanto, se você deixa seu gato saudável sair para a rua, veja a resposta à pergunta "Devo vacinar o meu gato contra a leucemia felina (FeLV)?" no Capítulo 10.

Os gatos podem viver por muito mais tempo com o FIV do que com o FeLV, apesar de esses dois vírus serem semelhantes ao HIV e atuarem no sentido de suprimir o sistema imunológico, provocando doenças crônicas, mal-estar e perda de peso. Os gatos contaminados não conseguem combater os vírus, as bactérias e os parasitas como costumam fazer normalmente, resultando em anemia, problemas sérios de gengivas, febre, problemas oculares (uveíte), dificuldade para respirar (devido à presença de líquido ao redor dos pulmões) e até mesmo câncer (linfossarcoma).

Como esses vírus potencialmente fatais podem encurtar dramaticamente o tempo de vida do seu gatinho recém-adotado ou, pior ainda, contaminar os outros gatos da casa, é importante que você o submeta ao teste o mais cedo possível. Seu veterinário pode fazer imediatamente o teste com apenas algumas gotas de sangue e o resultado sai em alguns minutos. Por sorte, o teste é totalmente confiável e você pode ir para casa em paz. Se, no entanto, o resultado for positivo, consulte seu veterinário quanto à melhor medida a ser tomada. Como infelizmente ambos os vírus podem facilmente passar para outros gatos, o gato já contaminado deve ser mantido isolado ou numa casa apenas para gatos portadores do vírus FeLV ou FIV. Afinal, você não vai querer que o seu gato se torne uma fonte de contágio, não é mesmo?

O que é hipertireoidismo?

Hipertireoidismo é um distúrbio hormonal (ou endócrino, para quem gosta de exibir conhecimentos científicos) que ocorre quando a glândula tireoide produz hormônios em excesso. Com isso, o metabolismo é excessivamente estimulado e trabalha demais. A glândula tireoide está situada em ambos os lados da traqueia e normalmente não pode ser apalpada por nós veterinários (provavelmente é por isso que vocês, donos atentos de gatos, ficam se perguntando por que afinal tentamos apalpar o pescoço de seus gatos durante o exame de rotina). Quando sentimos a presença de um nódulo na tireoide, pode ficar sossegado, pois ele raramente é cancerígeno. No entanto, a nossa preocupação é que ele seja um "adenoma" que, mesmo sendo benigno, pode ser demasiadamente ativo (produzindo excesso de tecido hormonal) e acabar resultando em hipertireoidismo. É importante saber que se seu veterinário detecta precocemente um adenoma, ele pode ainda não estar em "atividade". Em outras palavras, sim, seu gato em algum momento vai acabar sofrendo de hipertireoidismo, mas pode não ser imediatamente. Eu fiquei muito preocupada um ano atrás quando detectei um nódulo na tireoide do Seamus. Por sorte, o resultado do exame de sangue que revela os níveis de hormônio da tireoide foi normal e ele ainda não apresentava qualquer sintoma. Mas o fato é que esse nódulo tireoidiano provavelmente vai se tornar ativo nos próximos anos e eu tenho, portanto, que ficar de olho nele.

Em geral, o hipertireoidismo aparece nos gatos entre a meia-idade e a velhice. Se você perceber que seu gato está perdendo peso apesar de devorar tudo que encontra pela frente, bebendo água, urinando e vomitando mais do que o normal (ninguém acha que merece tal problema), leve-o ao veterinário para fazer exames de sangue e da tireoide. Não se preocupe – ele não vai morrer por isso, mas precisa de tratamento para evitar consequências que podem levar à morte, como pressão alta, problemas cardíacos e cegueira. Pergunte ao seu veterinário quais são as opções de tratamento, que incluem medicamentos orais (methimazole), iodo radioativo (I_{131}), cirurgia ou até ablação química.

É. verdade que os gatos de pelo branco e olhos azuis são surdos?

A surdez em gatos de pelo branco e olhos azuis foi detectada já em 1828[12] e foi documentada por Darwin em *A Origem das Espécies* em 1859. Quase quarenta anos depois, foi constatado que os dálmatas de olhos azuis eram cegos. Desde então, têm sido apresentadas provas mais conclusivas sobre a correlação entre a pigmentação branca, olhos azuis e a cegueira em gatos e cachorros.[13] Apesar de complexa, essa correlação deve-se provavelmente aos melanócitos, que são as células responsáveis pela pigmentação da pele e do pelo. Essas células têm origem nas células da crista neural, que constituem a origem de todas as células neurais (ou nervos) no embrião. Por mais chato que possa parecer, isso explica a origem da relação entre pigmentação e problemas neurológicos.

Não vou chatear você com a explicação sobre grânulos de pigmentos nos melanócitos e migração anormal das células da crista neural, mas os geneticistas demonstraram que alguns (mas não todos) animais com pelo branco e olhos azuis são surdos. Como existe alguma variação na expressão dos genes (ou em sua capacidade de expressar sua peculiaridade), uma pequena porcentagem de gatos brancos com olhos azuis pode ser cega. Se o seu gato branco tem manchas escuras, alguma gradação do preto, ou olhos de cores diferentes (por exemplo, um olho azul e outro verde), você pode se considerar com sorte, pois essas variáveis significam que seu gato, devido a seu complexo elo genético, tem menos probabilidade de ser surdo.

Se você não tem certeza de que seu gato é surdo, procure testar seu comportamento em casa antes de levá-lo ao veterinário para um exame formal. Como, por exemplo, vendo se ele reage quando você agita uma embalagem de petisco. Se ele não reagir, você deve levá-lo a um neurologista veterinário para fazer o teste de audição conhecido como resposta auditiva evocada do tronco cerebral (ou brainstem auditory evoked response – Baer). Se descobrir que seu gato branco de olhos azuis é surdo, não se apavore. Como de qualquer maneira, a maioria dos gatos ignora o que o dono diz, você pode ter a certeza de que ele simplesmente não está nem aí para você. Por sorte, os gatos surdos se adaptam rapidamente à deficiência e passam a usar outros sentidos, como a visão, os estímulos dos bigodes (provocados pelos movimentos do ar) e as vibrações para compensá-la. Mas são necessárias algumas mudanças no estilo de vida e, por favor, não o deixe sair de casa, uma vez que ele não ouvirá os latidos de um cão nem a aproximação de um esquilo. Fora isso, ele continuará tendo prazer em comer, dormir, defecar e ignorar você pelo resto do tempo.

O que significa meu gato começar a perder peso?

As quatro principais causas da perda de peso nos gatos são: insuficiência renal crônica, diabetes, hipertireoidismo e câncer. Nos casos das três primeiras doenças, você pode notar que ele bebe mais água do que o normal. Se você *acha* que seu gato está bebendo água demais, fique sabendo que isso está ocorrendo há mais tempo do que você imagina.

Se você perceber que tem de lidar com cada vez mais excrementos, que seu gato passa cada vez mais tempo diante da vasilha de água ou que você tem de limpar poças de urina cada vez maiores, apresse-se a levá-lo ao veterinário para ser submetido a alguns exames. Seu veterinário vai querer examinar os intestinos, o estômago, os rins e a tireoide. Os exames de sangue devem incluir a lista rotineira de substâncias químicas (que avaliem o funcionamento do fígado e dos rins, o nível de proteínas, glicose/açúcar no sangue e eletrólitos), um hemograma completo (com contagem de glóbulos brancos e vermelhos e plaquetas), análise da urina (para saber se ela está excessivamente diluída ou se há presença de bactérias ou cristais) e o exame para medir os hormônios da tireoide (comumente conhecido como T4). Se os resultados desses exames forem normais, podem ser necessários raios X do tórax e do abdômen, ou mesmo um ultrassom, para descobrir por que seu gato continua perdendo peso. Algumas dessas causas são mais facilmente tratáveis quando em fase inicial, portanto, não espere demais para descobrir o que está causando o problema do seu querido amigo felino.

Por que os gatos vomitam tanto?

Alguns anos atrás, uma colega minha de residência, que era fascinada por vômito, diarreia e coisas do gênero, me perguntou se eu já havia feito exame de sangue e raios X do Seamus para saber por que ele tinha o hábito crônico de vomitar ("Do que você está falando? Vomitar uma vez por mês é *perfeitamente* normal para um gato. Nada a ver!"). Depois de aquela colega ter me feito sentir culpada, comecei a refletir sobre por que os donos de gatos toleram tanto seus vômitos. Quer dizer, se você vomitasse uma vez por semana durante anos, não procuraria consultar um médico? Se o seu cachorro vomitasse uma vez por semana por toda a sua vida, é bem provável que você o levaria o mais rápido possível a um veterinário. Portanto, por que nós donos de gatos toleramos tanto seus vômitos? Talvez porque coloquemos a culpa dos vômitos frequentes nas bolas de pelo que eles engolem, mas se o seu gato vomita com frequência e não há pelos no vômito, pense outra vez. Pode haver uma causa médica para tanto vômito.

Se o seu gato estiver vomitando bolas de pelo, você o verá fazendo esforço (erguendo o estômago e arfando) para provocar o que nós veterinários chamamos de vômito *produtivo*. Em outras palavras, ele vai expelir um pouco de bile (secreção amarelada), de comida não digerida ou de pelos. Portanto, o esforço ou o próprio vômito pode também indicar outros problemas, como algo entalado na boca, na garganta ou no esôfago. Se o esforço não produzir efeito, seu gato pode estar apenas tossindo, o que é um sintoma típico de asma. Seja o que for, se o seu gato faz isso mais de uma ou duas vezes por mês, algo mais grave pode estar acontecendo, o que merece uma visita ao veterinário. Ele deve ser submetido a exames de raios X do tórax e do abdômen, alguns exames básicos de sangue e uma lavagem dos pulmões (também chamada de lavagem endotraqueal) para descartar a possibilidade de asma. Antes de culpá-lo por emporcalhar seu tapete persa, procure certificar-se de que não há um problema médico.

Por que os gatos produzem bolas de pelo e por que elas se parecem com fezes?

Os gatos são extremamente exigentes com seu asseio e jamais são vistos rolando na imundície, entre carcaças podres ou comendo as fezes de outro animal como fazem certos cachorros porcos. Como os gatos não costumam se sujar como os cachorros e como não gostam de água, eles não precisam (nem querem) tomar banho. Entretanto, como eles não sabem se escovar, eles se lavam com a língua. Quem já foi beijado de língua por algum espécime felino sabe que ela é como uma lixa grossa com pequenas farpas fibrosas, que o ajuda a manter seu corpo limpo, asseado e livre de parasitas. Infelizmente, com tanta lambedura ele acaba engolindo uma grande quantidade de pelos. Como os pelos demoram a ser digeridos, eles ou passam para o trato intestinal (ocasionalmente provocando o risco de obstruir o estômago ou os intestinos e, para removê-los, é necessário fazer uma cirurgia) ou causam irritação no estômago, resultando em toda aquela função às quatro horas da madrugada: ele fazendo esforço para vomitar enquanto você salta da cama, tropeça no abajur e machuca o dedão do pé na pressa para estender o jornal de ontem antes que ele vomite tudo sobre o tapete. ("Tem tanto espaço com piso de madeira, por que você tem de justamente escolher o tapete?")

Na maioria das vezes, não é fácil lidar com todas essas bolas de pelo em casa. Você pode começar tentando tosá-lo (Adeus, pelagem! Bem-vindo, corte leonino!) e escová-lo (a sério, mais de uma vez por semana), juntamente com algumas medidas corretivas, como dar-lhe alimentos específicos (com alto teor de fibras) ou Laxatone, um "lubrificante" gelatinoso que atua como laxante e pode reduzir a formação das bolas de pelos. Se nada disso funcionar, seu gato pode precisar de um exame veterinário para determinar se existe alguma outra causa (como doença inflamatória intestinal, insuficiência renal, presença de parasitas, algo entalado nos intestinos ou até mesmo câncer).

Agora que você já sabe como prevenir e tratar esse problema com bolas de pelo, vou responder à sua pergunta importantíssima: por que as bolas de pelo se parecem com fezes? Por mais nojento e repulsivo que seja todo aquele esforço do gato para vomitar, ele não é de fato capaz de fazer com que as *fezes* subam até o esôfago (elas teriam que percorrer um longo percurso inverso pelo intestino grosso e delgado). Portanto, mesmo que as bolas de pelo se *pareçam* com fezes, pode ter a certeza de que não são. O que você vê é apenas uma bola de pelo que ganhou solidez e recebeu a forma cilíndrica do esôfago ou estômago do seu gato.

Por que os gatos gostam de lamber as partes íntimas?

Todos nós sabemos que os cachorros gostam de lamber as partes mais baixas e não há nenhuma razão oculta para isso, elas simplesmente estão a seu alcance. Os gatos, por sua vez, não costumam fazer isso apenas por prazer. Quando você os vê lambendo lá embaixo, o mais provável é que eles estejam apenas fazendo seu asseio.

Ao notar que o Tigger está se contorcendo numa posição que deixaria seu professor de yoga orgulhoso, saiba que ele está simplesmente se limpando. Como ele não pode usar papel higiênico e como você não se dispõe a fazer o serviço por ele, isso é tudo que ele pode fazer para se manter asseado. Mas se ele passar tempo *demais* nessa atividade, examine-o mais atentamente, mas, por favor, não o toque (os gatos não gostam nem mesmo de toques suaves). Se o pênis dele estiver saltado para fora, é porque há algo de errado (ver a resposta à pergunta "Por que não consigo ver o pênis do meu gato?" no Capítulo 9). Se você notar que ele exagera na limpeza, anda letárgico, miando demais, tem sangue na urina ou passa de doze a dezoito horas sem urinar, vai muitas vezes à sua caixa sanitária sem deixar traços visíveis de urina, anda vomitando ou fazendo esforço para vomitar, urrando como se estivesse com dor ou agachando-se para urinar em lugares inapropriados (como em sua banheira, em seu acolchoado ou num vaso de planta, como se estivesse querendo dizer: "Como é que é? O que mais preciso fazer para que você me leve ao veterinário?"), leve-o imediatamente ao veterinário. O fato é que ele está fazendo tudo que pode para você perceber que ele está precisando de ajuda. Ele pode estar com uma obstrução na uretra (chamada obstrução uretral em felinos) ou na bexiga, um problema potencialmente fatal que impede a passagem da urina. Você pode imaginar quanto seria doloroso não poder urinar por um ou dois dias, mas o mais grave é que esse problema pode levar o Tigger a sofrer de falência renal e até mesmo morrer devido a graves anormalidades eletrolíticas.

Entre outras causas benignas para ele viver lambendo as partes mais baixas estão incluídas irritação na ponta do pênis, uma pedra na bexiga ou na uretra (o tubo que vai da bexiga até a ponta do pênis) ou até mesmo uma cistite estéril. Essa última é também chamada de doença do trato urinário inferior, sobre a qual falaremos a seguir. Como os sintomas da obstrução uretral são muito semelhantes aos da doença do trato urinário inferior, quando tiver dúvida, leve o Tigger para o veterinário examinar a bexiga – essa é a maneira mais fácil e segura de garantir a saúde e o bem-estar dele!

O que é a DTUI e como tratá-la?

DTUI é a sigla para doença do trato urinário inferior, anteriormente conhecida como síndrome urológica felina e ocorre quando o gato *age* como se tivesse uma infecção no trato urinário (ITU), mas na realidade não tem. O mesmo acontece com as pessoas que contraem uma infecção no trato urinário e sentem vontade de urinar a cada tantos minutos, mesmo com a bexiga vazia. No caso da DTUI, uma inflamação estéril da bexiga leva o Tigger a se agachar, ir muitas vezes à caixa sanitária e agir como se tivesse que urinar. Para a DTUI, o uso de antibióticos não costuma ser necessário, nem tem qualquer utilidade, uma vez que apenas 2% dos casos são causados por bactérias. Se for esse o caso, como tratá-la?

Antes de tudo, o mais importante a se fazer é descartar a possibilidade de ele estar com uma obstrução uretral. Feito isso, o tratamento para a DTUI envolve acima de tudo beber uma maior quantidade de água. Todos os estudos veterinários já realizados sobre a DTUI concluíram que o aumento do consumo de água é a medida mais eficiente, pois essa quantidade extra de água ajuda a irrigar os rins e a bexiga e, com isso, reduzir a inflamação. O veterinário pode também aumentar a quantidade de água pela aplicação de líquido subcutâneo (você sabe, aquela bolsa de líquido que costumamos introduzir por baixo da pele?); ele será absorvido aos poucos, ajudando a hidratá-lo e irrigar sua bexiga. Em segundo lugar, recomendamos dar ao gato comida enlatada (que contém 70% de água) durante as crises de DTUI. Eu costumo recomendar o acréscimo de mais algumas colheres de água à comida enlatada, para aumentar a sua ingestão. Além disso, considere a possibilidade de instalar um bebedouro para gatos (ver a resposta à pergunta "Por que os gatos preferem beber água corrente?" no Capítulo 1) para estimulá-lo a beber ainda mais água. E o mais importante, mantenha hábitos saudáveis de limpeza da caixa sanitária (ver a resposta à pergunta "Com que frequência tenho que *realmente* limpar a caixa sanitária do meu gato?" no Capítulo 3). Você deve limpá-la pelo menos a cada dois dias (independentemente de quantos gatos você tenha) para saber se os hábitos do seu animal são normais. Se não controlar, você não vai saber!

Há quem associe o surgimento da DTUI felina ao estresse. Se o ambiente do gato for um fator de estresse (falta de caixa sanitária ou caixa suja, vasilhas usadas por vários gatos, muita agitação ou brigas de gatos), os sintomas podem se agravar. Procure minimizar as fontes de estresse (nota para mim mesma: seguir esse conselho) e veja se funciona. Finalmente, alguns estudos examinaram o uso de glucosamina (um protetor da cartilagem),[14] analgésicos, anti-inflamatórios (por exemplo, meloxicam) e até mesmo a versão felina do Prozac, mas nada ficou comprovado como sendo mais eficiente do que simplesmente uma grande quantidade de água.

Meu gato pode ter espinhas?

Ufa! Lembra daquela fase de espinhas constrangedoras da adolescência que ninguém gostaria de reviver? Por se sentir feia, a pessoa fica estressada e, pimba! Ainda mais espinhas! Os cachorros são felizardos por não terem que passar por isso. Os gatos, no entanto, têm *acne felina* (termo científico para espinhas de gato), que aparecem periodicamente embaixo do queixo, independentemente de sua idade. A acne felina não tem nada a ver com chocolate, hormônios ou estresse, mas saiba que pode tratá-la facilmente com o adesivo transdérmico Stridex. Com certeza, é seguro – nada além de um toque no queixo de sua gatinha. Evite todos os outros cremes para espinhas; apenas o Stridex pode ser aplicado com segurança. Se as espinhas não desaparecerem, considere a possibilidade de consultar um dermatologista veterinário.

CAPÍTULO 3

A VIDA QUE OS GATOS PEDIRAM A DEUS

Não é por acaso que a revista sobre gatos que mais vende tenha um nome como *Cat Fancy*. Como todos os apaixonados por gatos sabem, nossos amigos felinos são extremamente pretensiosos e agem e andam como quem sabe disso. Embora nem todos nós tenhamos aquele gato persa de pelo perfeito e lustroso que aparece nos comerciais dos petiscos Fancy Feast, todos nós sabemos que os gatos têm motivo para se pavonearem. Afinal, enquanto os babões levam vida de cachorro, todos nós somos loucos por miados de gatos.

Neste capítulo, você vai saber como estragar seu gato com paparicos. Quer saber se a rede hoteleira Four Seasons ou a Fairmont permite que seu gato fique no quarto com você? Se é possível levá-lo junto em sua viagem de férias? Ele pode ir com você de avião numa viagem de fim de semana? Descubra como paparicar sua gatinha, quais são as melhores cores de esmalte para suas unhas (OK, Soft Paws) e se você pode esperar enquanto seu pelo é tosado e tingido. Enquanto esbanja dinheiro com seu gato, você também vai saber quanto deve economizar numa "poupança felina" e se deve ou não contratar um seguro-saúde para ele.

Ao mesmo tempo, os gatos não são tão finos e elegantes quanto você pensa – ter um gato envolve também muita sujeira – comumente chamada de *cocô*! Qual é a melhor maneira de recolher as fezes do gato e manter a caixa sanitária limpa? Com que frequência você tem que *realmente* limpá-la? Essas são coisas importantes que você deve saber, pois seu veterinário supõe que você já saiba como manter a caixa sanitária limpa. Esteja você alimentando o seu gato ou recolhendo suas fezes, não esqueça de afagá-lo!

No meu empenho para estragar meus gatos enchendo-os de paparicos, achei que seria interessante cultivar erva-dos-gatos no verão, para Seamus e Echo. Mas eu não tinha ideia de que deveria pesquisar um pouco sobre essa erva antes de plantá-la no meu quintal. Quer dizer, ninguém jamais havia me dito que essa erva pertence à família da menta e, como tal, é altamente *invasiva*. Plantar menta e erva-dos-gatos ao mesmo tempo foi uma péssima ideia – um quinto do meu quintal acabou sendo invadido por essas espécies. Eu estava falando com minha colega de jardinagem pelo telefone quando mencionei casualmente que meu quintal havia sido tomado por aquelas ervas. Em resposta, ela soltou um suspiro e me disse que essas plantas só devem ser cultivadas em vasos, para que não se espalhem por todo o quintal. Caramba!

A boa notícia é que eu comecei imediatamente a arrancar toda erva-dos-gatos que havia se espalhado pelo quintal. Formei dois montes enormes com o que arranquei, deixei-os secar na garagem (os vizinhos estavam desconfiados, mas eu garanti a eles que era erva-dos-gatos) e distribuí parte dela em pequenos saquinhos entre meus colegas do hospital veterinário. ("Juro que é erva-dos-gatos, do contrário, não estaria dando de graça.") Passei o verão tomando chá daquela erva, enquanto meus gatos andavam eufóricos; logo depois, eu arranquei o que havia sobrado das plantas. A má notícia é que tanto a menta quanto a erva-dos-gatos se vingaram, voltando a crescer no verão seguinte (elas conseguem sobreviver até mesmo ao inverno de Minnesota), mas acho que desde então as tenho sob controle (graças às informações obtidas). Portanto, se você pretende cultivar essas ervas para seus amigos felinos, vá em frente! Mas cultive-as em vasos e não diretamente na terra do quintal, a não ser que pretenda fazer delas um negócio. Continue lendo para saber maneiras *seguras* de paparicar seu gato.

Quanto é que este gato vai me custar?

É importante lembrar que, para o dono de um animal, amar e cuidar dele envolve muito mais do que os cem dólares pagos ao abrigo como taxa de adoção. Não entre em pânico *depois* de ter adotado seu lindo gatinho, pois agora o compromisso já foi assumido. Você terá de adquirir uma ou duas caixas sanitárias (25 dólares), material para as caixas sanitárias (150 dólares por ano), brinquedos (30 dólares), objeto para ele arranhar (100 dólares), comida (100 dólares por ano), vasilhas para água (20 dólares), vacinas (75 dólares), exame veterinário anual pelos próximos quinze anos (750 dólares), despesas com veterinário (uma fortuna por toda a vida), remédios contra pulgas (50 dólares por ano) – está percebendo? Soa como um comercial da Mastercard? Os custos são mínimos quando distribuídos por mais ou menos uma década, considerando-se que se tem em retorno todo o afeto e o companheirismo, mas é importante que você esteja ciente desses encargos financeiros quando resolver levar aquele gatinho (que não tem preço) para casa. Em caso de dúvida, consulte alguns sites na Internet que possam ajudar a calcular as despesas com seu gato[1] e, enquanto isso, vá economizando e investindo numa poupança.

Devo fazer um seguro-saúde para meu gato?

Não tem certeza da necessidade de seu gato ter um seguro-saúde? Não sabe se realmente vale a pena? Bem, uma coisa é certa: esse tipo de seguro existe há mais ou menos trinta anos e, nos últimos tempos, ele tem se tornado muito popular. Com os avanços da medicina veterinária (seu gato pode agora ser submetido a exames por imagem), os custos tornaram-se cada vez mais altos, aumentando as despesas dos donos de animais.

Apesar de existirem muitas companhias seguradoras, as duas mais importantes são a Banfield e a Veterinary Pet Insurance. Fazer esse tipo de seguro passou a ser algo mais aceito pelos donos de animais nos últimos anos, apesar de apenas aproximadamente 1% deles o ter. Considerando que entre 30% e 40% dos americanos não têm planos de saúde para si mesmos, isso não é tão surpreendente.

Comparado aos custos totais para manter um animal, o seguro não é realmente tão caro. Em média, ele custa em torno de um dólar por dia e, para quem tem vários animais, há um desconto de 5% a 10% para cada um. Esse seguro costuma ser aceito em todas as partes – isso porque as empresas seguradoras constituem a terceira parte dessa relação, o que significa que o dono tem que pagar do próprio bolso diretamente ao veterinário e depois pedir que a seguradora o reembolse. Dessa maneira, os veterinários e hospitais veterinários ficam livres de toda a burocracia que envolve estar na posição intermediária (o que nós preferimos).

Apesar de alguns veterinários recomendarem que se faça um seguro, é importante que você examine atentamente o contrato. Certas seguradoras cobrem apenas parte dos custos com vacinas rotineiras e cirurgias opcionais e não cobrem absolutamente doenças congênitas ou hereditárias. Em outras palavras, se a raça do seu gato tem predisposição a sofrer de problemas cardíacos (como é o caso da raça Maine Coon), nenhum dos procedimentos médicos associados terá cobertura. No entanto, ter um seguro ajuda muito numa situação de emergência, particularmente se o seu gato tiver engolido um longo pedaço de corda e precisa de uma cirurgia de estômago. Mesmo que o seguro cubra apenas entre 10% e 15% dos custos (nos sites das seguradoras, eles dizem que cobrem até 90%), pode valer a pena se seu gato for propenso a sofrer acidentes. Também pode ser mais barato mantê-lo dentro de casa, onde tem menos probabilidade de ser mordido por um cachorro, atacado por outro gato ou ficar traumatizado pelos perigos da "vida lá fora". Por mais que você tranque a casa para impedi-lo de sair, os custos veterinários são altos em função da elevação da qualidade dos tratamentos, de maneira que adquirir um seguro pode ser uma opção inteligente.

Posso tingir os pelos do meu gato?

Eu pessoalmente acho os gatos bonitos como são. Apesar de alguns donos e veterinários se oporem ao uso de tinturas em pelos de gatos por razões éticas, em geral o procedimento é seguro, desde que você use produtos recomendados por dermatologistas veterinários. Como o pelo do gato não é, entretanto, igual ao cabelo humano, você deve escolher o produto com cuidado, pois os gatos são *extremamente* sensíveis a substâncias tóxicas; o fígado deles não está preparado para dissolver toxinas, drogas e substâncias químicas tão bem quanto o de outras espécies. Eu já atendi alguns pacientes caninos com pelos tingidos, especialmente por ocasião do Halloween e, embora eu deteste admitir, alguns ficam bem bonitos (alguém aí tem um poodle?). Mas gatos com pelos tingidos são uma raridade, a não ser naquelas poucas fotos que circulam pela Internet (e que acendem o debate quanto a se é ético ou não tingir os pelos de nossos felinos!). Por que um gato pintado com cara de palhaço provoca risadinhas e gritinhos das crianças (e adultos) de todo o país, enquanto todos esses gatos que andam por aí com pelos tingidos são vistos com indignação? É bem provável que a espécie felina não aprecie andar com os pelos tingidos da mesma maneira que não gosta de usar roupas. Entretanto, se você insiste em fazer isso, eu recomendo que use uma tintura vegetal e ecologicamente correta tanto para o animal quanto para o meio ambiente. Se o seu gato tem a pele sensível, alergias de pele ou algum problema hepático, não tente tingir seus pelos sem a recomendação do seu veterinário – ou melhor, use sua criatividade em você mesmo: tinja *seu próprio* cabelo e deixe o pelo do gato em paz.

Posso pintar as unhas do meu gato?

Nem ouse pensar nisso. *Nenhum* gato que se preze ficaria quieto pelo tempo necessário para você pintar suas unhas. Se você quer realmente que sua Princesa tenha unhas deslumbrantes, as Soft Paws (como já vimos na resposta à pergunta "É crueldade remover as garras de um gato?" no Capítulo 2) constituem uma alternativa não agressiva para dar um trato às unhas do seu gato, e elas têm várias cores, conforme a sua preferência. Para quem é louco por coisas coloridas, existem Soft Paws para todas as ocasiões, com cores variadas (cada pata ou unha de uma cor diferente), unhas transparentes (para quem prefere o estilo natural), brancas, pretas, de todas as nuances do arco-íris ou até mesmo combinações multicoloridas, como cor-de-rosa com as pontas cinzentas.

Existem creches para gatos? Devo arranjar companheiros para meu gato ter com quem brincar?

Você já ouviu a gritaria que os gatos fazem numa briga às cinco horas da manhã? Os gatos são como as mulheres – não se dão bem logo de cara e, desconfiados, entram imediatamente em estado de alerta. Como os gatos são independentes e reservados e não precisam da atenção de seus semelhantes de quatro patas, não existe nada que se pareça com creche para cuidar deles. Com exceção dos leões, leopardos da Índia e das gatas domésticas (que vivem com seus filhotes), os gatos são animais antissociais.[2] Embora alguns gatos possam se dar bem com algum animal com o qual convivem, depois de certo tempo de adaptação, eles geralmente ficam estressados quando encontram outros gatos ao acaso. É comum surgir um grande alvoroço com pelos eriçados, silvos ameaçadores e, de repente, pelos voando para todos os lados. Ao contrário do que acontece com o seu Golden Retriever, que fica feliz e agradecido por poder brincar com todo mundo, uma creche para gatos não funciona por um simples motivo. Embora sejam curiosos e gostem de ficar observando através de uma vidraça o mundo girar lá fora, os gatos não querem brincar nem brigar com gatos estranhos. A não ser que esteja bem familiarizado com, digamos, o gato do seu vizinho ou de algum membro da sua família, em geral ele prefere não ter nenhum companheiro de folguedos. Prefere manter seu território limpo e sem derramamento de sangue.

Posso levar meu gato comigo em viagens rodoviárias?

Talvez seja apenas azar meu ser dona de dois gatos que detestam carros e viagens, mas o fato é que tenho de recorrer aos "maravilhosos efeitos das substâncias químicas" (ou seja, tenho de recorrer a drogas veterinárias) para conseguir fazer com que meus gatos entrem no carro. Nos primeiros minutos, Seamus e Echo ficam ofegando, babando, miando, berrando, se agitando de um lado para o outro, jogando-se contra as janelas do carro e soltando montes de pelos. Graças às drogas, eles toleram muito melhor as viagens de carro, mas elas continuam causando muito estresse para nós três. Como não quero que passem a metade da vida sob efeito de drogas, raramente viajo com eles, a não ser em caso de mudança ou de uma emergência veterinária.

Uma cliente minha percorreu recentemente todo o país para participar de concursos hípicos acompanhada de seu gato. Pelo visto, ele estava tão acostumado a fazer viagens que as aguardava com ansiedade. Acomodado sobre o painel, ele fica observando os caminhões e os carros passarem. Se o seu gato é desse tipo, tudo bem viajar com ele, desde que tome certas precauções. A primeira e mais importante é conhecer a legislação do seu Estado. Provavelmente é proibido por lei que seu gato viaje solto dentro do carro (Ora, faça o que eu digo e não faça o que eu faço!), porque se ele ficar preso embaixo do pedal do freio, poderá ocorrer: (a) um acidente de carro; ou (b) seu gato será esmagado. Mais uma palavrinha de advertência: *antes* de abrir a porta do carro, prenda o gato. Você pode até achar que consegue controlá-lo bem, mas o fato é que o gato é extremamente esquivo e, quando você se der conta, ele já estará lá fora e, dali, ele poderá facilmente escapar e colocar-se em perigo.

Posso levar meu gato para um hotel?

Se você vai fazer uma viagem apenas de fim de semana, poupe seu gato do estresse e deixe-o em casa. Os gatos não gostam de mudanças repentinas em seu estilo de vida, sejam elas mudanças nos hábitos alimentares, no ambiente ao redor ou qualquer coisa relacionada ao seu conforto doméstico (como o tipo de caixa sanitária e sua localização). Exceto em caso de viagem de longa distância (como atravessar o país) ou se o seu gato for um daqueles raros casos que adoram viajar no banco da frente, tente minimizar ao máximo o tempo que ele fica dentro do carro – ele vai ficar agradecido. Antes de encarar a estrada, trace minuciosamente o trajeto e procure saber os lugares que aceitam a presença de gatos, para parar ao longo do caminho. Na Internet, você pode encontrar facilmente hotéis que aceitam a entrada de animais e que oferecem ao seu gato um lugar para descansar com você. A maioria dos hotéis admite a entrada de gatos e cachorros de pequeno porte, mas procure assegurar-se antes de desafiar a sorte (uma vez que os miados constantes junto à porta podem fatalmente denunciar sua presença). Ao levar seu gato para um hotel grã-fino, procure levar junto uma pequena caixa sanitária, um meio seguro para transportá-lo, sacos hermeticamente fechados para guardar os excrementos, uma concha para recolher as fezes, uma coleira com alguma forma de identificação (com a qual ele deve andar o tempo todo), comida, vasilhas e um de seus brinquedos e petiscos preferidos, para o caso de ele ter dificuldade de adaptação e precisar de algo familiar para sentir-se em casa. E o mais importante: coloque uma advertência na porta e deixe o aviso na recepção para que ninguém abra a porta, pois a última coisa que você quer é que a camareira veja seu gato fugir do hotel.

Posso levar meu gato comigo numa viagem de avião?

Os gatos não estão acostumados a ruídos fortes, vibrações, sensações de enjoo e nem entendem a ideia de viajar no ar. Se você for fazer uma viagem por apenas um fim de semana, considere se vale a pena submeter seu gato a tanto estresse. Ele pode preferir ficar em casa dormindo em vez de passar todo o tempo da viagem assustado e com medo dos barulhos. Eis algumas dicas para fazer uma viagem aérea segura, as quais você deve levar em consideração antes de voar com seu gato a tiracolo.

A primeira delas é marcar uma hora com seu veterinário para um exame de rotina que, em geral, deve ocorrer dentro de um período de dez dias antes da viagem, dependendo do estado ou país de origem e das exigências da companhia aérea. Seu gato precisa ter um atestado que comprove sua saúde, que afirme que ele não é portador de nenhum parasita externo ou interno (pulgas, carrapatos ou vermes gastrintestinais) e que está em dia com as vacinas. Lembre-se de andar sempre com o atestado de saúde à mão durante a viagem, para poder apresentá-lo ao pessoal do aeroporto, da polícia e do controle alfandegário. Eu costumo tirar uma fotocópia do atestado para colar na bolsa em que carrego meus gatos, como medida extra de precaução. (Isso porque, é claro, sou do tipo controladora e sou neurótica com meus animais de estimação. Mas como você ainda assim se dispõe a ler meu livro, talvez considere isso normal.) Enquanto estiver no veterinário para obter o atestado de saúde, peça a um dos assistentes que corte as unhas do gato, para que elas não se enganchem nas roupas, assustem a tripulação nem arranhem você num momento de desespero. Peça ao seu veterinário para prescrever algum sedativo, como acepromazina ou Torbugesic oral, mas não Valium (ver a resposta à pergunta "Posso dar Valium a meu gato?" no Capítulo 4). É importante dispor de algum sedativo para o caso de seu gato entrar em desespero – mas não, você não pode tomá-lo.

Se você tiver mesmo que viajar com seu gato, examine atentamente os planos de viagem com a companhia aérea. Cada uma tem suas próprias restrições quanto ao tamanho, marca ou tipo específico de gaiola, temperatura e regras para identificação e etiquetagem, além de restrições quanto a comida e água. Informe-se na companhia aérea com antecedência, para não descobrir na última hora que a bolsa que você costuma usar para transportá-lo não serve. O ideal é ver se é possível levar seu gato a bordo dentro de uma bolsa macia (do tipo Sherpa). Para isso, as companhias costumam cobrar uma taxa extra que varia entre cinquenta e cem dólares, mas vale a pena. Com isso, seu gato pode ficar dentro da bolsa embaixo do seu assento *durante toda a viagem* (o que pode requerer alguma forma de sedação). Essa é uma medida de respeito àquelas pessoas metidas à besta que estão no avião e que não gostam ou são alérgicas a gatos. Afinal, temos que respeitar sua presença no avião.

Se o gato tiver de viajar no espaço para bagagem (isto é, naquele espaço assustador na parte de baixo do avião), marque um voo direto para que ele não tenha de suportar longas paradas. Se a viagem for feita durante o verão, procure marcar um voo que saia cedo pela manhã ou tarde da noite, para evitar as horas de calor mais intenso. Se for durante o inverno, escolha o voo mais curto possível e leve à mão um cobertor aconchegante para manter seu gato aquecido. Se for levá-lo consigo a bordo, escolha um voo direto e fora dos horários de pico, pois isso envolve menos estresse para ambos.

A seguir, compre (ou pegue emprestada) uma gaiola de tamanho apropriado e vá acostumando-o aos poucos a ficar nela – em outras palavras, não o empurre para dentro dela pela primeira vez na noite anterior à viagem. Deixe-a aberta em diferentes lugares da casa durante semanas antes de viajar, para que o gato possa ir se acostumando e não a estranhe quando chegar a hora de permanecer nela. Você também pode considerar a possibilidade de comprar um feromônio calmante em forma de *spray* chamado Feliway (ver a resposta à pergunta "O que é Feliway e para que servem esses feromônios felinos?" no Capítulo 5). Se espalhado sobre uma pequena toalha ou camiseta colocada dentro da bolsa do gato no dia da viagem, esse feromônio pode de fato ajudá-lo a relaxar. Procure fazer isso antes, em casa, para ter a certeza de que ele vai gostar. ("Eca! Não o perfume Drakkar outra vez!") Além disso, a não ser que o seu gato seja diabético ou sofra de problemas metabólicos que o impeçam de ficar sem comer, não dê a ele comida por um período de dez a doze horas antes de viajar de avião; isso é para impedi-lo de vomitar devido ao estresse e enjoo. E tenha uma boa viagem, com ele acomodado embaixo do seu assento!

No dia da viagem, vá ao aeroporto com bastante antecedência, para encontrar o lugar de despacho de animais (se o seu gato for viajar no espaço de bagagem) ou para passar pelo serviço de segurança, uma vez que examinar toda a papelada necessária para que seu gato viaje a bordo pode levar tempo. E, finalmente, como todos nós já ouvimos histórias de horror sobre gatos que passaram semanas perdidos no cargueiro (para acabar descobrindo que estavam vivos e tinham ido parar em Idaho), procure assegurar-se de que a gaiola não tem nenhum perigo de se abrir.

Será que o Tigger gostaria de andar vestido?

Os gatos em geral não gostam de andar com roupas, uma vez que essas restringem sua agilidade para fugir e correr. Mas existem gatos surpreendentemente tolerantes às idiossincrasias de seus donos e não se opõem a andar com uma capa e um chapéu do Super-homem. Se você notar que seu gato está se agitando, arranhando ou paralisado de medo, faça-lhe o favor de tirar a roupa (mas não sem antes tirar uma foto rápida ou filmá-lo). Do contrário, serei obrigada a chamar a sociedade de proteção aos animais!

Como prevenir que o pelo do gato fique cheio de nós?

Embora pentear e escovar o pelo do seu gato possa não parecer a atividade mais agradável para uma noite de sexta-feira, como dono de gato responsável você deveria fazê-lo, especialmente se ele tem pelos longos. Em gatos gordos, é mais comum o surgimento de nós no traseiro, pois eles não conseguem se contorcer o suficiente para fazer o asseio. Portanto, seja um dono responsável: escove seu gato (e ajude-o a perder peso também!). Se não tiver tempo, pague um profissional para fazê-lo por você. Do contrário, você não terá apenas que lidar com bolas de pelo vomitadas pela casa, mas também com os nós feios e doloridos. Apenas a tosa pode remover esses nós e esse processo pode deixar a pele por baixo deles vermelha e inflamada. É melhor deixar a tarefa para um especialista em tosa, pois já presenciei "acidentes" demais provocados por pessoas despreparadas; é muito mais barato pagar muitas vezes a um profissional do que gastar dinheiro em uma única visita ao pronto-socorro de gatos.

As pulgas do meu gato podem passar para mim se ele dormir comigo?

Se o seu gato anda na rua, recomendo o uso de um antipulgas, com prescrição de um veterinário (como o Advantage), pois é mais fácil fazer a prevenção do que ter de mais tarde dedetizar toda a casa. Uma simples pulguinha produz milhares de ovos e você, com certeza, vai preferir acabar com elas antes que toda a sua família comece a se coçar. Embora as pulgas costumem permanecer no gato, elas podem saltar para os móveis. Portanto, sim, elas podem passar para você, se o seu gato estiver infestado. Embora seja improvável que o gato transmita a peste bubônica para você, as pulgas que estão nele podem transmiti-la. Não vale a pena arriscar!

Usar um medicamento líquido tópico prescrito por um veterinário (que é aplicado localmente na pele entre as escápulas onde o gato não consegue lamber) é o meio mais eficiente de prevenir as pulgas. As coleiras antipulgas vendidas em *pet shops* e supermercados só funcionam bem na região em volta do pescoço. Portanto, economize seu dinheiro. Ao usar antipulgas, é importante também saber que os gatos são extremamente sensíveis a substâncias químicas e a certos medicamentos, devido a um menor metabolismo da glutationa (em outras palavras, o fígado deles não consegue filtrar bem as drogas). Por isso, *só* devem ser usados os antipulgas específicos para gatos. Não use os antipulgas caninos, pois eles podem provocar reações graves e até fatais (como convulsão, baba, salivação ou espasmos musculares). Um gato grande não é um cachorro pequeno! Embora isso pareça óbvio, na minha prática vejo com frequência o efeito tóxico dos antipulgas, pois parece que as pessoas não leem a advertência: NÃO USAR EM GATOS. Em caso de dúvida, consulte seu veterinário sobre como manter as pulgas sob controle (e veja a resposta à pergunta "Os produtos antipulgas são todos iguais?" no Capítulo 8).

Em geral, os antipulgas recomendados por veterinários são mais eficientes. Como os gatos têm mania de limpeza (e costumam mastigar e engolir carrapatos) e como não costumam andar no mato, raramente eles são infestados por carrapatos (a não ser os que moram em Old

Lyme, Connecticut, e vivem o tempo todo na rua). Se for esse o caso, talvez você tenha de usar produtos tanto contra pulgas como contra carrapatos (como o Frontline). Como eu prefiro usar o mínimo necessário de substâncias químicas, acho que, para a maioria dos gatos, não há necessidade de se utilizar produtos contra carrapatos – afinal, quem transmite aquelas tênias minúsculas e a peste bubônica são as pulgas.

Posso dar à minha gata bala de menta para refrescar seu hálito?

Nenhum gato que se preze aceitará uma bala de menta. Ele simplesmente espera que você goste do hálito dele. Lamento dizer-lhe que o mais próximo possível da menta que você pode dar ao seu gato é um punhado fresco de erva-dos-gatos, que é da mesma família da menta. Apesar de não melhorar o hálito, sua gata vai ficar tão eufórica e feliz que não vai dar a mínima para o mau hálito! E mais, sua gata provavelmente não vai mastigar qualquer outra menta que não seja a erva-dos--gatos simplesmente para melhorar o hálito. Portanto, se você se incomoda com o hálito dela, deveria escovar-lhe os dentes.

No que diz respeito aos cachorros, nós nos preocupamos com a toxicidade do xylitol, um adoçante artificial presente em certos tipos de goma de menta para combater o mau hálito. Infelizmente, sua ingestão pode resultar numa redução drástica do nível de açúcar no sangue ou, em casos graves, até mesmo em insuficiência hepática. Em caso de dúvida, não dê goma de menta para seu cachorro. Por sorte, a toxicidade em gatos não é comum, pois eles não costumam revirar a bolsa dos seus donos à procura de balas.

Quais culturas continuam a reverenciar os gatos?

Sabe-se que os egípcios costumavam reverenciar os gatos por sua eficiência em matar cobras peçonhentas e animais daninhos, com isso protegendo as colheitas e os celeiros. Arqueólogos encontraram hieróglifos, templos, necrópoles e túmulos com gatos mumificados, ajudando com isso a provar para os amantes de cães quanto essa espécie foi e continua sendo importante. Evidências da domesticação de gatos foram encontradas já entre 6000 e 5000 a.C., com base em descobertas arqueológicas na ilha de Chipre,[3] enquanto na Europa os gatos domesticados podem ter se originado do Egito entre 3000 e 2000 a.C.[4] Os egípcios adoravam deusas felinas como Sekhmet (que tinha cabeça de leão), deusa da guerra e do Sol, e Mafdet, deusa da proteção. Com base na deusa Bast (que era a deusa da proteção, do Sol e da Lua), os habitantes da cidade de Bubastis também adoravam gatos. Era tal a adoração dos egípcios pelos gatos que chegavam a ser enterrados com eles e muitos raspavam as sobrancelhas em sinal de luto quando seu gato morria.

Com o passar dos séculos, no entanto, os gatos também passaram a representar o outro lado da moeda. Em vez de reverenciados, eles foram muitas vezes condenados como "agentes do demônio". O papa Gregório IX acusou os gatos pretos de satanismo e milhares deles foram queimados vivos em 1233. Enquanto a idolatria aos gatos desaparecia (lamentavelmente, em consequência de sua superpopulação, hoje eles são vistos como peste em muitos países), a sua domesticação foi se espalhando por todo o mundo.

Atualmente, a cultura japonesa reverencia uma deusa felina moderna: uma famosa estatueta felina chamada Maneki Neko, que é mais conhecida como a "Gata que Acena" por estar com uma pata dianteira erguida. De acordo com a tradição, a pata direita erguida traz riqueza e boa sorte, enquanto a pata esquerda traz afluência de clientes. É essa a razão de ela ser encontrada na entrada de lojas, bares e restaurantes de todo o Japão. De fato, um dos personagens de *Pokémon* se parece com essa estatueta felina. Não tenho certeza se a gatinha Hello Kitty foi inspirada nessa famosa gata, mas, de qualquer maneira, é interessante ver que gatos continuam a ser idolatrados.

Tenho que ensinar o meu gato a fazer as necessidades na caixa sanitária?

Os gatos vivem bem em apartamento porque aprendem a fazer suas necessidades no lugar apropriado. E, mais importante, eles são espertos o bastante para fazer com que algum pobre coitado mantenha sua caixa limpa (ou seja, você e eu). Quando adotei Seamus ainda filhote, coloquei-o dentro de uma caixa sanitária e o fiz arranhá-la com as patinhas para que entendesse qual era sua função. Ele entendeu já na primeira vez e eu nunca mais tive problemas. Por sorte, como a maioria dos gatos sabe instintivamente usar a caixa sanitária, não é preciso muito treinamento e você não tem que ensinar seu gato a fazer isso.

Posso treinar o meu gato para usar o toalete?

Graças ao Mr. Jinx, o gato Byrnes de *Entrando numa Fria*, tornou-se popular treinar os gatos para usar o toalete. É raro o gato que se submeta ao treinamento para usar o toalete, mas, com paciência e persistência, é possível. É claro que, exatamente como seu marido, é difícil fazer com que ele dê a descarga, mas a gente deve aceitar as coisas como elas são, não é assim que se diz?

Já que você decidiu treinar seu gato para usar o toalete, comece consultando todos os recursos disponíveis, pois existem muitas maneiras diferentes de fazer isso.[5] Existem ótimos artigos disponíveis na Internet, como também livros e vídeos dedicados inteiramente a treinar seu gato a usar o toalete. A lição mais importante que você vai tirar da leitura de todo esse monte de informações disponíveis é que treinar um gato a usar o toalete requer muita, mas muita paciência. Como você já sabe, os gatos não gostam muito de mudanças e, em caso de dúvida, é sempre melhor ir devagar para que ele vá se acostumando aos poucos a usar o toalete (ou dar alguns passos atrás se achar que está forçando o Tigger a ir rápido demais). Para começar, o treinamento funciona melhor se você tem mais de um banheiro em casa. Reserve um só para o Tigger e fixe a tampa do vaso sanitário, deixando-a levantada, e mantenha o assento descido. Em seguida, leve a caixa sanitária destampada para o banheiro e coloque-a bem junto do vaso sanitário. Faça com que o Tigger saiba para onde você a levou, para que ele não se atrapalhe e faça suas necessidades pela casa. No decorrer de vários dias, vá aumentando aos poucos a altura da caixa, colocando-a sobre jornais ou listas telefônicas para elevá-la. Uma advertência: não use revistas com papel liso e brilhante, pois elas podem fazer com que o Tigger escorregue e saia correndo, acabando com todas as expectativas de sucesso. Seu propósito é aumentar gradualmente a altura da caixa até o nível do assento. Uma vez que ele tenha se acostumado a urinar no topo do mundo, prenda a caixa sanitária em cima do vaso, reduzindo gradualmente a quantidade de grânulos nela. Quando ele estiver acostumado a ser o rei do toalete naquela posição elevada, substitua a caixa sanitária por uma assadeira de metal que deve ficar presa entre o assento e a borda do vaso. Encha-a com material apropriado para absorver os excrementos e faça com que o Tigger se acostume a essa nova geringonça. Reduza aos poucos a quantidade de grânulos ou outro material na assadeira (mantendo-a o mais limpa possível). Faça então um pequeno furo na assadeira para permitir que a urina escorra para dentro do vaso. Com o passar dos dias e semanas, aumente gradualmente o tamanho do furo na assadeira. Isso vai aumentar aos poucos o diâmetro do furo, proporcionando ao Tigger um período de adaptação para ele aprender onde acomodar suas patas na periferia do furo ou do assento. Procure usar um material que desça facilmente com a descarga para que, ao cair com os esforços do gato para se limpar, não acabe entupindo o vaso sanitário. Com persistência e recompensa, seu gato vai conseguir passar da assadeira para o vaso. Agora, só falta lhe ensinar a dar a descarga...

Algumas pessoas são contra o uso do toalete por gatos porque suas fezes podem contaminar a água (Ver as respostas às perguntas "Argila, grânulos ou cristais?" mais adiante neste capítulo e "Tenho que me livrar do meu gato quando eu engravidar?" no Capítulo 9). No entanto, o impacto positivo sobre o meio ambiente em consequência de não usarmos toneladas de material em caixas sanitárias (que vão se acumular em aterros sanitários) pode fazer Al Gore sorrir. De um jeito ou de outro, você terá de escolher seu lado na batalha ambiental.

Quantas caixas sanitárias são necessárias?

O bom da caixa sanitária é que você pode escondê-la no porão ou num canto da lavanderia. Quem mora em apartamento ou quitinete terá de ser mais criativo para esconder essa caixa em seu espaço reduzido. Como eu pessoalmente não suporto o fedor da caixa sanitária (ou dos presentes nela depositados), não gosto de tê-la na cozinha nem no quarto. Como os banheiros são em geral lugares perfumados, esconder uma dessas caixas num de seus cantos pode ser uma boa alternativa para quem não tem porão.

A recomendação geral é que se tenha uma caixa sanitária para cada gato e mais uma de reserva. Portanto, se você tem três gatos, é recomendável que tenha quatro caixas. Pode parecer exagerado, mas lembre-se de que, como os gatos não gostam de sujeira, é preferível você ter de limpar mais de uma caixa do que suportar urina espalhada pela casa. Os gatos são muito possessivos com o próprio espaço e preferem não dividi--lo com ninguém. Você pode perceber como cada gato escolhe uma caixa para seu território. Como a variedade é o tempero da vida, por que não poder escolher entre diversos toaletes?

Devo comprar uma caixa sanitária com ou sem tampa?

Da próxima vez que visitar um *pet shop*, dê uma olhada ao redor, você se surpreenderá com a variedade disponível de caixas sanitárias. Caixas altas e baixas, pequenas e enormes, caixas com pás automáticas para coletar as fezes, de diferentes formas e tamanhos e, também, com ou sem tampa. A maioria delas vem com tampa, mas nem todo mundo faz uso dela. Em caso de dúvida, é melhor gastar um pouco mais, pois a caixa vai durar tanto quanto a vida do seu gato. Pessoalmente, eu tolero apenas caixas sanitárias com tampas na minha casa. Gosto delas porque ajudam a manter a sujeira e o fedor encobertos, evitam que alguma sujeira escorregue para o piso e são esteticamente mais agradáveis às visitas.

Numa casa com muitos gatos, o mais submisso pode se recusar a entrar numa caixa com tampa por temer ser encurralado por outro mais metido a dominador. Nesse caso, ele pode urinar em lugares inapropriados (como no cesto de roupa suja, nos vasos de plantas, no porão ou no seu edredom). Se os seus gatos se dão bem entre si, procure ter caixas com tampa, pois elas reduzem dramaticamente a sujeira pela casa. Você pode até notar que seus amigos lhe fazem visitas mais frequentes. Se não tiver certeza, coloque algumas opções disponíveis para seus gatos: algumas caixas tampadas e outras destampadas em diferentes lugares e com diferentes materiais para eles escolherem suas preferências.

Com que frequência tenho que *realmente* limpar a caixa sanitária do meu gato?

Embora possa parecer sem importância, o fato é que a sujeira pode afetar o comportamento e a saúde dos gatos. Essa é a razão por que nós, que temos mania de limpeza, limpamos suas caixas sanitárias diariamente. Se isso for demais para você, elas devem ser limpas *pelo menos* a cada dois dias. É claro que isso depende de quantos gatos você tem (o fato de você ter uma caixa sanitária para cada gato e mais uma de reserva não quer dizer que deva limpá-las com menos frequência). Quanto maior o número de gatos, maior deve ser a frequência de limpeza. Mesmo sendo um trabalho sujo, ele *realmente* tem que ser feito pelo bem dos seus gatos.

Se notar que seu gato anda arranhando *fora* em vez de dentro da caixa sanitária (Alô! O que mais ele precisa fazer para que você limpe a caixa?) é porque ele está querendo chamar a sua atenção para a nojeira da caixa, e não está disposto a sujar as patas para encobrir suas fezes dentro dela. Caso ele continue fazendo isso depois de você ter acabado de limpar a caixa sanitária, provavelmente isso se dê à lembrança negativa de ter emporcalhado as patas com urina e fezes dentro dela. Portanto, se você não quer que o seu gato espalhe os excrementos pela casa, trate de manter a caixa sanitária limpa!

Existem gatos que "se seguram" e urinam o menos frequentemente possível para evitar ter de pisar numa caixa sanitária imunda e nojenta. Em vez de duas ou três vezes por dia, o Tigger pode se segurar para urinar apenas uma vez. Isso torna a urina mais concentrada, o que, por sua vez, pode formar cristais que acabam obstruindo a ponta do pênis e provocando uma obstrução uretral potencialmente fatal. Quando ocorre essa obstrução, o gato pode ter pedras, cristais ou bolas de muco na uretra que o impedem de urinar. Isso não apenas provoca dor, mas também pode resultar em falência renal temporária, anomalia eletrolítica, vômito, letargia, arritmia e até morte. Portanto, para prevenir tais problemas ou mesmo doenças como a do trato urinário inferior ou cistite estéril, o jeito é limpar! (Ver as respostas às perguntas "Por que os gatos gostam de lamber as partes íntimas?" e "O que é a DTUI e como tratá-la?" no Capítulo 2.)

O benefício extra que resulta da limpeza constante da caixa sanitária é o de facilitar a detecção precoce de alguma doença. Se o Tigger não urina há dois dias, você logo vai perceber. Se ele está com diabetes, você perceberá poças cada vez maiores em sua caixa e, depois de uma semana sem limpá-la, a caixa estará totalmente encharcada de urina. Mas se você não estiver limpando a caixa com frequência, não terá como perceber isso. Caso ele esteja com os intestinos presos ou com diarreia, você só vai descobrir muitos dias depois e, a essa altura, o tratamento será mais demorado (e mais caro)! Por mais chato que seja, por favor, agrade à sua esposa dando a descarga e, a seu gato, limpando a caixa sanitária.

Argila, grânulos ou cristais?

Quando a questão é que tipo de material usar nas caixas sanitárias, somos bombardeados por anúncios publicitários de *pet shops*. Basicamente é uma questão de preferência pessoal. Quando eu morava com uma colega da faculdade de veterinária, perguntei a ela por que usava argila (bons velhos tempos de estudante!!). Ela respondeu que era o que sempre tinha usado (ela era da geração dos anos 1960, quando argila era o máximo). Quando me enchi do fedor e da sujeira, decidi um dia trocar a argila por grânulos. Ela ficou tão maravilhada que resolveu adotar instantaneamente esse material e nunca mais voltou a usar a argila. Crystal, a sua gata, também adorou a mudança.

A argila foi introduzida em 1947 como material para caixas sanitárias por Edward Lowe, que costumava vendê-la para donos de garagens com a finalidade de absorver os vazamentos de óleo e gasolina.[6] Quando ele descobriu que a argila era um bom material para ser usado em caixas sanitárias, ela se tornou sucesso instantâneo. Desde então, a argila movimenta milhões de dólares. Por que eu não havia pensado nisso antes? A argila é um ótimo material de absorção e tão barata quanto o barro (bem, como a argila), mas é nociva para o meio ambiente, porque você tem que jogar fora todo o conteúdo da caixa quando fica cheia (em outras palavras, uma vez por semana). Por sua natureza, a argila não forma torrões e, por isso, não é possível retirar as partes com urina para limpar a caixa. Já notou como aqueles sacos de vinte quilos de argila são mais baratos do que um balde de doze quilos de grânulos? O que você ganha compensa o preço que paga!

No início dos anos 1980, o amante de gatos (e aliás, também, bioquímico) Thomas Nelson descobriu que um tipo particular de argila, a bentonita, formava torrões na presença de umidade, graças à "quantidade de SiO_4 comprimida entre duas camadas octaédricas de alumínio, magnésio ou ferro"[7] e eis que... surgiram os grânulos para serem usados em caixas sanitárias. Como a bentonita é capaz de absorver até dez vezes o seu próprio peso, ela também consegue absorver e reter a água (ou a urina), resultando naqueles torrões firmes. A bentonita é extraída do solo e transformada ou em grânulos ou em pó e, pelo visto, nós amantes de gatos estamos usando grandes quantidades dela. De acordo com uma pesquisa geológica realizada nos Estados Unidos, aproximadamente 987 mil toneladas dessa argila foram extraídas em 2003 para serem usadas como material para caixas sanitárias de gatos.[8] Muito popular, você não concorda?

Esse material granulado é muito mais eficiente do que a argila, na minha opinião. Em primeiro lugar, agrada mais aos donos de gatos, porque requer menos limpeza e, portanto, dá menos trabalho do que a argila. Em segundo, porque o material granulado é menos nocivo ao meio ambiente do que a argila. Usando esse material, você não precisa nunca jogar fora todo o conteúdo da caixa sanitária, apenas retirar as partes com urina e fezes e pronto. Eu só faço questão de repetir isso porque, quando pergunto sobre os hábitos de limpeza das caixas sanitárias aos donos que levam seus gatos ao serviço de emergência em função de problemas urinários, a maioria deles se mostra surpresa, ou seja, não sabe qual é a maneira mais eficiente, limpa e ecologicamente correta de lidar com os excrementos. Alguns clientes dizem que jogam fora a caixa toda (com toda a sujeira) todas as semanas. Caramba, pessoal, não há necessidade disso. Sua pegada de carbono e a de seu gato estão contribuindo para sobrecarregar os já repletos aterros sanitários e para deixar Al Gore ainda mais irado. Esse hábito além de ser dispendioso, é um desperdício. Se você quer realmente saber, eu só *esvazio totalmente* e faço uma faxina geral na caixa sanitária algumas vezes por ano mais ou menos. Bem, talvez duas vezes. Estou falando sério. Embora nós que amamos os animais preferíssemos jogar a culpa nos bebês humanos pela quantidade de fraldas descartáveis que são jogadas no lixo, lamento dizer que isso não é verdade – sabe-se que a quantidade de material usado em caixas sanitárias ocupa uma parte significativa dos aterros sanitários. O Bureau of Waste Management estima que aproximadamente quatro bilhões de quilos de material usado em caixas sanitárias de gatos vão parar anualmente nos aterros sanitários.[9] Meu outro truque para barganhar com o meio ambiente é deixar um balde vazio tampado e forrado com um saco plástico bem junto da caixa sanitária. É um recipiente perfeito para colocar a sujeira até enchê-lo. É uma maneira fácil de recolher as fezes e impedir que o cheiro se espalhe sem ter de usar muitos sacos plásticos e é, ao mesmo tempo, mais fácil de limpar.

Mesmo que os fabricantes de materiais para caixas sanitárias vivam proclamando que você pode jogar o material na privada e dar a descarga, eu não defendo essa prática, porque não acho correto contaminar nossos mananciais de água com fezes de gatos. Existe muita controvérsia em torno dessa questão, especialmente com respeito às pessoas que treinam seus gatos para usar o toalete (ver a resposta à pergunta "Posso treinar o meu gato para usar o toalete?" já abordada neste capítulo). Além disso, muitas mortes de lontras do mar ocorridas recentemente no noroeste dos Estados Unidos foram relacionadas com a toxoplasmose, uma infecção bacteriana disseminada pelas fezes de gatos. Apesar de não haver nenhuma comprovação científica definitiva de que essas mortes tenham sido causadas por gatos, se você quer salvar o planeta e todas as outras criaturas felpudas, por favor, não jogue as fezes na privada.

Finalmente, há as garrafas de cristais que custam 20 dólares. Será que elas valem o que custam? Como você provavelmente terá de comprá--las mensalmente (dependendo de quantos gatos você tem), essa é a opção mais cara de material para a caixa sanitária. É verdade que algumas pessoas preferem os cristais por absorverem bem o odor e permitirem que você recolha facilmente as fezes. É importante lembrar que os cristais não se aderem e que, portanto, não dá para remover grandes blocos com urina acumulada. Em vez disso, os cristais agem pela absorção. Uma vez que estejam amarelados, eles deixam de absorver e toda a caixa sanitária tem de ser esvaziada e limpa (aproximadamente a cada uma ou duas semanas, dependendo de quantos gatos usem a caixa). Além disso, por eu já ter acidentalmente pisado nesses cristais... ai! Não consigo imaginar que seja agradável urinar sobre aqueles pedaços ásperos de sílica gel; isso me faz pensar na diferença entre caminhar em uma praia de areia macia e em uma praia pedregosa... eu prefiro a primeira.

Entre outras opções de material para caixas sanitárias, existem contas de sílica gel, jornais reciclados, serragem de pinheiro ou cedro, palha de espigas de milho e até mesmo casca de trigo. É tudo uma questão de preferência pessoal e a escolha deve priorizar a preferência do gato e não a sua. Mas tenha em mente que essas opções são todas caras e um pouco menos eficientes (elas não se aderem de maneira a formar torrões que facilitam o recolhimento e a limpeza), mas são menos nocivas ao meio ambiente. Dito isso, eu não gostaria que meus gatos urinassem por toda a casa em consequência de desvios comportamentais apenas para salvar o planeta. (Pode acreditar, eu procuro fazer a minha parte de outras maneiras – eu juro!) Além disso, como os especialistas em comportamento animal constataram que os gatos preferem o material *granulado* a qualquer outro, eu confio neles. Se você está pensando em mudar o material da sua caixa sanitária, é importante levar em consideração o fato de os gatos não gostarem de mudanças drásticas. Eles são criaturas de hábitos arraigados e só aceitam mudanças quando feitas gradualmente; se não for assim, eles podem começar a urinar por toda a casa só pelo prazer de contrariar você.

Qual é o tamanho considerado normal para uma mijada de gato?

A minha irmã deveria saber que tem acesso gratuito por toda a vida a consultas veterinárias, você não acha? (Ah, quem dera que tudo fosse tão simples!) Por isso, fiquei tão chocada ao visitá-la um dia desses. Como ela está grávida, é seu marido quem limpa a caixa sanitária (e o pobre coitado odeia gatos). Sendo a boa irmã que sou, e sendo veterinária, resolvi limpar a caixa sanitária para eles enquanto estava de visita (atitude típica de uma veterinária responsável: é só farejar cheiro de urina para se sentir na obrigação de limpar) e fiquei espantada com o tamanho das mijadas do Elliot. Eu não hesitei em querer saber o que estava acontecendo e perguntei a minha irmã se ele estava bebendo muita água, já que estava urinando tanto. Ela e meu cunhado não faziam ideia e, por isso, disse a eles que se a poça de urina é maior do que a cabeça do gato, provavelmente há algo de errado. Também disse a eles que o Elliot não deveria ficar mais do que alguns minutos de cada vez diante da vasilha de água ("Bem, acho que tenho enchido a vasilha mais vezes...").

E então, de que tamanho deve ser a mijada de um gato? Depende de vários fatores: de o gato ser do tipo que prende a urina por todo um dia, de quantas mijadas ou idas à caixa sanitária ele costuma dar (em outras palavras, uma enorme mijada *versus* três pequenas mijadinhas), do tipo de comida que você dá a ele (a comida enlatada pode fazê-lo urinar um pouco mais) e de qual a frequência com que você limpa sua caixa sanitária. Em geral, se você nota que as mijadas estão aumentando gradualmente, leve-o ao veterinário. Se os torrões na caixa sanitária são maiores do que sua mão fechada (OK, a *minha* mão fechada, caso você seja um cara grandão), elas estão além da conta e você deve levar seu gato ao veterinário para ter os rins, a tireoide e o nível de açúcar no sangue examinados.

O que posso fazer para tornar a caixa sanitária menos fedorenta?

Bem que eu gostaria de ter uma resposta fácil para essa pergunta, mas de fato não há como deixá-la com perfume de rosas. Em geral, quanto maior a frequência com que ela é limpa, menos cheiro de amônia ela acumula. Acostumada a ter apenas um gato, eu fiquei espantada com o aumento da sujeira e dos custos que implicaram a presença de outro gato em casa. É evidente que compensa pelo prazer de sua companhia, mas ainda assim...

Tente manter a caixa sanitária tampada para que os odores desagradáveis não impregnem o ar; mesmo não indo embora, eles pelo menos não se espalham por toda a casa (afinal, os gatos não sabem acender palitos de fósforo, não é mesmo?). Além disso, existem aquelas caixas sanitárias com filtros de carvão ativado nas tampas que, apesar de eu não ter certeza se funcionam, mal não devem fazer. Se você está sempre limpando e ela continua fedendo, lave-a algumas vezes por ano e substitua todo o material que ela contém. Finalmente, como tenho um olfato extremamente sensível, espalho ocasionalmente o desodorante em pó Arm & Hammer, que não oferece riscos aos animais, nas caixas sanitárias. E tenho também uma grande coleção de neutralizadores de odores no porão. Tenho que esconder do meu namorado o cheiro dos gatos, senão ele nunca vai me deixar ter mais gatos...

Por que o meu gato gosta de chupar meu suéter de caxemira?

Se você acabou de pagar os olhos da cara para ter um novo suéter de lã ou de caxemira, não o deixe ao alcance do seu gato. Certos gatos gostam de "chupar lã" e esse prazer é especialmente estimulado quando o suéter, colcha ou cobertor tem pequenos furos espalhados por toda a sua superfície. Essa mania de chupar lã é mais comum entre as raças de gatos orientais, como a dos siameses, e apesar de não haver nenhuma comprovação de que ela seja hereditária, talvez você não deva deixar seu gato procriar, por ser esse um hábito extremamente incômodo e caro. Mesmo que pareça ter pouca importância, esse hábito pode se tornar muito destrutivo com o passar do tempo. Certas pessoas acham que chupar lã possa ter relação com algum desvio obsessivo da necessidade de mamar. Pode ser que o gato associe o perfume de lanolina na lã com o cheiro das tetas da mãe ou o gosto de pelos de animal em sua boca lhe proporcione uma sensação de aconchego. Apesar de não causar nenhum dano ao gato (a não ser que ele engula uma grande quantidade de lã que fique entalada no estômago ou nos intestinos), esse hábito pode acabar com seu guarda-roupa e estourar seu orçamento.

A melhor maneira de impedir que isso aconteça é não deixar nenhum material tentador ao alcance do seu gato. Pelo visto, sua mãe estava certa quando mandava você arrumar o quarto. Não ponha seu gato à prova, nem arrisque o destino de seu suéter, deixando-o ao alcance do gato. Se isso não funcionar, você pode ir até uma loja do Exército de Salvação, pegar um suéter barato e já todo furado, embebê--lo em pimenta ou aplicar o *spray* Bitter Apple e ver se o seu gato finalmente aprende que o suéter não é para ser chupado. Outra alternativa é aumentar o conteúdo de fibras na dieta do seu gato ou dar-lhe suplementos de fibra em forma de petiscos; custa pouco e é muito fácil ir até o *pet shop* mais próximo comprar um punhado de capim para gatos. Infelizmente, o truque da fibra não funciona com todos os gatos. Tente também aumentar o nível de atividade física do seu animal ou reduzir ao máximo o nível de *estresse* (ver a resposta à pergunta "Como fazer com que meu gato gordo e preguiçoso se exercite?" no Capítulo 5), para que ele esteja cansado demais no final do dia para chupar lã. Se nada disso funcionar, você pode procurar um veterinário especializado em gatos viciados para minimizar a compulsão por chupar lã.

A erva-dos-gatos provoca embriaguez? Posso usá-la?

A erva-dos-gatos, cujo nome científico é *Nepeta cataria*, é uma planta comum na América do Norte e pode ser facilmente cultivada em vaso. Ela age como estimulante nos gatos, embora entre 10% e 50% dos animais pareçam não ser afetados por ela, o que pode ter razões genéticas. Os efeitos da erva-dos-gatos se devem à *nepetalactona*, que produz uma sensação eufórica passageira e que não causa dependência. Você pode observar que, ao se esfregarem na erva-dos-gatos, os gatos se mostram mais ativos e afetuosos; ficam balançando o corpo e ronronando. Como muitos gatos gostam dessa erva, você pode espalhar um pouco sobre os lugares que eles devem arranhar ou pode forrar a cama nova deles com ela, para aumentar as chances de eles a usarem. Sim, pode-se dizer que seu efeito nos gatos equivale à embriaguez. E não, você não deve usá-la (não funciona).

O que é crack felino?

É o nome comum da cetamina (*ketamine*), uma droga que usamos para anestesiar e castrar gatos. Às vezes, também a usamos nos cachorros, mas é mais comumente usada nos gatos, uma vez que o "crack canino" não tem o mesmo efeito. Trata-se de um antagonista ao receptor NMDA, uma forma complicada de dizer que é uma droga dissociativa que separa a dor do seu receptor. Essa droga é extremamente perigosa para os humanos e seu uso só é permitido no contexto veterinário. Acredite se quiser, mas já tive clientes que a solicitaram abertamente e agentes da polícia me procuraram querendo saber seu "preço de rua". ("Delegado, eu não faço ideia de qual seja o "preço de rua", mas posso lhe afirmar, com base em seu peso, que a castração custaria 300 dólares.") Faça o favor de ser um bom dono para seu animal e não incomode seu veterinário da próxima vez que tiver uma festa.

CAPÍTULO 4

Sensibilidade Felina

As pessoas vivem me perguntando se eu acho que os gatos são dotados de um "sexto sentido". Eu achava que não, até conhecer a Crystal. A gata da colega veterinária com quem eu morava nunca foi afetuosa comigo (apesar de eu tê-la livrado de continuar por mais uma década com uma péssima caixa sanitária de argila e de ter convencido sua dona a usar grânulos – ver a resposta à pergunta "Argila, grânulos ou cristais?" no Capítulo 3). Na verdade, mesmo depois de meses de convivência, ela nunca permitiu que eu a tocasse. Aparentemente, Crystal era extremamente retraída, e eu, provavelmente, atrevida demais para ela, pois a gata tratava de desaparecer assim que ouvia o ruído dos meus passos apressados. Certa vez, depois de um dia exaustivo e traumático na faculdade de veterinária, eu cheguei em casa emocionalmente arrasada. Um dos meus cavalos hanoverianos preferidos, uma égua da fazenda da Universidade de Cornell, onde eu trabalhava, havia morrido em meus braços quando estávamos deitados sobre a palha. Como o dono se recusava a sacrificá-la apesar de nossos protestos, a infecção foi matando-a aos poucos e ela teve de suportar muita dor.

Fiquei com o coração partido ao vê-la definhar e acabar morrendo com a cabeça no meu colo, derramei lágrimas sobre ela ao ver que partia definitivamente. Quando cheguei em casa, arrastei-me escadas acima e desmoronei no sofá para dar vazão às lágrimas. Crystal, que nunca nem havia chegado perto de mim, aproximou-se e deitou-se sobre meu peito e ficou ali ronronando por uma boa meia hora. Ela *percebeu...*

Parece que os gatos têm uma estranha capacidade de ler os nossos pensamentos, não é verdade? Quer saber no que seu gato está *realmente* pensando? Se eles realmente têm sentimentos ou se somos nós que projetamos nossas características humanas neles? Se Max faz cocô sobre o seu acolchoado que custou os olhos da cara, quando você não está, ele faz isso com a intenção de se vingar? Não tem certeza se o seu gato chora, sofre a perda de alguém querido ou sente ciúme? Talvez o seu gato seja maluco e precise ser tratado por um psicólogo, especialista em comportamento animal ou alguém que saiba se comunicar com ele. Descubra se pode dar a seu gato os mesmos comprimidos de Valium que você toma (a resposta curta e grossa é não!). E, melhor ainda, como você explica comportamentos estranhos, como quando seu gato escolhe a única pessoa que odeia felinos entre uma multidão para cobri-la de pelos e caspas? Para saber tudo sobre as idiossincrasias (mais louváveis) do seu gato, continue lendo!

Existem psicólogos ou "encantadores" de gatos?

Os profissionais que conseguem dar um jeito em nossos felinos que andam se comportando mal fazem parte do American College of Veterinary Behaviorists (ACVB). Eles são profissionais formados pela faculdade de veterinária que completaram mais três anos de residência em comportamento animal. Embora os profissionais certificados pela ACVB provavelmente não gostem de ser considerados psicólogos de animais, eles atuam no sentido de dar o treinamento adequado para modificar hábitos nocivos e efetuar mudanças comportamentais em nossos gatos malucos. Essa é uma área muito importante, uma vez que os responsáveis pela maioria dos abrigos consideram que os animais são entregues ou até mesmo sacrificados em função de vínculos fracos com seus donos, cuja causa é muitas vezes o comportamento inapropriado ou indesejável do animal. Afinal, é muito mais difícil criar vínculo com um gato que urina pela casa ou que arranha seus tornozelos até fazê-los sangrar, não é mesmo?

Entre as queixas mais comuns que justificam a busca de ajuda de um desses profissionais estão as seguintes: agressões entre gatos, marcação de território por meio da urina, fazer cocô no lugar errado, hábito de arranhar as coisas, agressões às pessoas e agitação noturna.[1] Em outras palavras, a atividade noturna do seu gato está levando você à loucura e você precisa de ajuda para recuperar a sanidade! Se necessário, a versão veterinária do Prozac pode ser prescrita pelo especialista em comportamento animal.

Existem também encantadores de gatos; são criadores, pessoas que promovem a socialização dos animais nos abrigos ou simplesmente pessoas com experiência em lidar com animais, que prestam serviços autônomos. Eles costumam usar técnicas adaptadas dos comportamentalistas, mas cada um tem seu próprio método de aplicá-las visando à mudança comportamental. É importante consultar seu veterinário ou pesquisar a fundo antes de tomar uma decisão quanto à melhor maneira de tratar seu gato, uma vez que esses profissionais não têm permissão para prescrever a versão animal do Prozac.

Posso dar Valium a meu gato?

Nem *pense* em fazer isso. Pode ocorrer uma doença rara como insuficiência hepática (cujo termo médico é necrose hepática aguda) pela ingestão repetida de doses *orais* de Valium[2] e, apesar de ser prescrito para problemas de comportamento ou para a sedação, não vale a pena arriscar a vida do seu gato. Embora essa reação à droga seja relativamente rara, ela é responsável por 95% das mortes resultantes do uso oral de Valium. Portanto, não é recomendável dar seu remédio ao gato. No entanto, você pode ter a certeza de que a forma intravenosa de Valium que nós veterinários costumamos usar é totalmente segura e não tem nenhuma associação com a insuficiência hepática.

Os gatos são vingativos?

Os especialistas em comportamento animal dizem que nós projetamos muitos dos nossos sentimentos nos animais e que cachorros e gatos não sentem raiva, ciúme e nem são vingativos da mesma maneira que nós. Como dona de gatos, no entanto, posso afirmar que eles são vingativos. Você já notou alguma vez que seus gatos se mostram indiferentes quando você volta de uma viagem a trabalho? Que encontra sua casa destruída? Que todas as coisas de cima do armário foram parar no chão? Eu quase consigo imaginar os meus gatos despejando de propósito o conteúdo das caixas de cereal no chão só para me atazanar (o que eu gostaria de saber é como conseguem rasgar o envoltório plástico para despejar todo seu conteúdo). É possível que eles tenham apenas sentido uma necessidade premente e fora do comum de brincar com aquelas caixas, mas eu continuo achando que é por vingança. Afinal, eles nunca fazem isso quando estou em casa nem quando passo o dia todo no trabalho. Pelo visto, essa é a maneira de eles me punirem por deixá-los por alguns dias sem pedir a sua permissão.

Lembre-se, no entanto, de que podemos tomar como "vingança" o que para eles são situações de estresse. Se você acha que seu gato está urinando de propósito sobre o seu acolchoado na sua ausência, pense duas vezes antes de julgá-lo. Altos níveis de estresse podem provocar mudanças no pH da urina e predispor o gato a sofrer de cistite estéril. Portanto, antes de culpá-lo, considere com carinho a possibilidade de ele não lidar bem com o estresse e de que urinar fora da caixa sanitária pode ser seu jeito de dizer isso. Echo e Seamus nunca fazem cocô fora da caixa sanitária – a não ser quando estou viajando. Seja por vingança ou por estresse, qualquer dia desses eu vou encontrar, além de urina, fezes espalhadas...

Os gatos pensam?

Depende. Os gatos são realmente espertos, mas nem por isso deixam de ser gatos. Um gato não é capaz de resolver complexos problemas de matemática, mas sabe muito bem como controlar o galinheiro, engordar, ser preguiçoso e fazer com que todas as criaturas de duas patas se submetam às suas vontades. Eles são suficientemente espertos para pedir comida às cinco horas da manhã e obrigar qualquer um a limpar suas fezes. Mas será que *pensam*?

Nas aulas de anatomia do curso de veterinária, em que passei horas dissecando felinos, eu vi como são seus pequenos cérebros e, com certeza, não têm nada de especial. Em milímetros, entretanto, seu cérebro é maior do que o dos cavalos (o que não quer dizer muita coisa). Sim, os gatos pensam, mas não como nós humanos pensamos. Eles retêm lembranças, entendem comandos verbais básicos (respondem ao chamado de seu nome), fazem associações de sons (como o de uma lata de comida sendo aberta) e têm conhecimentos básicos de sobrevivência (se eu o despertar às cinco horas da manhã, ele me dará comida).

No serviço de emergência, tenho muitas vezes que prestar socorro a gatos com grave traumatismo craniano resultante de queda de janelas, atropelamento por carros, mordida de cães ou de alguma pisada acidental (que já aconteceu com Seamus). É incrível ver como gatos que chegam tão gravemente feridos e até em coma se recuperam dramaticamente em poucos dias. Isso prova que: (a) ou a regeneração de seus nervos é mais rápida (o que não é verdade, senão pessoas paralíticas seriam curadas); ou (b) a função cognitiva deles não é do mesmo nível dos humanos (em outras palavras, eles não têm que usar o cérebro para ler e escrever). Seja como for, o fato é que são criaturas adoráveis. É como amar aquele sujeito estúpido e grandalhão – mas tão fofinho!

Os gatos choram?

Os gatos partilham com os humanos de algumas emoções básicas, mas não choram como resposta emocional de um cérebro altamente desenvolvido. A pequena quantidade de líquido transparente que você pode ver escorrendo dos cantos dos olhos deles tem a função de lubrificar naturalmente as córneas. Quando esse líquido é excessivo, pode haver algo causando irritação no olho, como uma úlcera na córnea (resultante de um arranhão na superfície transparente do olho), alguma alergia, infecção nas vias respiratórias (causada pelo vírus do herpes ou pelo calicivirus felino), uma infecção bacteriana (como a clamídia) ou até mesmo uma obstrução no duto nasolacrimal (o canal entre o nariz e os olhos) que explica por que seu nariz escorre quando você chora. Se notar que a sua gatinha está lacrimejando, provavelmente não tem nada a ver com o fato de você ter acabado de adotar um cachorro. Considere a possibilidade de levá-la ao veterinário, pois o mais provável é que a causa do lacrimejamento excessivo seja uma infecção nas vias respiratórias ou uma córnea arranhada.

Os gatos também sofrem a dor da perda?

Em 1996, foi realizado um estudo pela ASPCA (a sociedade americana de prevenção contra maus-tratos a animais) intitulado Companion Animal Mourning Project.[3] Esse estudo avaliou a resposta dos animais que sobreviveram à perda de um companheiro de quatro patas. Lamentavelmente, esse estudo avaliou apenas cachorros e, portanto, não podemos estender suas conclusões aos gatos. O estudo revelou que 63% dos cachorros ou se tornaram mais calados ou mais barulhentos, enquanto mais de 50% dos animais tornaram-se mais afetuosos com seus donos. Dos cachorros avaliados, 36% passaram a comer menos do que costumavam, enquanto 11% tornaram-se totalmente anoréxicos. O mesmo estudo também revelou que 66% dos cachorros apresentaram quatro ou mais mudanças comportamentais em consequência da perda de um companheiro de quatro patas.[4]

Pelos relatos de muitos clientes meus, os gatos que sobrevivem à perda de um companheiro continuam procurando-o e, por isso, eu acredito que eles realmente sofram a dor da perda. Já vi gatos tristes pela ausência de seus amigos tanto de duas como de quatro patas. Por sorte, como "o tempo cura todos os males", seu gato pode voltar ao normal após algumas semanas ou meses.

Por que os gatos têm a mania de esfregar a cara e o corpo todo em você, nos móveis e nas visitas?

Você pode até achar uma gracinha seu gato ficar esfregando a cara por todo o seu corpo, mas o fato é que ele está demarcando você como sua propriedade. Em geral, eu gosto quando Echo faz isso, mas me incomoda quando ele se enrosca todo nas minhas mãos nos momentos em que estou tentando digitar o texto deste livro. É claro que se você não se importa em ser objeto de sua propriedade, tudo bem. Quando seu gato esfrega a cara e o queixo por todo o seu corpo e pelos móveis, ele libera odores de suas glândulas odoríferas (que estão situadas abaixo do queixo, em volta dos olhos e das patas) que possibilitam identificar onde ele e você estiveram.

Por que os gatos parecem gostar mais justamente daquela única visita que odeia gatos?

Ah, os gatos! Eles são como os homens que, quando perseguidos, perdem o interesse. Os gatos se esforçam para conquistar quem os despreza, mas não querem saber da pessoa que tenta acariciá-los; eles buscam a atenção da única pessoa presente que os ignora. Para provocar ainda mais sua aversão a gatos, eles ficam se esfregando naquela pessoa alérgica que odeia gatos, procurando seduzi-la. Os gatos têm uma incrível sensibilidade para perceber quem exatamente devem perturbar. Aquele lindo suéter preto de caxemira? Alguém que odeia gatos? Alérgico? É pra lá que eu vou...

O que o meu gato está fazendo quando amassa o meu cobertor?

Nós veterinários chamamos a esse comportamento de "fazer bolinhos". Os gatos podem amassar um cobertor, você ou a própria cama em sinal de bem-estar e relaxamento. Esse comportamento é mais comum entre os gatos que foram separados da mãe quando ainda muito pequenos, numa tentativa de amassar o seio da mãe para sugar mais leite. Muitos gatos continuam fazendo isso depois de adultos. Alguns dos gatos que foram alimentados por humanos não fazem isso, pois se acostumaram a receber uma mamadeira na boca e não a fazer esforço para sugar o leite. Os especialistas em comportamento animal também acreditam que os gatos usam essa atividade de "fazer bolinhos" como uma técnica de demarcação, já que têm glândulas odoríferas nas patas. Em geral, você não precisa se preocupar – o seu gato não está com fome e nem tentando tirar leite de você. É apenas um comportamento instintivo. Você deveria se sentir lisonjeado por seu gato se mostrar tão relaxado e satisfeito com sua presença. Depois de um árduo dia de trabalho, eu curto essa bajulação estirada de costas na cama enquanto Echo "faz bolinhos" (ou seja, massagem) mais especificamente em meus ombros. Afinal, ele também tem de fazer por merecer o privilégio de morar na casa de uma veterinária, certo?

Por que minha gata me ataca quando passo a mão na barriga dela?

Alguma vez já se perguntou por que, apesar de demonstrar querer, quando você acaricia sua gata, ela responde com arranhões? Quando sua gata fica pedindo para que você acaricie sua barriga carnuda, sinta-se lisonjeado ou ofendido. Ela está demonstrando: (a) sua vulnerabilidade e submissão; ou (b) que é a rainha de seu palácio e que não dá a mínima para a possibilidade de você exercer algum domínio predatório sobre ela. Ela acredita que você não vai atacar sua barriga para destripá-la e despejar todo o conteúdo de seus intestinos. Entusiasme-se, pois ela realmente confia em você! É claro que, apesar de se sentir bem na sua presença, ela não quer ser tocada. Tem gato que gosta de receber atenção, mas não de ser tocado (como a pessoa com quem você saiu na noite da última sexta--feira) e, se você tentar demonstrar o afeto que ele não está preparado para receber, o que receberá em troca é um belo arranhão.

Por que meu gato gosta de atacar meus tornozelos?

Você detesta quando alguém no supermercado bate com o carrinho de compras nos seus tornozelos? Bem, ter os tornozelos atacados por seu gato é tão desagradável quanto. Se o seu gato filhote ou já adolescente anda fazendo isso, é para animar você a brincar e pode ser uma tentativa de chamar você para uma brincadeira de gato e rato. Lembre-se de que os gatos são tremendamente predadores e que as atividades de correr atrás, pegar, brincar e matar são muito divertidas para eles. Para proteger seus tornozelos, e evitar banhos de sangue, ajude seu gato a redirecionar suas necessidades reprimidas de brincar para algo inanimado. O primeiro passo é procurar exercitar seu gato – um período de dez a quinze minutos diários dedicado a brincar vai ajudá-lo a gastar energia (ver a resposta à pergunta "Como fazer com que meu gato gordo e preguiçoso se exercite?" no Capítulo 5). Você pode fazer isso enquanto se espreguiça lendo o jornal e dá a ele um rato de brinquedo ou um maço de papel para brincar, ou ainda usa um apontador laser ou o brinquedo preferido do meu gato, que é um penacho guinchante preso a um barbante. Procure manter certa distância física do brinquedo, para que o gato deixe de associar a hora da diversão com os seus tornozelos.

Além disso, não cutuque o gato com suas mãos ou pés. Se ele estiver estirado ao sol, não esfregue sua barriga com o pé para perturbar seu cochilo, pois ele associará seu pé a algo desagradável. E, por fim, para os momentos de desespero, tenha um revólver de água à mão. Se ele continuar atacando seus tornozelos, trate de lembrá-lo no ato com um jato de água. É importante que essa resposta negativa seja dada no mesmo instante do ataque, pois, do contrário, ele não vai entender que o jato de água é a punição por seu comportamento (mas, por favor, apenas pessoas adultas e responsáveis devem manusear o revólver de água). Finalmente, embora eu só recomende essa opção depois de você ter tentado *todas* as outras, ter alguém (outro gato e não pessoa) para atacar pode ser o que ele precisa.

O ódio dos gatos pelos cachorros é instintivo?

Estando no topo da cadeia alimentar, os gatos selvagens nunca tiveram que se preocupar com predadores. À medida que foram sendo domesticados e tornando-se menores, os gatos perceberam que também são alvos de predadores. Que lástima perder esse privilégio, hein?

Gatos selvagens "menores", como o leão da montanha, a onça-parda ou o lince, sabem que a ocupação urbana de seu hábitat é perigosa – para todas as partes envolvidas – e que são agora presas de caçadores e carros. Assim, nossos gatos domesticados também aprenderam instintivamente a temer o perigo: o chefão da vizinhança, o desgarrado do pedaço, os carros e outros predadores, como o coiote e o vira-lata das redondezas. Quando o Simba vê um cachorro, ele não o odeia instintivamente; ele só não quer ser seu brinquedinho de mastigar ou sua próxima refeição. Seu instinto é fugir antes de ser envolvido intimamente no ciclo seguinte da vida.

Em geral, é importante procurar fazer com que cães e gatos se acostumem a conviver pacificamente. Se você está pensando em aproximar as duas espécies, consulte antes seu veterinário ou um especialista em comportamento animal. Dando aos gatos e cachorros o tempo necessário para se acostumarem com a presença mútua, eles podem conviver em segurança, dependendo da raça do cachorro e do treinamento que recebeu. Eu adotei Seamus antes de ter outros animais e ele se acostumou a ser o "chefão" da casa; quando adotei meu pit bull JP, cinco meses mais tarde (como um filhote de quatro quilos e meio), Seamus gostou dele imediatamente. Ficava lambendo seu pelo, dormia com ele e saltava sobre ele muitas vezes ou puxava suas orelhas como provocação para brigas e brincadeiras. É claro que, como os dois eram mais ou menos do mesmo tamanho quando se conheceram, Seamus provavelmente não o tenha visto como páreo. E o fato de Seamus, quando ainda filhote, e antes de conhecer JP, ter sofrido um traumatismo craniano deve também ter contribuído (Seamus é um pouco lerdo e provavelmente acha que tudo bem brincar de brigar com um cachorro). Felizmente, os dois se entendem perfeitamente bem.

O que fazer para que o meu namorado goste de gatos?

Bem, vejamos, como este livro não é do tipo que aconselha "Ele simplesmente não serve para você", tome minhas opiniões sobre *namoro* com certas ressalvas. Mas o que eu aprendi nas últimas três décadas é que, a despeito do que pensa (e espera), você não pode *mudar* os homens. Mas, como se faz com os cachorros, pode-se muito bem *treiná-los*. Pois fique sabendo que a maioria dos homens odeia gatos porque odeia o desconhecido, entendeu? Uma abordagem delicada pode ser tudo de que o seu namorado precise para aprender aos poucos a tolerar a presença de gatos.

A primeira coisa que você pode fazer é criar um ambiente agradável e, para isso, remova todos os odores felinos. Se ao entrar em sua casa, seu namorado farejar a forte presença de amônia espalhada pelas caixas sanitárias sujas, com certeza ele não vai gostar. Seu gato também vai apreciar ter sua caixa sanitária limpa e cheirosa. Use *spray* para perfumar o ar e dispositivos elétricos que removem odores e acenda velas para tornar sua casa mais arejada e agradável para todos. No começo (até ele pedir você em casamento), faça com que a casa fique parecendo como se não houvesse nenhum gato vivendo nela (você aí, gatinha, me desculpe). Você não vai querer que ele tropece em brinquedos, sininhos e poças de vômito de gato, não é mesmo? A segunda é – se você quer realmente que ele ame seus gatos – nem *sonhe* em pedir para ele fazer algo para a sua gatinha. De maneira alguma, e jamais, peça a ele para recolher as fezes do seu gato, só porque você é sovina demais para pagar alguém que faça o serviço. Você quer ocultar o fato de que tem um animal fedorento em casa pelo máximo de tempo possível. A terceira é usar sempre um reforço positivo. Se, por exemplo, seu gato se sentar no sofá com vocês dois, trate de imediatamente perguntar a ele algo como: "Que tal tomar uma cervejinha?" ou "Você se importa se eu ligar a TV para saber o placar da partida de beisebol?" Em outras palavras, com essas recompensas, você estabelece uma ligação positiva com seu gato. Não use truques óbvios demais. Quando você pega um brinquedo que costuma usar para treinar o cachorro, ele entende a proposta e toma a dianteira. Finalmente, trate de impedir que o gato entre no seu quarto durante a noite – pode levar mais tempo para o seu namorado curtir a bagunça que seu bichinho está acostumado a fazer às três horas da madrugada.

Gostaria de saber se o meu gato tem um despertador interno. O que devo fazer para desligá-lo?

Como todos os donos de gatos podem confirmar, seu gato resolve ficar mais agitado justamente quando você acabou de cair no sono. Tem gente que chega a ponto de acreditar que os gatos fazem sua farra noturna em volta de sua cabeça por estarem "vendo fantasmas". A não ser que você acredite que ele tenha um sexto sentido, não há nenhuma explicação plausível para a doidice de seus hábitos noturnos, além da possibilidade de ele ter comido um punhado de erva-dos-gatos e de ter um despertador interno que o faz madrugar.

Mas infelizmente seu lamentável ritmo circadiano noturno pode se dever a dois hormônios: a melatonina e a vasopressina.[5] A melatonina é um hormônio produzido pela glândula pineal, que controla o ritmo circadiano, regulando o sono e o ciclo reprodutivo. Embora algumas pessoas o usem como suplemento alimentar para melhorar o sono, não o dê, pelo amor de Deus, a seu gato para fazer com que ele durma a noite toda – milhares de anos de hábitos noturnos não podem ser alterados. A vasopressina, que é um hormônio produzido pelo hipotálamo, tem acima de tudo propriedades eletrolíticas que mantêm o equilíbrio diurético, mas constatou-se recentemente sua relação com o ritmo circadiano maluco dos gatos. A questão, no entanto, não é seu estranho nome químico, mas como impedir que o seu gato desperte tão cedo. Lamentavelmente, como os gatos são criaturas de hábitos noturnos, não há muito que você possa fazer para mudar isso. Se você tiver alguma ideia inovadora, patenteie-a, e, com certeza, ganhará milhões, tantas são as pessoas que gostariam de mudar os hábitos noturnos de seus gatos.

Eis algumas ideias para dormir um pouco mais sem ter que se desfazer do gato. A primeira é tentar fazer seu gato se exercitar antes de ir para a cama. Uma prática consistente de dez a quinze minutos de exercícios deve deixar seu gato cansado por toda a noite. Se não funcionar, incentive seu gato a dormir no quarto do seu parceiro ou do seu filho. Se nada mais der certo, você terá de trancar o gato em outro quarto durante a noite. Procure, no entanto, tomar todas as providências para que ele tenha um quarto bom e confortável, com caixa sanitária, brinquedos, petiscos e uma cama macia. E depois é só torcer para que os miados vindos do outro quarto não cheguem até você.

O que devo fazer para o meu gato parar de pedir comida às cinco horas da manhã?

Antes de tudo, resista à tentação de levantar para ir dar comida a ele. De onde você acha que o Gorducho sacou que você é suficientemente trouxa para levantar e ir dar comida a ele? A questão é não criar esse hábito. A gata da colega de veterinária com quem eu morei nos tempos de residência acordava-a todas as manhãs às cinco horas, miando sem parar para ganhar comida; a resposta dela era levantar-se prontamente para ir dar comida a Crystal e, em seguida, voltar para a cama. Aquele não era nenhum problema para mim, porque eu trancava a porta do meu quarto. No entanto, quando chegou a minha vez de tomar conta dela, eu tratei logo de ensiná-la, por meio da técnica de reforço negativo, que enquanto estivesse sob a minha responsabilidade, ela podia tratar de tirar seu cavalinho da chuva. A coisa não foi tão fácil quanto você pode imaginar, pois Crystal continuou insistindo, mas eu ignorei seus miados, como também sua capacidade irritante de derrubar o telefone da mesinha de cabeceira, tirando-o do gancho para me enlouquecer com seus bips. Depois de algumas "tentativas amáveis" de afastá-la da minha cabeça e alguns jatos de água com meu novo e incrível regador (recomendo que você não vá para a cama sem um à mão), ela aprendeu rapidamente que Justine só levanta da cama quando está a fim.

Por que alguns gatos cobrem suas fezes e outros não?

Quando adota aquele gatinho fofinho, você pode até achar que ele sabe naturalmente o que fazer em sua caixa sanitária, mas é bom pensar outra vez. Você pode não se lembrar dos tempos do penico, mas sua mãe com certeza se lembra. Quando Seamus era filhote, coloquei-o dentro da caixa sanitária, peguei delicadamente suas patinhas dianteiras e ensinei-o a arranhar e escavar. Por mais louco que possa parecer, eu não estava a fim de me arriscar a ter um gato que não enterre suas fezes. É o equivalente a não dar a descarga, o que aumenta significativamente o fedor por toda a casa.

É claro que os leões e gatos selvagens não dispunham de material granulado para enterrar as fezes. Na selva, os felinos dominantes deixavam suas fezes expostas, para que todos soubessem quem era o manda--chuva do pedaço. Os gatos selvagens submissos enterravam suas fezes para ocultar sua presença. Nos dias de hoje, em sua maioria, os gatos domesticados escondem suas fezes porque têm mania de limpeza, enquanto outros podem ou não fazer isso como exercício de dominação (ou, acho eu, por preguiça). Se a caixa sanitária estiver suja e cheia demais, o Clayton pode decidir não enterrar as fezes para não sujar as patas. Por sorte, a maioria dos gatos domesticados sabe instintivamente o que deve fazer para ocultar rapidamente suas fezes, mas, por medida de segurança, ensine-o quando ainda for filhote. Ah, se a gente pudesse ensiná-los a defecar no vaso sanitário, baixar a tampa e dar a descarga, o mundo seria perfeito.

Será que a minha gata se reconhece no espelho?

Como cientista, eu decidi realizar um experimento com meus próprios gatos (não se preocupe, nenhum deles sofreu qualquer dano). Levei Seamus e Echo para dentro do banheiro com o propósito de ver se eles reconheciam seu reflexo no espelho. Com base nesse experimento, eu posso afirmar que a maioria dos gatos não dá a mínima para seu reflexo no espelho – eles logo percebem que são eles mesmos e não se assustam. Já ouvi falar de gatos que brincam com seus reflexos por alguns minutos, mas logo perdem o interesse ao verem que o "outro gato" faz tudo que eles fazem e, portanto, não têm nenhuma graça. Como os animais dependem de seu aparato sensorial, eles usam muitos sentidos ao mesmo tempo: uma combinação de visão, olfato, audição e possível paladar para saberem o que é legítimo. É também por isso que seu gato não ataca a imagem de um peixinho-dourado nem come os produtos Pounce que aparecem anunciados no jornal.

Qual é a melhor maneira de segurar um gato?

Em geral, os gatos não gostam de ser carregados nem que alguém os segure por muito tempo. Eles querem se sentir seguros em suas mãos, portanto, você deve firmar o traseiro deles (que costuma ser bem grande, como o de Seamus) com uma mão, enquanto com a outra segura o peito dele contra o seu. A maioria dos gatos não gosta de ser agarrada com uma mão e, em geral, detesta ser erguida pela barriga. Echo, que é um gato magro e musculoso, é uma exceção: ele gosta de saltar para o meu colo quando estou digitando no computador e, com ele ali, eu posso segurá-lo com uma mão apoiada entre seus membros dianteiros. Eu consigo acomodá-lo facilmente no meu colo e ele se sente imediatamente no paraíso. É claro que como seu tamanho é mais ou menos a metade do de Chub-chub (apelido do Seamus), ele é bem leve para ser erguido. Seamus, no entanto, é tão gordo que eu mal consigo erguê-lo com apenas uma mão, a menos que eu ponha em prática a minha decisão de

Ano-Novo de fazer vinte exercícios de fortalecimento do bíceps por dia. Como o Seamus ficaria muito inseguro suspenso no ar apenas com uma mão, eu tenho que erguê-lo com as duas para que seu peso fique distribuído e ele se sinta mais equilibrado.

Depois de pegar o gato, não o segure como se fosse um bebê (com a barriga para cima) – em geral, os gatos não gostam de mostrar a barriga redonda, pois ficam mais vulneráveis. Como os gatos gostam de estar por cima do mundo, eles podem preferir ser carregados sobre os ombros, onde têm apoio para estender as pernas dianteiras ao redor enquanto você sustenta seu peso. Finalmente, tudo deve ser feito com moderação, particularmente quando se trata de gatos. Vá devagar. Se o gato que você acabou de adotar era até muito recentemente um gato de rua, ele não vai querer saber de nenhuma demonstração de afeto. Passe a mão nele com gestos rápidos e, em seguida, dê-lhe um petisco. Assim, ele poderá perceber que ser tocado e abraçado não é afinal tão ruim assim.

A minha fotografia preferida de infância é uma que foi tirada quando eu tinha dois anos de idade e em que apareço com minha gatinha MiMi no colo. Ela está com as pernas dianteiras bem abertas e o corpo mal-acomodado em meus braços. Não é por acaso que guardo tantas lembranças de arranhões de gato. Duas décadas mais tarde, quando adotei Seamus ainda filhote, não conseguia fazer com que ele me "amasse". Ele simplesmente não estava a fim de trocar afeto e não gostava absolutamente que eu o pegasse e acariciasse. Eu tive que me empenhar em sessões noturnas de "amor forçado", abraçando-o por alguns minutos e soltando-o em seguida. Aos poucos, fui prolongando o tempo das sessões, mas ele continuou me repelindo. No fim das contas, eu aprendi que não se pode forçar ninguém a amar.

No entanto, desde que nos mudamos para Minnesota, e agora já na meia-idade, ele parece gostar das sessões noturnas de afeto. É claro que eu o toso no final do verão para reduzir a quantidade de pelos soltos e, assim que começam as noites frias de outono, Seamus anseia pelas horas de aconchego debaixo das cobertas. Apesar de seu esforço para se manter aquecido, Seamus parece gostar de ser acarinhado, agora que já é um gato adulto, desde que tenha a situação sob controle e possa se afastar assim que quiser.

É verdade que os gatos podem "sufocar um bebê"?

Se você notar o Tigger rodeando o berço, é provavelmente porque se sente atraído pelos cheiros estranhos do bebê adormecido, como do leite azedo que ele arrota sobre o babador, suas roupas e lençóis. Como os gatos são curiosos, e as fêmeas podem ser maternais, eles costumam ser atraídos pelos choramingos ou gritos do bebê e se aproximam do berço para ver o que está acontecendo. Como, infelizmente, os gatos são tradicionalmente associados ao mal, bruxarias e tudo que existe de ruim (Alô, pessoal que ficou parado no século XII, é hora de avançar!), foi daí que surgiu a lenda em torno de bebês sufocados por gatos. O mais provável é que um gato tenha sido encontrado no berço de um bebê, cuja morte foi provavelmente causada pela síndrome da morte súbita. Outra explicação médica para o "sufocamento do bebê por um gato" é a possibilidade de o bebê já sofrer de asma *severa*, agravada pela alergia a gatos. Durante um severo ataque de asma, pode ocorrer broncoconstrição, resultando em dificuldade para respirar e, consequentemente, podendo causar a morte. Isso não é a mesma coisa que "sufocamento" do bebê por um gato. Desde então, muitas mães chegam a ser paranoicas com medo de que seu bebê possa ser sufocado por um gato e acabar morrendo. Convenhamos, pessoal, é só pensar no tamanho da boca de um gato para perceber que ela não conseguiria cobrir a boca de um bebê para deixá-lo sem respiração. E a culpa toda é jogada sobre os pobres gatos.

Os gatos conseguem realmente prever a morte ou o câncer?

Em julho de 2007, a CNN e o *New England Journal of Medicine* tornaram o gato Oscar famoso. Esse gato branco e cinzento de dois anos de idade foi tema de um artigo intitulado "Um Dia na Vida do Gato Oscar", escrito pelo médico geriatra David Dosa,[6] que posteriormente foi divulgado pela CNN. Numa casa de saúde de Providence, Rhode Island, Oscar tinha a capacidade extraordinária de prever com precisão a morte dentro de um período de quatro horas. Como um típico gato retraído, Oscar só se enroscava na cama de uma pessoa quando ela estava prestes a morrer. Embora possa parecer morbidez, os médicos e enfermeiras confiavam tanto em sua precisão (ele já havia previsto 25 mortes quando se tornou famoso) que chamavam os familiares do doente para que se apressassem a visitá-lo.

O que nós não sabemos é se os gatos, com seu sentido do olfato extremamente apurado, conseguem detectar odores químicos incomuns (como os do câncer ou da morte iminente) que nós humanos não conseguimos. Talvez existam fatores ambientais que façam parecer que os gatos sejam capazes de prever a morte; por exemplo, os doentes em fase terminal podem ter ao seu redor mais almofadas aquecidas e ser monitorados por dispositivos eletrônicos (como aparelhos para controlar os batimentos cardíacos e a pressão sanguínea), e os ruídos produzidos por esses aparelhos podem ser calmantes para os gatos. Eu prefiro pensar que nós subestimamos o incrível sexto sentido dos gatos, há muito tempo conhecido da maioria dos veterinários e amantes de gatos, e que felizmente, agora, despertou o interesse de médicos, enfermeiros e até mesmo da CNN.

É verdade que os gatos costumam fugir para morrer?

Em geral, os donos ficam chocados quando lhes digo que seu gato está doente há mais de "um único dia". Apesar de ter demonstrado sintomas clínicos há apenas um dia, ele os vem mascarando há dias ou mesmo semanas. A culpa não é sua. Os gatos só expõem seus sintomas quando se tornam muito graves, o que dificulta a nós donos e veterinários detectarmos e tratarmos dos problemas. Eu sempre asseguro aos meus clientes que o problema não é culpa deles; os gatos simplesmente evoluíram de maneira a ocultar seus sintomas. Não veem nenhum sentido em mostrar ao predador que estão mancando, desidratados e fracos demais para escapar. Até mesmo os gatos selvagens, que estão no topo da cadeia alimentar, mascaram seus sintomas para não ficar fora da competição cedo demais. Quando estão prontos para morrer, eles se afastam e se escondem, para não deixar óbvia demais a possibilidade de serem substituídos.

Se você notar que o Simba anda se escondendo, esse é um sinal típico para você levá-lo imediatamente ao veterinário. Se você acha que o Simba tem mesmo o que nós afetuosamente chamamos de "indisposição", ele de fato tem, e por mais tempo do que você imagina. Em caso de dúvida, leve-o ao veterinário para ser submetido a um exame completo e a alguns exames de sangue. A natureza estoica dele requer a sua atenção imediata.

O que o meu gato está querendo dizer quando mexe a cauda?

Se você notar que o seu gato anda agitando furiosamente a cauda de um lado para o outro, com movimentos curtos e rápidos, é sinal de que está irritado e incomodado com o que quer que você esteja fazendo. Tome isso como um aviso para parar, se não quiser acabar levando uma patada (ou até mesmo uma mordida). Quando adotei o Echo, ele era muito retraído e pouco sociável por ter vivido muitos anos num abrigo. Ele costumava se mostrar frustrado e confuso; e como queria ficar perto de mim, ele se sentava no meu colo, mas assim que eu o tocava, levava uma chicotada de sua cauda enfurecida. Levou alguns meses, mas ele finalmente aprendeu por meio de um lento processo de adaptação que toques delicados são realmente agradáveis.

Se você notar que a cauda do seu gato está balançando suavemente de um lado para o outro, pode ser sinal de que ele está satisfeito (imagine um gato estirado na varanda ao sol). Se estiver agitando-a com um pouco mais de rapidez (mas não com a rapidez de uma cauda furiosa), ele pode estar curioso diante de algo intrigante como um inseto ou passarinho para caçar. Se você tiver acabado de entrar pela porta, seu gato pode estar com a cauda erguida – sinal de que está feliz por ver você. Se ele acabou de encontrar um cachorro pela primeira vez, ele pode erguer e enrijecer a cauda para parecer maior e mais assustador. Esse é um sinal de medo e pode acabar em agressão.

Finalmente, para todos os donos de gatos machos não castrados (ou gatos que urinam onde não devem), se notarem que o gato está com a cauda totalmente erguida, tentando esfregá-la com o traseiro trêmulo numa superfície vertical, estejam preparados para sua típica demarcação de território: uma tremenda mijada fedorenta, alguns centímetros acima do piso, que vai ficar escorrendo lentamente pela parede. Você pode evitar esse problema, mandando castrá-lo antes de completar seis ou nove meses de idade e treiná-lo para que use apropriadamente a caixa sanitária (ver a resposta à pergunta "Por que o meu gato tem a mania de lançar jatos de urina? no Capítulo 9). Pelo menos, ele está lhe avisando com cinco segundos de antecedência, para que você possa avançar correndo e berrando feito louco em sua direção.

É verdade que os gatos podem causar esquizofrenia?

Todos nós sabemos que os gatos são doidos, mas será que eles podem nos deixar doidos também? Estudos realizados há alguns anos sugeriram que o *toxoplasma gondii*, um parasita comum nas fezes dos gatos (ver a resposta à pergunta "Tenho que me livrar do meu gato quando eu engravidar?" no Capítulo 9), poderia ter relação com o desenvolvimento da esquizofrenia.[7] Embora seja verdade que a toxoplasmose pode provocar aborto ou "afetar desfavoravelmente o desenvolvimento do cérebro do feto",[8] nós não sabemos ao certo se ela tem alguma relação direta com a esquizofrenia. Esse estudo[9] constatou altos níveis de anticorpos ao toxoplasma em amostras de sangue (que haviam estado congeladas por trinta anos) de gestações que resultaram em 63 esquizofrênicos, enquanto níveis moderados de anticorpos ao toxoplasma não foram associados estatisticamente com esquizofrênicos. Lamentavelmente, apesar de muitos estudos terem sido realizados, ainda não há nenhuma prova definitiva de que o toxoplasma cause diretamente essa doença.[10] As famílias com histórico de esquizofrenia têm sete vezes mais probabilidade de ela continuar ocorrendo em sua descendência, mas outros fatores de risco (como gasolina com chumbo, altos níveis de interleucina-8, herpesvírus, rubéola, ambiente urbano, glúten, deficiência de vitamina D, influenza, citomegalovírus, analgésicos, período do ano, intervalos entre um nascimento e outro e, é claro, o *toxoplasma*) também foram responsabilizados.[11]

CAPÍTULO 5

TREINANDO A FERA DE QUATRO PATAS

Por que é tão difícil treinar os gatos? Os cachorros são tão obedientes – exigem toda aquela atenção e estimulação mental. E os gatos? Não estão nem aí. Não querem ser obedientes. Nem querem saber de atenção. E muito menos de estimulação mental – afinal, eles são perfeitos como são. Meu cachorro é um ótimo companheiro, graduado em nível intermediário de treinamento e hoje tremendamente bem-comportado. Com meus gatos, comecei me esforçando para ser uma boa dona. Tentei até mesmo treinar Seamus a andar preso a uma coleira. O esforço durou por mais ou menos um mês. Depois disso, desisti de conseguir qualquer coisa deles. Pelo menos, Seamus e Echo atendem aos meus chamados (graças ao suborno com petiscos felinos). Pelo visto, sem querer, eu treinei meus gatos para me concederem o favor de viver no mundo *deles*.

E então, se eu que sou veterinária não consegui treinar os meus gatos, o que você pode fazer? Qual é a melhor maneira de persistir no treinamento do seu gato? Vale a pena se dar ao trabalho de ensinar truques a seu gato? É possível ensinar um gato a pegar e trazer coisas?

Apesar de todos nós sabermos que é possível ensinar novos truques a um cachorro velho, descubra que o mesmo *não* vale para os gatos e que, tampouco, é tão fácil como pode parecer. E mais importante, continue lendo para saber como treinar o Tigger para fazer o que você quer, como trazer o controle remoto para você (é isso aí, muito bem!) ou parar de colocar criaturas mortas no seu travesseiro.

O que é Feliway e para que servem esses feromônios felinos?

Já notou como seu gato esfrega a cara em todo o seu corpo e nos móveis da casa? Esse é um sinal de que ele está demarcando seu território e que está feliz da vida com "seu espaço". Ele está soltando seu odor, ou *feromônio*, que é produzido pelas glândulas situadas em sua cara (ver a resposta à pergunta "Por que os gatos têm a mania de esfregar a cara e o corpo todo em você, nos móveis e nas visitas?" no Capítulo 4). O que talvez você não saiba é que pode comprá-lo em frasco. (Já pensou se essa moda pegasse entre os homens? A procura por frascos de feromônios humanos chegaria às raias da loucura. Já basta se encharcar com Drakkar.) O Feliway é um análogo dos feromônios faciais felinos (tente dizer três vezes rapidamente!) cujo propósito é acalmar os gatos. Não se preocupe – ele não contém "crack felino" nem qualquer outra substância ilícita. Ele é usado para acalmar os gatos que vivem em ambientes agitados ou para ajudar a prevenir que demarquem território com urina. Como a maioria dos gatos não lida bem com o estresse, um pouco de dependência química não faz mal a ninguém, concorda? Se você está pensando em usar uma bolsa para transportar seu gato, mudar de casa, adquirir outro gato ou cachorro, mudar a posição dos móveis, fazer uma visita ao veterinário, tirar sua mala do armário para sair de viagem ou olhar atravessado para o gato (em outras palavras, não é preciso muita coisa para deixá-lo nervoso!), considere a possibilidade de usar Feliway para acalmá-lo. Antes de usá-lo, entretanto, consulte seu veterinário para descartar a possibilidade de alguma doença como a causa de ele andar urinando por toda a casa (como pedras na bexiga ou infecção no trato urinário) ou alguma outra causa para ele andar estressado (como doença do trato urinário inferior – ver a resposta à pergunta "O que é a DTUI e como tratá-la?" no Capítulo 2).

Antes de usar o Feliway, leia atentamente a bula. Você não deve pulverizar diretamente o feromônio sobre o gato, mas sobre um pano, e colocá-lo na bolsa em que o gato transportado. Você pode também pulverizá-lo em torno de objetos proeminentes da casa (como cantos das paredes ou cantos e superfícies de mesas e cadeiras) para impedir que o gato urine neles como meio de demarcar território (mas teste antes seu efeito numa pequena área oculta do carpete, pois do contrário, apesar de a parede ficar livre do fedor de urina, ela pode ficar com manchas horríveis). O efeito esperado é que o gato fique mais calmo. Mas não, o feromônio não age sobre as pessoas.

Quão apertada deve ser a coleira do meu gato?

Quando trabalhava na Filadélfia, eu atendi a uma cliente que chegou desesperada ao serviço de emergência com seu gato. A casa dela tinha acabado de ser assaltada e ela achava que o assaltante tinha cortado o pescoço do seu gato, pois ele estava com uma enorme ferida aberta ali. O fato é que aquela dona fora de si não havia notado que ele já estava com aquele cheiro horrível de pus dias antes do assalto. Um exame mais minucioso revelou que a coleira do gato tinha penetrado na pele, pois havia semanas que estava apertada demais, esfolando e apodrecendo a pele e o pescoço. Felizmente, após uma cirurgia, o gato se recuperou bem. Mas, infelizmente, aquela dona passou por duas situações traumáticas naquela noite e ambas lhe custaram algum dinheiro. Ao colocar uma coleira num felino em crescimento, procure ajustá-la pelo menos uma vez por semana.

Em outra ocasião, um dono chegou às pressas com seu gato apresentando graves sintomas neurológicos: o pescoço do gato pendia num ângulo incomum e ele estava com a boca totalmente aberta. O dono estava arrasado e convencido de que a causa daquilo era a raiva ou algum tumor no cérebro. Depois de ele ter desembolsado 150 dólares, eu removi delicadamente a coleira do maxilar inferior e dos dentes do gato. Pelo visto, enquanto o gato se lambia, sua nova coleira felpuda e frouxa prendeu-se em volta do maxilar, imobilizando sua cabeça naquele ângulo incômodo.

Aprenda com as experiências desses pobres coitados que tiveram que pagar um preço alto por seus erros: procure ajustar a coleira do seu gato, de maneira que não fique nem apertada nem frouxa demais, mas com espaço suficiente para caber um ou dois dedos. Essa recomendação é gratuita para vocês que são amantes de gatos.

Posso treinar o meu gato a andar com coleira ou peitoral preso a uma guia?

Um dos meus pacientes preferidos, Ulysses, era um lindo gato birmanês que andava em volta do hospital preso a uma guia. Mesmo com cães latindo e seres de duas pernas passando apressados de um lado para o outro, Ulysses continuava andando calmamente como se fosse o dono do mundo. O dono dele o havia treinado para andar preso à guia desde filhote e ele saía para passear duas vezes por dia (essa é a maneira mais segura de deixar seu gato sair – bem treinado, supervisionado e preso a uma guia). Na verdade, Ulysses atendia aos chamados e corria todo satisfeito para ser preso à coleira.

É possível ensinar um gato a andar preso a uma guia, mas não se deixe enganar: se você nunca fez isso antes, saiba que não é tão fácil quanto parece. Eu tentei treinar o Seamus quando ainda era filhote, mas tive muita dificuldade para adaptá-lo à coleira – ele ficava rolando de um lado para o outro e rebolando o traseiro, usando as patas traseiras para agarrar-se a qualquer coisa que estivesse por perto e se soltar. Infelizmente, as horas de treinamento foram tempo perdido e hoje nenhum dos meus gatos é capaz de andar preso à guia. Se quiser impressionar seus amigos e seu veterinário, trate de treinar seu gatinho quando ainda filhote, com paciência e persistência.

Ao começar a treiná-lo, procure usar uma coleira que seja confortável e que tenha todos os dados relativos à identidade do seu gato. Comece praticando dentro de casa antes de expô-lo às distrações do espaço aberto. Uma vez que ele esteja acostumado a andar com a coleira, acrescente a ela uma guia, para que ele se acostume aos puxões. Procure supervisioná-lo de perto sempre que estiver preso à guia, para que ele não se enrosque nela. Já acostumado a andar com a guia, comece a levá-lo a passeios curtos, aumentando gradualmente o tempo de duração. Quando você perceber, já o terá treinado, andando todo emproado pela calçada.

Como impedir que o Twinkie mate pequenas criaturas inocentes?

Como os gatos são predadores por natureza, não se surpreenda quando pegar seu lindo e gracioso felino preparando-se para abocanhar algum pássaro canoro ou esquilo. Por mais que tente reprimir seus impulsos assassinos quando fora de casa, você pode não conseguir suprimir seu desejo inato de matar os esquilos, tâmias, coelhos e outros pequenos roedores que andam pelas redondezas. Como os gatos são os principais exterminadores de pássaros canoros da América do Norte, nós veterinários somos defensores de que eles sejam mantidos dentro de casa: essa é a única maneira de impedir realmente que o Twinkie mate pequenas criaturas inocentes (ver a resposta à pergunta "Quantos pássaros canoros são anualmente exterminados por gatos?" no Capítulo 7).

Se você já tentou de tudo, mas não conseguiu convencer o Twinkie de que o vasto espaço interno é muito mais interessante, procure então supervisionar as suas saídas. Afinal, você não deixaria seu filhote de duas pernas sair para brincar lá fora sem vigiá-lo com olhos de falcão, não é mesmo? Procure mantê-lo dentro de um espaço cercado de muros que ele não possa saltar nem encontrar um buraco para escapar ou, então, mantenha-o preso a uma guia. Considere a possibilidade de adquirir uma coleira da qual possa livrá-lo facilmente, evitando o estrangulamento caso ele se prenda a algum galho de árvore, e com um sininho para dar tempo ao pobre passarinho ou esquilo de escapar de suas garras. Em caso de dúvida, prenda à coleira um babador *CatBrib* de cor berrante, que é feito de neoprene, um material leve e fácil de limpar, para o caso de não poder evitar que ele fique lambuzado de sangue de passarinho. Esse babador *CatBrib* é suficientemente grande para funcionar como uma barreira física que impede o Twinkie de atacar o passarinho ou roedor que tem em mira e sua cor é tão berrante que espanta até mesmo os humanos. Por sua capacidade comprovada de reduzir 50% das mortes, vale a pena considerar o seu uso para salvar a vida das outras criaturas que rondam o seu quintal. E, finalmente, existe ainda a possibilidade de instalar uma cerca própria para gatos. Embora você possa ser visto como uma pessoa esquisita por seus vizinhos, Twinkie pode ter acesso à vastidão do espaço lá fora de forma restrita, sem, no entanto, deixar de curtir o sol, de se exercitar, tomar ar fresco e ter grama para mastigar, sob a proteção da vasta cerca (ver Referências).

Por que o Tigger tortura as pequenas criaturas antes de matá-las?

O Tigger tem várias razões para gostar de torturar as pequenas criaturas. Ele não mata sua presa por fome (pois provavelmente você já o empanturra de comida). Sendo um assassino por natureza, ele tem fortes instintos predatórios difíceis de serem reprimidos e, além disso, brincar com aquele pernilongo ou camundongo é muito mais divertido com ele já parcialmente mutilado. Dessa maneira, o esforço do Tigger rende mais lucros: ele não apenas tem algo para mastigar, mas também mais tempo para brincar e, com isso, aumentar ao máximo a diversão com a sua presa. Como uma criatura movida pela curiosidade para com tudo que se move, Tigger tem seu instinto predatório estimulado quando vê que a pobre presa já ferida continua se movendo, instigando-o a repetir o ataque muitas outras vezes (daí a expressão "brincar de gato e rato"). Pelo visto, é muito mais divertido deixar aquela pobre criatura inconsciente, morder sua perna e, em seguida, ficar torturando-a um pouco mais – para só matá-la quinze minutos depois. É o equivalente felino ao bufê de comida com repetição à vontade. Grotesco.

Como impedir o meu gato de trazer animais mortos para dentro de casa e os deixar na minha cama?

Não há nada pior do que acordar no meio da noite, estender a mão para tocar seu gato e, em seu lugar, encontrar um camundongo morto no seu travesseiro. Eca! Se *isso* não bastar para convencer você da necessidade de manter seu gato dentro de casa, nenhum argumento veterinário, por mais fundamentado que seja em dados estatísticos quanto à longevidade dos felinos, conseguirá. Para dizer a verdade, não há muita coisa que você possa fazer com respeito à natureza predatória do seu gato. Toda tentativa de aplicar uma disciplina de reforço negativo será em vão. Esse é seu instinto natural. Você pode, entretanto, considerar o cadáver de passarinho ou camundongo na sua cama como uma oferenda ou sacrifício feito por amor e deveria se sentir feliz por seu gato ser capaz de tal demonstração de afeto. Como nós humanos não somos muito dados a tais demonstrações, talvez pudéssemos aprender uma ou duas coisinhas com os gatos.

Como treinar o meu gato para não ficar preso lá no alto de uma árvore?

Devido à sua natureza curiosa, os gatos vão atrás de qualquer coisa que suba numa árvore, mas perdem facilmente a noção do que são capazes, sem perceber que talvez estejam indo um pouco longe demais. Portanto, sim, os gatos sobem facilmente em árvores; o que eles não sabem é como descer delas. Por sorte, existem os bombeiros para ajudar a resgatar nossos amigos felinos das enrascadas em que se metem. Infelizmente, porém, só existem as seguintes maneiras de impedir que o seu gato fique preso no alto de uma árvore: (a) mantê-lo preso dentro de casa; (b) só permitir que ele saia preso a uma guia e supervisionado, para evitar incomodar os bombeiros; (c) cortar suas unhas com frequência, para mantê-las rentes e incapazes de se prender para subir a árvore; ou (d) quando filhote, faça-o subir pelo tronco de uma árvore e depois descer, para que ele aprenda o caminho de volta. As opções mais seguras são as duas primeiras.

O que posso fazer para que meu gato antissocial se torne mais sociável?

Dependendo do seu tipo de personalidade, de acordo com as definições de Myers-Briggs, você gostaria de ser forçado a mudar de introvertido para extrovertido? Provavelmente não. Levando isso em consideração, não desista – quem sabe você consiga aos poucos transformar seu gato solitário em um animal social. Lembre-se de que os gatos são como os machos humanos. Com o devido treinamento em mudança comportamental, até mesmo um namorado mais avesso a demonstrações explícitas de afeto pode aprender a ficar de mãos dadas em público. Tudo com moderação e muita paciência. E recompensas em forma de petiscos. Portanto, apesar de parecer impossível, seja persistentemente paciente.

É importante ter em mente que os gatos, assim como os humanos, os cavalos e todas as outras espécies que existem, têm personalidades diferentes. Pode ser que o seu gato seja simplesmente um tipo retraído. Se você está prestes a adquirir um gato de raça pura, e quer ter um animal *socialite* que frequente as rodas de Paris Hilton, deve saber que existe uma grande variedade de raças; trate de pesquisar. Por exemplo, os gatos siameses e maine coon são particularmente amistosos. Se você está pretendendo adotar de um abrigo (cidadão responsável), saiba que os gatos cinzentos de pelo longo são particularmente retraídos, enquanto os machos malhados de branco e laranja são os mais amistosos (ver a resposta à pergunta "Por que os gatos malhados cor de laranja são quase sempre machos e os tricolores são sempre fêmeas? no Capítulo 1). É claro que não se deve julgá-los apenas pela cor da pelagem; tome isso apenas como medida de precaução.

Se Skidway, o gato que você acabou de adotar, se mostrar arisco, vá com calma. Se você já deu a ele um bom tempo para se ambientar em sua casa e ele continua fugindo de você, procure fazer menos barulho. Em outras palavras, passos pesados descendo as escadas podem espantá-lo, enquanto movimentos mais lentos e suaves em sua direção podem aproximá-lo. Se você mantém a caixa sanitária e as vasilhas de comida num canto escuro do porão, procure transferir aos pouco as vasilhas de comida para uma área com pouco trânsito, mas mais social (como um canto sossegado da cozinha ou da sala de jantar). Comece colocando os brinquedos, petiscos e cama numa área periférica do ambiente em que você costuma passar mais tempo. Uma área sossegada embaixo da mesa pode lhe proporcionar mais segurança para se aventurar a vistoriar todo o espaço ao redor (caso você decida atacá-lo com um pouco de comida enlatada quando ele menos espera). Quando ele começar a ampliar seu espaço e mostrar a cara, transfira aos poucos (*bem lentamente*, por um período de semanas) os brinquedos e petiscos para uma área mais central do ambiente. Ofereça a ele brinquedos irresistíveis como, você sabe, uma sacola de papel ou uma caixa de papelão para ele brincar de se esconder nela; você verá como sua timidez desaparece. Procure atraí-lo com os petiscos de que ele mais gosta (como bocados de comida enlatada), enquanto você se acomoda no sofá a certa distância e fica assistindo tranquilamente à cena. Ele irá se aproximar aos poucos e, quando você perceber, ele já estará sentado no braço do sofá. Coloque um acolchoado macio no sofá para ele se deitar. Caso ele se mostre difícil, suborne-o com alguma substância química, como erva-dos-gatos, espalhada sobre o cobertor próximo de você. Em apenas algumas semanas, ele vai ficar se refestelando com você no sofá. Você pode dar umas batidinhas suaves na cabeça dele ou umas esfregadas em seu traseiro por mais alguns instantes, à medida que ele vai se afeiçoando a você. Depois dessas sessões, dê a ele um biscoito ou outro petisco como recompensa por ter tolerado você. Depois de algumas semanas, ele estará acostumado a alguns minutos de carícias gostosas. Quando você se der conta, seu bichano arredio já estará andando à sua volta.

Por que os gatos não atendem quando chamados?

Os gatos são criaturas independentes, melindrosas e retraídas que não gostam de receber ordens. Sua gata pode ouvir suas ordens, mas simplesmente não está a fim de atender. Mas não desista. Com o devido treinamento, ela logo reconhecerá seu nome sendo chamado e se aproximará. Se você quer ensiná-la a atender seus chamados, comece usando um nome bem curto e que termine em vogal (como "Echo"); com isso, ela perceberá mais facilmente a diferença entre seu nome sendo chamado e toda a baboseira inútil que você fica tagarelando. Em seguida, procure aplicar medidas de reforço positivo (melhor dizendo, suborno). Chame-a pelo nome quando quiser dar a ela um bocado de comida enlatada ou outro petisco. Depois disso, ela atenderá correndo a seus chamados. Tanto Seamus como Echo atendem a meus chamados, graças a anos de suborno e recompensa. Sempre que os chamo, recompenso-os com algum tipo de paparico: um afago nas orelhas, um biscoito ou uma palmada rápida, mas suave, no traseiro. Também os chamo todas as noite para lhes dar a porção noturna de comida enlatada (você não acha que todo mundo deveria fazer um lanchinho antes de ir para a cama?). Esse hábito também facilita quando tiver de dar a eles os remédios prescritos. Vocês aí que são amantes de cachorros, não se frustrem com as dificuldades para treinar um gato. É importante lembrar que, como em geral os cachorros gostam de agradar ao dono, eles são obedientes. Os gatos, por sua vez, não estão nem aí e, para conquistá-los, vale até mesmo recorrer ao suborno.

Posso ensinar novas habilidades ao meu gato?

Quantos gatos treinados em obediência ou agilidade você vê por aí? Por mais filmes do canal *Animal Planet* que você ande assistindo, é importante saber que gatos ágeis como aqueles constituem uma minoria. Apesar de tê-los "domesticado", nós não ensinamos os gatos a obedecer às nossas ordens verbais como fazem os cachorros. Os cachorros foram criados originalmente para exercer funções, como caçar, ir buscar e trazer coisas e obedecer. Se o dono contava com um pato para a próxima refeição e o cachorro fugia com a caça, ele estaria em maus lençóis. Da mesma maneira, se o dono contava com seu cachorro para trazer-lhe um coelho para a próxima refeição, ele teria que criar cachorros capazes de exercer funções – com aptidões como agilidade, obediência, atendimento a comandos verbais e, sobretudo, que fossem bons caçadores. Desde então, os cachorros evoluíram de maneira a responder aos humanos em relações de reciprocidade – nós cuidamos deles e os alimentamos; em troca, eles nos obedecem e nos dão afeto. Para os gatos, no entanto, as coisas funcionam numa via de mão única. Eles esperam que lhes demos amor e comida, limpemos sua caixa sanitária e cuidemos deles, enquanto eles são dignos demais para se rebaixarem e dar algo em "retribuição". (Mal sabem eles que...) Não é que os gatos não sejam espertos o bastante (eles podem ser espertos demais), mas simplesmente não veem por que deveriam mudar seu comportamento ("O que vou ganhar com isso?").

É extremamente raro um gato se dispor a aprender novas habilidades, mas para que a Kitty Copperfield se disponha a fazer algo de livre e espontânea vontade, é preciso muito treinamento. Se você quer transformar sua gata numa Copperfield, comece dando a ela um petisco irresistível (ração comum não funciona). O treinamento não deve durar mais do que de três a cinco minutos, senão ela logo fica: (a) aborrecida; ou (b) cansada de passar tempo excessivo com "você". O treinamento tem que ser frequente. Com apenas um treinamento por semana, você não vai conseguir inculcar essa nova habilidade em seu cérebro. Sessões curtas de treinamento consistente – de três a cinco minutos por dia durante semanas seguidas até a Copperfield entender – são mais eficazes. Se não funcionar, pode desistir (não estou sendo pessimista, mas apenas realista); o fato é que a Copperfield não está nem aí para a bobagem que você está tentando lhe ensinar. Eu tentei ensinar ao Seamus novas habilidades, mas todo o meu esforço resultou em tremendo fracasso. A única coisa que ele sabe fazer é pegar notas de dólares, fazer bolinhas e jogá-las a meus pés para que eu fique rebatendo-as; é claro que como Seamus teve traumatismo craniano quando ainda filhote, quando ele às vezes se comporta como um cachorro, eu o aceito como é. Portanto, eu não diria que é *impossível* ensinar novas habilidades a um gato – mas simplesmente que o resto da população felina contenta-se em fazer com que *seus donos* trabalhem por *eles*.

Como fazer com que meu gato gordo e preguiçoso se exercite?

Da mesma maneira que, para fazer exercícios na bicicleta ergométrica, você deve antes consultar seu médico, você deve também consultar seu veterinário para saber se o Charlie Gorducho está em condições de iniciar um rigoroso programa de condicionamento físico (ver a resposta à pergunta "Qual é o peso ideal do meu gato?" no Capítulo 6). O mais provável é que o veterinário confirme a necessidade tanto de exercícios como de redução de calorias, mas ele precisa examinar seu gato antes para saber como está sua saúde em geral e se não tem nenhum outro problema cardíaco ou metabólico.

Comece exercitando-o alguns minutos por dia. Procure adquirir brinquedos que possam entretê-lo, como ratinhos peludos, novelos de lã com sininho, brinquedos com penas ou qualquer outro objeto que faça o Gorducho se mexer, desde que seja seguro: nada de barbante ou peças de plástico que o Charlie possa engolir e, tampouco, nenhum daqueles brinquedos revestidos com chumbo originários da China. Lembre-se: como o tempero da vida para os felinos está na variedade, é importante variar frequentemente. Tente usar um pequeno apontador laser para instigá-lo a acompanhar os movimentos do raio vermelho; é claro que em poucos minutos ele vai perder o interesse por essa brincadeira, mas pelo menos você terá conseguido fazer o Gorducho se mexer um pouco. Compre um pouco de erva-dos-gatos para colocar dentro de um ratinho de brinquedo e instigue o Gorducho a persegui-lo. Prenda um fio grosso de lã com penas em sua pochete quando estiver andando pela casa para estimular o Gorducho a correr atrás de você (desde que não ataque suas pernas ou tornozelos). Finalmente, procure não dar petiscos como forma de recompensa, uma vez que o objetivo é fazer com que seu gato perca peso. E, principalmente, procure também não lhe dar comida pouco antes de fazer exercícios, para evitar que, estando com o estômago cheio, ele sinta enjoo.

Certos gatos gostam de brincar com coisas que não custam nada, como sacolas de papel, caixas de papelão ou bolas de papel amassado. Seamus adora brincar com pedaços de papel, apesar de preferir coisas mais caras, como amassar notas de dólares. Na ocasião em que me mudei do apartamento em que morava, fiquei envergonhada quando os carregadores ergueram o sofá: debaixo dele havia mais de cinquenta bolas de papel amassado. Uma maneira eficiente e barata de entreter seu gato, não é mesmo?

Por que o meu gato de repente desata a correr como se estivesse treinando para uma prova olímpica de 200 metros?

Pobre do Tigger! Ele de fato se acha um leopardo da Índia correndo 112 quilômetros por hora para caçar sua refeição. Mesmo sem ter que realmente se preocupar com sua próxima refeição, o Tigger continua com muita energia acumulada de seus dias de caça predatória. Ele pode também estar simplesmente entediado. Assim como nós ficamos impacientes depois de passar todo um dia frio e chuvoso dentro de casa, o mesmo acontece com o Tigger. Suas corridas a toda velocidade são formas de extravasar essa energia acumulada. Entre na dele, ajudando-o a se exercitar e se divertir um pouco mais.

Por que a minha gata derruba as coisas de cima dos armários?

Já percebeu que quando você ignora a sua gata persa, ela começa a fazer coisas propositadamente para chamar a sua atenção? A Princesa quer ser o centro das atenções e, como uma boa atriz, ela começa a "representar": Você gosta muito desse vaso? Então, toma!

É claro que nós donos sabemos que os especialistas em comportamento animal só dizem que os gatos não são *propositadamente* vingativos porque provavelmente eles mesmos não têm gatos. Se passo alguns dias fora de casa em viagem de trabalho, quando volto, é comum eu encontrar a casa toda revirada e com lixo e papéis esparramados pelo chão. É provável que meus gatos não queiram deliberada e propositadamente se vingar de mim. Seamus e Echo provavelmente só fazem toda aquela bagunça enquanto brincam para se divertir e espantar o tédio que sentem na minha ausência. Tenho certeza de que meu bipe, como também a pilha de papéis usados e a caixa de clipes, parecem ser brinquedos muito atraentes para eles. Afinal, mamãe, nós só estávamos querendo um pouco de diversão.

E mais importante, dependendo da frequência com que você limpa os armários com o produto Clorox, não é recomendável, em termos higiênicos, deixar a Princesa subir nos armários e na mesa de jantar. Você sabe por onde suas patas andaram? As pegadas enlameadas dela deveriam servir de advertência... Devido ao risco de bactérias e agentes da toxoplasmose se espalharem pelo contato com as fezes, é melhor manter suas patas longe dos armários, fogão e mesas. Se você quer manter seus gatos longe dos armários, tente aplicar as seguintes medidas: antes de tudo, tenha mania de limpeza. Quanto mais limpos estiverem os armários, menos atrativos a Princesa terá para investigá-los. Não tendo visitas hospedadas em casa, cubra completamente os armários com fita adesiva com dupla face. A fita não apenas serve para prender a sujeira e você ter de limpar menos vezes, mas também para quando o gato saltar para cima do armário, ele logo perceber que não é nada divertido ter suas lindas patinhas grudadas. Se não se importa que sua casa fique parecendo a de um alcoólatra, você pode também colocar latas vazias de cerveja na beirada do armário (com algumas moedas dentro para chocalhar ante qualquer movimento); assim, quando sua gata saltar para cima do armário e, sem querer, bater nas latinhas, o barulho irá espantá-la e dissuadi-la de voltar. Se nada disso funcionar, use o superpotente revólver de água no mesmo instante em que ela saltar para cima de um armário. Com isso, a Princesa vai aprender a só fazer isso quando você não estiver em casa.

CAPÍTULO 6

A DIETA CATKINS (OU DIETA ATKINS PARA GATOS)

Com a tragédia provocada pela Menu Foods, empresa fabricante de quase uma centena de diferentes tipos de comida para cachorros e gatos, no mercado de alimentos para animais em março de 2007, ocorreram dezenas de mortes de animais, sendo os gatos os mais gravemente afetados. Por causa da exposição à melamina (uma substância química usada em plásticos, colas, fertilizantes e produtos de limpeza), mais de sessenta milhões de latas e pacotes de comida para animais foram recolhidos do mercado, juntamente com muitos milhões de quilos de ração.[1] Ao que parece, o glúten do trigo proveniente da China (juntamente com a proteína do arroz e possivelmente o glúten do milho proveniente da África do Sul) estava "contaminado" ou fora "adulterado".[2] Embora isso não tenha sido confirmado, a preocupação da FDA e dos nutricionistas veterinários foi com o fato de a melamina ter sido adicionada com o propósito de fazer parecer que os alimentos tivessem um "conteúdo proteico" mais elevado quando submetidos à análise científica. Na análise do conteúdo proteico, a quantidade de nitrogênio equivale à quantidade de proteína contida, mas é de se lamentar que a adição de melamina pela China tenha sido um meio barato, porém fatal, de adicionar nitrogênio sem qualquer valor proteico. A melamina e um composto de melamina, o ácido cianúrico, provocaram a formação de cristais nos túbulos renais, resultando em severa insuficiência renal.[3]

Infelizmente não se sabe ao certo qual foi o número "oficial" de mortes causadas por essa terrível tragédia. A Veterinary Information NetWork, rede à qual pertencem mais da metade dos veterinários dos Estados Unidos que trabalham com animais de pequeno porte, realizou uma pesquisa cujos resultados sugeriram que os veterinários constataram entre duas e sete mil mortes[4] por alimentos contaminados – mas não temos certeza se nessas cifras está incluído o número imensurável de animais afetados cuja morte não foi notificada. A FDA recebeu mais de 18 mil denúncias, sendo que aproximadamente um quarto delas envolvia a morte de um animal.[5] Eu pessoalmente só assisti a um punhado de casos, mas o suficiente para deixar a gente arrasada. Infelizmente, nunca saberemos as dimensões reais dos danos causados por essa calamidade.

Depois desse acontecimento trágico, os donos passaram justificadamente a recear dar a seus gatos alimentos industrializados, temendo que pudessem morrer de falência renal. Nós, veterinários, passamos a ser procurados por uma multidão de donos querendo preparar eles mesmos a comida para seus gatos ou querendo mudar completamente sua alimentação. Será que é essa a melhor alternativa? Eu mal consigo cozinhar para mim mesma e, portanto, nem tentaria alimentar mais três bocas (e outras doze patas). Afinal, o que contém exatamente a comida para gatos? Será que você deveria dar a eles comida vegetariana? A resposta é não e, se você não sabe por que, continue lendo para descobrir como funciona o delicado sistema digestivo dos gatos.

Você perdeu recentemente muitos quilos por meio da dieta Atkins? Acha que ela também poderia ser eficiente para o seu gato gorducho? Continue lendo para saber se existe algo como uma dieta Atkins para gatos, ou uma dieta *Catkins*, e se ela é segura para a saúde do seu gato. Sendo tão obcecados por dietas como todos os americanos, os donos de gatos querem saber qual é a melhor para seus amigos gorduchos. Este capítulo vai esclarecer se a Fluffy está querendo perder peso, seguindo os regimes bulímicos ou anoréxicos das estrelas de Hollywood. Descubra qual deve ser o peso ideal do seu gato e o que deve fazer para alcançá-lo. Nesse sentido, essa tarefa é mais fácil para os donos de gatos do que de cachorros. Afinal, os gatos não comem suas próprias fezes como fazem certos cachorros nojentos. Embora este seja um mundo em que os cães se devoram, saiba por que a enjoada da Fluffy não pode morrer de fome por pirraça.

Qual é o peso ideal do meu gato?

O gato está com o peso perfeito ou ideal quando, visto de lado, ele tem cintura. Sem nenhuma barriga! Ao olhar para ele de cima, se perceber uma saliência por trás de sua caixa torácica, está na hora de fazê-lo perder peso. Se olhar de lado para o perfil do gato, você deve ver uma "barriga chata" e não uma almofada ou bolsa de gordura quase se arrastando no chão. Finalmente, ao passar as mãos por ambos os lados de seu tórax, você deve poder sentir os ossos das costelas logo abaixo da pele. O mais provável é que você sinta uma abundância de pele (ou melhor, de gordura), certo? Entre no site da Purina (ver Referências) para saber qual deve ser o peso ideal do seu gato.

Meu gato está com excesso de peso. O que devo fazer?

Depende. Você se importa de dar a seu gato injeções de insulina duas vezes por dia pelo resto da vida, além de gastar uma fortuna com exames veterinários?

A obesidade está associada a uma maior predisposição, e também a uma maior incidência, de diabetes, artrite e dificuldades respiratórias, além de sobrecarregar o coração, a traqueia, os pulmões e todo o sistema musculoesquelético. Entre 25% e 34% (e esse índice pode chegar a 70%) dos animais domésticos dos Estados Unidos são obesos, com peso 20 por cento acima do ideal.[6] Apesar de essa não ser uma prioridade de sua "lista de afazeres", ela deveria ser. Quando o seu veterinário diz que seu gato precisa emagrecer entre um e dois quilos, pode não parecer muito, mas na realidade é. Isso significa, para começar, aproximadamente 20% do peso total do corpo do gato e equivale à recomendação de seu médico para que você emagreça dez quilos (considerando-se a proporção entre o tamanho do corpo e o peso). Com base no "excesso de gordura" dos Estados Unidos, eu posso, sem qualquer receio de errar, recomendar a todos vocês leitores que reduzam em 30% a quantidade de comida que dão a seus gatos (considerando que eles sejam perfeitamente saudáveis). Converse com seu veterinário para assegurar que seu gato tenha a quantidade apropriada de comida (uma dieta seca com pouca gordura e muita fibra, se necessário) e um bom programa de exercícios (ver a resposta à pergunta "Como fazer com que meu gato gordo e preguiçoso se exercite?" no Capítulo 5).

Como os gatos que vivem dentro de casa se exercitam menos, é aumentando seu nível de atividade física que você pode ajudá-los a perder peso. Instigue seu gato preguiçoso – Não estou a fim de sair disso solzinho! – fazendo com que ele corra atrás de brinquedos, da luz do apontador laser ou providenciando outro gato para lhe fazer companhia. Procure reduzir em pelo menos um terço a quantidade de comida que dá a ele. Divida a quantidade de suas refeições em porções menores e mais frequentes (a refeição de um dia distribuída em três vezes); com isso, ele pode se sentir mais saciado e não ficar pedindo comida a toda hora. Isso *não* quer dizer dar a ele três vezes mais comida. Use uma xícara para medir a quantidade apropriada de calorias para o seu *peso ideal*. Apesar de parecer pouco, um quarto de xícara duas vezes por dia pode bastar para manter seu gato alimentado. Quando o conteúdo da embalagem de comida chegar a seu terço final, acrescente *gradualmente* uma comida apropriada para gatos mais velhos e que contenha menos calorias. Não importa se o seu gato ainda está na meia-idade – essa comida com mais fibras e menos calorias pode ajudá-lo a perder alguns quilos. Em caso de dúvida, consulte seu veterinário ou um nutricionista veterinário para obter mais esclarecimentos.

Alguns cientistas constataram recentemente que, se o dono faz exercícios junto com seu animal, *ambos* perdem peso. Só que os animais a que eles se referiram eram os cachorros (em média, tanto o cachorro quanto o dono perdem aproximadamente cinco quilos). Essa sugestão, no entanto, não funciona na relação com gatos, uma vez que ninguém sai para fazer uma corrida com seu gato em volta do quarteirão. Mas não desanime! Apesar de haver limites para o que nós donos de gatos podemos fazer para obrigá-los a se mexerem, é importante que tentemos. Eu costumo colocar comida para meus gatos no porão, para que Seamus e Echo tenham de se exercitar um pouco antes de se fartarem. Também uso um apontador laser para que eles se mexam. Sei que não é muita coisa, mas como sou veterinária, tenho menos problemas para dar-lhes injeções de insulina.

A dieta Catkins é similar à dieta Atkins?

Existem gatos tão gordos que não conseguem nem mesmo se mexer para fazer o próprio asseio e acabam com bolas de fezes grudadas no pelo das costas. Você seria capaz de submeter seu pobre gato a tal situação? Exatamente como os médicos das pessoas, nós veterinários também temos que lidar atualmente com um grande número de animais obesos. Já tive muitos clientes que se sentiram ofendidos quando eu disse que seu gato era obeso, contestando a minha afirmação com a de outro veterinário, segundo a qual, o gato estava em perfeitas condições físicas (colocando-me na posição de vilã). Muitos estudantes de veterinária me veem como uma desmancha-prazeres e ficam furiosos quando contesto a sua opinião quanto à condição física de um animal ser "normal" ("Cara, ele é obeso!"). Muito deles concluem a faculdade de veterinária tão acostumados a ver animais com excesso de peso que não conseguem identificar um animal em perfeitas condições físicas, o que, por sinal, é raro nos dias de hoje. Eu faço questão de que meus alunos e clientes percebam quanto seu gato é gordo para só então encontrarmos uma solução para o problema. Embora um quilo ou um quilo e meio em excesso possa não parecer muito, na realidade é o equivalente a 20% ou 30% do peso ideal para o gato (que, para começar, deve pesar entre 4 e 5 quilos).

Para reduzir o peso do gato, é preciso muita dedicação e persistência do dono (para mudar seus hábitos alimentares, suportar os seus miados pedindo comida e tentar fazê-lo se exercitar). Discuta com seu veterinário para chegar à melhor das duas opções: uma dieta com alto conteúdo de fibras, baixo valor calórico e baixo teor de gordura (a opção tradicional), ou a dieta Catkins, com alto nível de proteínas e baixo teor de carboidratos (uma vez que para digerir as proteínas ele consome mais energia e calorias). Essa dieta é muito semelhante à dieta Atkins – basicamente uma dieta que empanturra de proteínas. Não esqueça, no entanto, que os seres humanos são naturalmente onívoros, enquanto os gatos são naturalmente carnívoros e, para começar, precisam de uma dieta com alto conteúdo proteico. Se você optar pela dieta Catkins, terá de dar ao gato uma quantidade *extra* de proteínas que apenas certas marcas de comida para gatos contêm (como os produtos *enlatados* da marca Science Diet) ou alimentos prescritos (como a dieta D/M da Purina). É importante notar que se você optar pela dieta Catkins, seu gato pode achar que morreu e foi para o céu (O quê? Comida enlatada pelo resto da minha vida? Oba!). Saiba também que a ração seca para gatos não contém o nível necessário de proteínas para preencher os requisitos da dieta Catkins e que, portanto, você terá que passar inteiramente para os produtos enlatados da Science Diet.

A dieta Catkins acarreta, no entanto, alguns problemas – não é tão fácil como parece. O primeiro deles é que, se você dá comida enlatada uma ou duas vezes por dia, terá de arranjar alguém para ir à sua casa alimentar seu gato duas vezes por dia quando sair de férias. O segundo é que você terá de, a partir de agora, comprar comida enlatada, que é mais cara, causa mais sujeira e fedor e danos ao meio ambiente (mesmo que você mande as latas para a reciclagem). O terceiro é que você não pode ficar o tempo todo passando da ração seca para a comida enlatada e vice-versa, mas terá de seguir consistentemente uma dieta, se não quiser que seu gato continue acumulando quilos. E, finalmente, é importante que seu veterinário acompanhe o lento processo de adaptação do gato a essa dieta, para que ele não vire anoréxico ou perca o apetite (o que poderia resultar em problemas sérios de fígado, como a lipidose hepática ou infiltração de gordura no fígado). Se o seu gato sofre de alguma doença de fundo (como insuficiência renal ou problemas intestinais), ele pode não dar conta de uma dieta com alto conteúdo proteico. Essa dieta Catkins pode de fato agravar ainda mais o problema. Consulte seu veterinário antes mesmo de pensar em adotar a dieta Catkins. Finalmente, independentemente do regime que escolher para o seu gato, peça ao seu veterinário para calcular a quantidade *exata* de energia de repouso que seu gato necessita. Em termos ideais, satisfazer 80% dessa quantidade necessária é um bom começo. A sua meta, contando que seu gato seja saudável e tenha o metabolismo estável, é fazê-lo perder entre 1% e 2% do peso atual por semana. A meta a longo prazo é fazer com que seu gato volte a ser capaz de limpar o próprio traseiro e, portanto, fique livre das bolotas de fezes.

É verdade que a obesidade tem um alto custo?

Todos nós sabemos que a obesidade tem um alto custo para o sistema de saúde dos humanos, mas você sabia que ela também tem um alto custo para a medicina veterinária? Com o aumento da obesidade entre os animais, as seguradoras estão constatando seu alto custo: para você como dono, para o animal, para o veterinário e para elas próprias. No ano passado, a empresa Veterinary Pet Insurance reembolsou aos donos de animais mais de 14 milhões por tratamentos de problemas relacionados com o excesso de peso. Mesmo que você se sinta entusiasmado ao receber esse dinheiro de volta, é bom lembrar que como o Big Brother está sempre de olho, seu gato representa uma ameaça à continuidade da cobertura de problemas causados pela obesidade, uma vez que ela costuma ser induzida pelo dono. Problemas médicos como lipidose hepática (infiltração de gordura no fígado), diabetes melittus, pancreatite, infecções do trato urinário, prisão de ventre, problemas ortopédicos e asma são todos agravados pela obesidade. Trate, portanto, de acabar com a barriga do seu gato. Estudos têm demonstrado que tanto humanos como cachorros mais magros têm vida mais longa por não estarem predispostos a todos esses problemas extras decorrentes da obesidade. Apesar de não existir nenhum estudo específico, suspeitamos que essas descobertas sejam igualmente válidas para os gatos. Portanto, mãos à obra e comece já a cortar os quilos que estão sobrando.

Posso dar leite ao meu gato?

Por mais que você pense que está paparicando seu gato ao lhe dar leite, é bom tomar cuidado: existe uma pequena parcela de gatos que não tolera a lactose. A intolerância à lactose é uma característica hereditária e, como você não sabe se o seu gato é intolerante à lactose ou alérgico a alguma comida, é sempre mais seguro não lhe dar leite. Devo admitir que eu mesma estrago meus gatos, deixando-os ocasionalmente lamber o pote de sorvete ou beber o resto de leite da minha tigela de cereais. (Faça o que eu digo, mas não faça o que eu faço.) Se você prestar atenção, talvez comece a perceber sinais de diarreia na caixa sanitária por volta do mesmo período em que você deu leite a seu gato. Se isso acontecer, é porque ele é intolerante à lactose, então pare imediatamente de ceder aos impulsos de tomar sorvete à meia-noite! Afora isso, dar a seu gato um *pouco* de leite de vez em quando provavelmente não vai lhe fazer nenhum mal.

Por que os gatos comem grama?

Os gatos são absolutamente carnívoros e requerem uma dieta baseada totalmente em proteínas animais para obterem os aminoácidos essenciais (esse tipo de aminoácido tem que ser obtido por meio da comida, uma vez que o organismo dos gatos não é capaz de produzi-lo). Portanto, por que assim que você o solta, ele corre atrás de um punhado de grama para mastigar? Infelizmente, nem mesmo o mais astuto dos veterinários sabe responder a essa pergunta. Eu acredito piamente que os gatos são às vezes acometidos do desejo intenso de comer um pouco de verdura, da mesma maneira que acontece conosco depois de passarmos uma semana comendo fora. Ou pode ser que esteja com o estômago um pouco irritado e mastigue um punhado de grama para se obrigar a vomitar (afinal, todos nós ficamos aliviados depois de vomitar, não é mesmo?). Finalmente, certos gatos comem grama simplesmente por gostarem de sentir uma textura diferente na boca.

Como fazer o meu gato parar de devorar a comida?

Certos gatos engolem a comida com tanta voracidade que chegam a ficar com o estômago irritado e acabam vomitando imediatamente nacos inteiros de biscoito. Seamus faz isso às vezes, mas por sorte Echo trata logo de lamber tudo, minimizando meu trabalho de limpeza. Se o seu gato costuma fazer isso, procure reduzir a quantidade de comida que dá a ele, distribuindo-a em várias refeições. Se isso não der resultado, procure colocar a ração numa tigela maior e mais rasa, como a dos cachorros, porque, para não espalhar a comida, ele terá de comer mais lentamente (mas não ponha mais comida nessa tigela maior!). Outra possibilidade é colocar uma pedra grande no fundo da tigela, para que ele seja obrigado a comer lentamente em volta da pedra, reduzindo com isso sua voracidade e, consequentemente, também seu vômito (pelo menos, é o que se espera).

Se o seu gato continuar vomitando mais do que uma ou duas vezes por mês imediatamente depois de comer, você poderá mudar aos poucos sua dieta para uma que contenha mais fibras. Se isso não funcionar, o gato terá de ser examinado por um veterinário. Não consigo entender como muitos donos toleram vômitos que persistem por longos períodos de tempo. Como não é normal vomitar com tanta frequência, tem que haver alguma outra causa.

Posso dar comida vegetariana para o meu gato?

Vou continuar batendo na mesma tecla: enquanto os cachorros são onívoros, os gatos são *absolutamente* carnívoros. Apesar de existir no mercado comida vegetariana para gatos, ela não é recomendada pelos veterinários. Por favor, não tente tornar seu gato vegetariano. Se você está a fim de cozinhar para o seu gato (e consegue tolerar a presença de carne em sua geladeira vegetariana), então tudo bem, desde que você esteja ciente da dificuldade que envolve preparar uma comida caseira com todos os nutrientes balanceados, sem muito estresse. Se quiser assim mesmo tentar, procure um nutricionista veterinário devidamente credenciado (e não o primeiro que encontrar na Internet). Sem a devida suplementação, o gato alimentado com dieta vegetariana corre alto risco de sofrer sérias deficiências de aminoácidos e vitaminas (como de lisina, triptofano, vitamina A e taurina), que podem causar complicações graves, como dilatação do coração, parada cardíaca e até mesmo cegueira. Não vale a pena arriscar a vida do seu animal.

A comida enlatada faz *realmente* mal aos gatos?

Está achando que a maior parte do seu salário está sendo gasta com material para caixa sanitária e comida enlatada? Vale a pena gastar toda essa quantidade extra de dinheiro com comida enlatada? Embora a comida em si não seja "ruim", vale lembrar que você está pagando basicamente pelos 70% de água que ela contém. A comida básica que dou para Seamus e Echo é ração seca e recomendo a meus clientes que façam a mesma coisa, porque sua mastigação ajuda a eliminar a placa e o tártaro. Mas para dizer a verdade, eu de fato dou todas as noites a Seamus e a Echo uma colher de sopa de comida enlatada dissolvida em água e com uma pitada do ácido graxo ômega-3, que tem gosto de peixe. Eu concluí que se ácidos graxos fazem bem a mim, também fazem bem a eles (existe atualmente uma versão para gatos, chamada Welactin).

Ao adotar um gato, a única comida que você deve dar a ele, desde o início, é aquela que expressa seu amor responsável (ou seja, ração seca) e continuar dando-a enquanto ele a comer (ver a resposta à pergunta "Se o meu gato anda torcendo o nariz para a comida que lhe dou, posso deixá-lo passar fome até que ele se disponha a comê-la?" a seguir neste capítulo). Se você der ração seca a um gatinho que acabou de sair de um abrigo, é bem provável que ele salte para cima da comida sem qualquer hesitação. Mas se você começar dando a ele comida enlatada, comida umedecida ou atum enlatado, vai ser muito mais difícil depois fazê-lo comer ração seca. Lembre-se de que se você dá a seu filho barras de cereais com nozes e mel, jamais conseguirá fazê-lo comer barras simples de cereais. O mesmo acontece com os gatos. Portanto, trate de treinar seu gato desde o início para comer ração seca.

Eu não costumo recomendar o uso de comida enlatada como *principal* fonte de alimentação, a não ser quando justificado pela presença de certas doenças, como insuficiência renal, problemas no trato urinário (ver a resposta à pergunta "O que é a DTUI e como tratá-la?" no Capítulo 2), ou com o propósito de suplementar a dieta Catkins. Foi comprovado que os gatos permanecem mais hidratados quando alimentados com comida enlatada (afinal, ela contém 70% de água) e que ela os faz beber mais água e urinar mais. Se o seu gato tem algum problema renal ou na bexiga, consulte seu veterinário quanto à possibilidade de dar ao seu bichinho um pouco de comida enlatada ou de misturá-la com um pouco mais de água.

Se o meu gato anda torcendo o nariz para a comida que lhe dou, posso deixá-lo passar fome até que ele se disponha a comê-la?

O estoque da comida que você costuma dar ao seu gato simplesmente acabou? Mandou seu marido comprar algo que encontrasse em oferta para alimentá-lo por enquanto? Talvez você note que o Frankie torce o nariz e não quer nem mesmo tocar nela. Tudo bem deixá-lo passar fome até que se disponha a comê-la? Como essa tática funciona com os cachorros, por que não funcionaria também com os gatos?

Gatos não são cachorros pequenos e são extremamente resistentes a mudanças súbitas. Você não pode teimar em deixar que um gato fique sem comida só por achar que ele irá comer quando sentir fome. Eles podem chegar a desenvolver a lipidose hepática, ou apresentar alterações no conteúdo de gordura do fígado, depois de um período de apenas três a cinco dias sem comer o suficiente. Se você notar que o Frankie anda letárgico, abatido, vomitando e se escondendo, enquanto sua tigela continua cheia de comida, leve-o correndo ao veterinário. Você pode examinar o branco de seus olhos e também os lóbulos de suas orelhas para ver se há manchas amareladas (sinais de icterícia). Quando o dono percebe isso, é comum o gato já apresentar sinais evidentes. Quando não tratada, a lipidose hepática pode resultar em insuficiência hepática e problemas de coagulação; por isso, é preciso tratá-la com métodos agressivos antes que ela coloque a vida do seu animal em risco. Para não ter de desembolsar mais de mil dólares com um ultrassom abdominal e um período de alimentação por meio de sonda, siga, por favor, a recomendação de não deixar seu gato passar fome. Com todo esse dinheiro, poderia ter comprado muita comida para ele.

As pessoas podem ingerir a comida enlatada para gatos?

Quando eu era pequena, ouvi muitas histórias sobre pessoas pobres e idosas ou moradores de rua que viviam de comida enlatada para gatos; quando, no entanto, me tornei vegetariana, entendi que aquela era uma história da carochinha contada às crianças que não raspavam o prato. A comida enlatada para gatos custa mais ou menos o mesmo preço de uma lata de atum, mas tem um gosto muito pior e, por isso, eu não a recomendo para consumo humano. Como a comida para gatos também contém uma quantidade muito maior de proteínas do que a necessária para os humanos, ela não é uma boa opção para o jantar de domingo à noite. Como o excesso de proteínas pode resultar em sobrecarga para os rins, é melhor não correr o risco.

A comida para gatos que custa mais caro é melhor?

Em geral, se você adere à marca de um importante e respeitado fabricante, cujos produtos estão baseados em pesquisas, a saúde do seu gato está em boas mãos. Entre as melhores marcas estão a Science Diet, a Iams ou Eukanuba e a Purina. A associação americana de controle de alimentos verifica o conteúdo nutricional dos alimentos para assegurar que as dietas sejam devidamente balanceadas para cada espécie. Entre os ingredientes usados pela indústria de alimentos para animais (ou seja, o que vai numa embalagem de comida para gatos) estão incluídos desde subprodutos não usados para consumo humano e indicados apenas para consumo animal (partes de animais que normalmente nós não comemos, como tendões, cartilagens e vísceras) até ingredientes indicados para consumo humano (como seu filé mignon).

Lamentavelmente, a tragédia provocada pela adição inadequada de melamina na produção de alimentos para animais fez com que os veterinários, donos de animais e o público em geral perdessem a confiança nos fabricantes desses produtos. É frustrante saber que empresas americanas estavam importando ingredientes de países que não exercem o mesmo nível de controle de qualidade e que eu, que sou veterinária e dona de animais, só tomei conhecimento disso quando já era tarde demais. Depois de atender a um gato com severa insuficiência renal (que também ficou temporariamente cego em consequência de uma severa hipertensão) e de ter passado quase uma hora tentando convencer sua dona arrasada de que a culpa não tinha sido sua e de, já em casa, ter passado uma noite chorando, eu acabei esvaziando todos os meus armários de comida. Joguei fora dezenas de latas de comida estragada e com prazos de validade já vencidos. Felizmente, Seamus e Echo saíram ilesos dessa calamidade. Depois de ter passado por essa experiência, eu fiquei realmente preocupada com a alimentação dos meus gatos, mas é importante lembrar que 90% da indústria de alimentos para animais não foi afetada por essa calamidade – são apenas algumas maçãs podres que estragaram o cesto todo. Por outro lado, alguns clientes meus passaram a alimentar seus cachorros com comida feita em casa ou com comida crua e, em consequência disso, alguns deles morreram no último ano de graves complicações causadas por essas novas dietas (desde ossos entalados no esôfago até pancreatite severa). A maioria dos meus clientes continua dando a seus gatos a alimentação habitual e, desde então, não constatamos nenhum outro problema.

Tenha tudo isso em mente ao procurar a melhor forma de alimentar seu gato. Existem vários sites na Internet que promovem debates sobre as diferentes raças de gatos, diferentes dietas, tratamentos holísticos e opiniões médicas. Lembre-se de que cada um tem sua própria opinião e que alguns desses sites divulgam informações totalmente errôneas (nenhuma comida para gatos contém formaldeído e, repetindo, não é possível fazer com que seu gato se torne vegetariano). Procure investigar minuciosamente cada questão e, em caso de dúvida, consulte um nutricionista veterinário (ver Referências).

Posso preparar comida caseira para meu gato?

Preparar comida em casa para suprir as necessidades específicas do seu *cachorro* (caso ele sofra de insuficiência renal, doença inflamatória intestinal, doença hepática, perda de peso ou alergias) com certeza é recomendável, mas a comida caseira para gatos é normalmente deficiente em gorduras, densidade energética e tem menor palatabilidade (resultante da substituição da gordura por óleo vegetal). A alimentação caseira para gatos raramente é balanceada e até mesmo os suplementos veterinários de vitaminas e minerais podem não ser completos. É melhor você consultar um nutricionista veterinário antes de preparar em casa a comida para o seu gato. Sim, eu sei que você pode encontrar blogs de veterinários na Internet que ensinam como preparar em casa comida para gatos, mas eu confio mais nos especialistas em nutrição ou em medicina interna neste caso. Se você está a fim de cozinhar para o seu gato, recomendo o livro *Home--Prepared Dog & Cat Diets: The Healthful Alternative,* escrito pelo Dr. D. R. Strombeck,[7] gastroenterologista veterinário aposentado da Universidade da Califórnia em Davis. Ele irá lhe ensinar a maneira correta de fazer isso.

Posso dar comida de gente ao meu gato?

Meus gatos, Seamus e Echo, e meu cachorro, JP, competem entre si pelos restos de pele de salmão grelhado, que eles adoram. Um pouco de atum ou de frango como regalia de vez em quando não faz mal algum a seu gato, desde que as sobras da mesa não ultrapassem 10% de sua alimentação diária. Como os gatos têm necessidades específicas de aminoácidos, a comida servida à mesa pode não conter as quantidades necessárias. Tive um cliente que alimentou seu gato a vida toda (dez anos) *apenas* com atum em lata. As deficiências severas de minerais e aminoácidos dessa dieta desequilibrada levaram o gato a sofrer uma insuficiência cardíaca. Isso acontece porque as enzimas de uma dieta baseada totalmente em frutos do mar (como sardinha, atum e salmão) quebram importantes aminoácidos, resultando em deficiência de taurina e subsequente insuficiência cardíaca. Se você está dando a seu gato uma dieta baseada em frutos do mar, procure suplementá-la com uma ração balanceada aprovada pela associação americana de controle alimentar, para garantir as quantidades necessárias desses minerais e aminoácidos (ver a resposta à pergunta "A comida para gatos que custa mais caro é melhor?" logo acima neste mesmo capítulo).

Existem também algumas poucas comidas que podem ser tóxicas para nossos animais de estimação. Por exemplo, uvas e uvas-passas são altamente tóxicas para os cachorros. Até hoje, ninguém sabe se elas são tóxicas também para os gatos, uma vez que nenhum cientista forçou nenhum gato a comer uvas para saber se seu consumo pode resultar em insuficiência renal. Os gatos, em sua maioria, são exigentes e, em geral, não se dispõem a comer coisas que não contenham carne. Seja como for, é melhor não correr riscos, evitando dar a eles comida de gente.

Como a variedade é o tempero da vida, comida de gente de vez em quando, tudo bem, desde que seu gato não sofra de alguma doença de fundo, como inflamação crônica intestinal, seja obeso ou portador de alguma outra doença, como a pancreatite. Nesse caso, restrinja-se a dar-lhe unicamente comida de gato e só dê a ele comida de gente ocasionalmente como um paparico especial. Afinal, nós tampouco fomos feitos para comer as delícias Ben & Jerry o tempo todo.

Por que alguns gatos não gostam da comida servida à mesa?

Eu sei, eu sei... Acabei de dizer que você não deve ficar dando sempre comida caseira a seu gato, mas que de vez em quando tudo bem. Eu tenho notado que, talvez por serem gatos muito exigentes, Seamus e Echo não são tão adeptos da comida caseira quanto meu cachorro JP. Apesar de lhes oferecer nacos de atum e salmão ou restos de filé mignon, meus gatos nem sempre se mostram interessados. Eles até que dão umas beliscadas, mas em geral logo ficam entediados. Felizmente, JP está sempre a postos, pronto para abocanhar o que os gatos recusam. Tenho, no entanto, alguns clientes cujos gatos devoram tudo que encontram pela frente e ficam em volta da mesa querendo Doritos, massa, pipoca ou qualquer outra coisa que seja comestível. Os gatos podem ser muito enjoados para comer e, como criaturas de hábitos arraigados, não gostam muito de mudanças. Seu gato pode simplesmente estar satisfeito com a ração seca e tudo bem ele não querer comer as sobras da mesa.

É verdade que comida enlatada causa hipertireoidismo?

Durante as duas últimas décadas, têm circulado boatos de que a comida enlatada (ao contrário da comida umedecida que vem em envelopes) causa hipertireoidismo (ver a resposta à pergunta "O que é hipertireoidismo?" no Capítulo 2).[8] Seria por causa das substâncias químicas ou conservantes presentes no revestimento da lata? Ou simplesmente pela exposição dos animais a produtos antipulgas, herbicidas e fertilizantes? Ou, quem sabe, a causa não seja simplesmente a vida dentro de casa? Um estudo realizado por C. B. Chastain e colegas[9] demonstrou que gatos alimentados com comida enlatada de determinados sabores (como peixe, fígado ou miúdos) apresentaram uma maior incidência de hipertireoidismo devido ao alto conteúdo de iodo no peixe, mas não encontrou nenhuma correlação entre hipertireoidismo e exposição a substâncias químicas (como produtos antipulgas e coisas do gênero). Outro estudo demonstrou que os gatos que dormem no chão também são mais propensos ao hipertireoidismo.[10] Muito confusos todos esses dados, você não acha?

Seria de se concluir que você não deve dar comida enlatada a seu gato ou deixá-lo dormir no chão? Infelizmente, nós cientistas ainda não sabemos ao certo. Na interpretação de estudos científicos, o importante é levar em consideração os diversos fatores que contribuem para um determinado fato. Em outras palavras, de que maneira os dados estatísticos são apresentados? Pode ser difícil interpretar dados epidemiológicos em função do "fator humano". Por exemplo, as pessoas que mimam seus gatos (ei, não há nada de errado nisso!), alimentando-os com mais comida enlatada, podem notar, antes de outros donos, que seus animais começam a perder peso e apresentar sintomas de hipertireoidismo. Isso quer dizer que comida enlatada provoca perda de peso e hipertireoidismo? Não! Mas o que isso *pode* significar é que esses mesmos donos estejam dispostos a pagar mais pela comida enlatada e que sejam mais propensos a levar mais cedo seus gatos ao veterinário, possibilitando com isso que o hipertireoidismo também possa ser diagnosticado mais cedo. Apesar de saber que tudo isso é muito confuso, o melhor a fazer é pedir a seu veterinário ajuda para interpretar essa mixórdia de dados estatísticos. Portanto, acredite no que quiser, mas saiba que eu dou de vez em quando comida enlatada com sabor de salmão a meus gatos sem receio de eles virem a sofrer de hipertireoidismo.

Por que certos gatos tentam esconder a vasilha depois de comerem?

Echo costuma "enterrar no ar" sua comida enlatada. Arranhando suavemente o ar com sua pata em volta da vasilha de comida, ele tenta enterrá-la para que nem Seamus nem eu possamos "encontrá-la". Como os leões montanheses e os gatos selvagens, o que ele está tentando fazer é guardar sua iguaria para mais tarde. Por mais que ele pareça uma gracinha fazendo isso, essa simulação do comportamento de seus ancestrais é, obviamente, ineficiente, uma vez que ele não consegue "enterrar" sua refeição no piso frio revestido com linóleo. Podemos observar essa característica também em certos cachorros, que "escavam com o nariz" em volta da vasilha de comida na tentativa de guardá-la para um dia de chuva.

Por que o meu gato gosta de esfregar o focinho no meu cabelo?

Depende. Que tipo de xampu e condicionador você usa? Certos gatos são atraídos pelo perfume dos seus produtos de higiene e podem lamber ou cheirar seu cabelo molhado quando você deita para dormir. Seamus gostava de sugar a água do meu cabelo quando eu saía do chuveiro, mas felizmente abandonou esse estranho hábito. Alguns gatos gostam de esfregar o nariz em cabelo molhado porque veem nele uma nova e divertida fonte de água, enquanto outros fazem isso como demonstração de afeto. Se Aveda, a gata que veio parar na sua casa, está fazendo isso, pode ser que esteja tomando você como seu irmão de ninhada. Como para ela, seu cabelo lembra o pelo de seu parente de quatro patas que há muito perdeu de vista, ela gosta de lambê-lo. Se ela abusar, remova-a delicadamente de seu travesseiro e mande-a embora. Se usar um xampu com perfume mais cítrico, ela talvez deixe você em paz. É bom saber que, como os gatos não são muito afeitos à higiene bucal, eles não lambem seu cabelo para limpar os próprios dentes.

CAPÍTULO 7

A IMENSIDÃO DO ESPAÇO INTERIOR

Eu sempre mantive Seamus preso dentro de casa, mas ultimamente comecei a deixá-lo sair para o quintal, que é cercado, sob estrita supervisão. Ele adora correr e comer grama (para vomitá-la minutos depois, mas, felizmente, lá fora). Quando, entretanto, Seamus começou a pular a cerca (e como veterinária enlouquecida, eu tive de percorrer a vizinhança acompanhada do meu pit bull para resgatá-lo), ele perdeu seus privilégios no mesmo instante e foi condenado a explorar a vastidão do espaço interno. Embora ele ainda continue pedindo para sair, eu decidi apelar para a prática do "amor responsável". Eu não acredito que ele seja suficientemente esperto para desviar de carros, cachorros e outras pessoas dispostas a adotá-lo, como também do pestinha da vizinhança; e tive receio de que ele jamais fosse encontrar o caminho de volta para casa.

Afinal, como um dono responsável de gato deve encarar a imensidão do espaço lá fora? Seu gato costuma ficar miando junto da porta dos fundos à espera de uma oportunidade para escapar da mesmice (mais segura, no entanto) da vida restrita ao espaço interior? Neste capítulo, vamos abordar todos os atrativos e perigos que espreitam seu gato (e outros) na imensidão do espaço lá fora: desde a segurança dos passarinhos que vêm se banhar no seu quintal, os outros gatos da vizinhança, o garoto ou cachorro da vizinhança (ou coiote, dependendo de onde você mora), até todas aquelas toxinas que existem no seu quintal (você sabia que uma folha de lírio do seu jardim pode matar seu gato?). Descubra se vale a pena deixar que o Smokey passe a noite fora farreando com todos os outros boêmios.

É verdade que os gatos de rua se divertem mais?

Deixemos que as estatísticas respondam a essa pergunta: os gatos de rua vivem em média de dois a cinco anos, enquanto os gatos que vivem dentro de casa chegam até a idade de dezcito anos. Portanto, depende em última análise de quanto você quer que seu gato viva. Os gatos de rua sucumbem ao "trauma da vida ao ar livre", incluindo todas as coisas ruins das quais tentamos protegê-los. Como veterinária especializada em atendimento de emergência, a maioria dos animais que chega ao pronto-socorro é vítima de ataques (dos cachorros das redondezas, gatos raivosos, do pestinha da vizinhança, de coiotes e até mesmo de leões montanheses), de atropelamento por carros, envenenamentos (por anticongelantes, venenos para ratos ou toxinas dos lírios de Páscoa no quintal) – sejam eles intencionais ou acidentais – e doenças infecciosas (como o vírus da imunodeficiência felina [FIV], leucemia felina [FeLV] e peritonite infecciosa felina [FIP] – ver a resposta à pergunta "O que são FIV e FeLV?" no Capítulo 2). E como já dissemos anteriormente, os gatos de rua são os principais exterminadores dos pássaros canoros nos Estados Unidos.

Embora haja muita controvérsia em torno dessa questão, a maioria dos veterinários não recomenda deixar os gatos soltos. Apesar do que você possa pensar, os gatos podem viver plenamente satisfeitos dentro de casa. Desde que disponham de muitos brinquedos, erva-dos-gatos, grama, ambiente estimulante ou enriquecedor (como a presença de uma pessoa para brincar), eles ficam plenamente satisfeitos. No entanto, uma vez que tenham provado o gostinho da "imensidão do espaço lá fora", pode ser muito difícil impedir suas súplicas ou suas escapadas quando a porta de tela é aberta. Por isso, é sempre mais prudente não permitir que eles sintam o gostinho da vida lá fora.

Se você deixa o seu gato sair para a rua, consulte seu veterinário quanto aos procedimentos apropriados de vacinação. Normalmente, não recomendamos que os gatos não expostos à contaminação pelas andanças lá fora sejam vacinados contra o vírus da leucemia felina (FeLV). Isso porque a vacina não é 100% eficiente e pode causar, apesar de raramente, efeitos potencialmente fatais (como um câncer chamado fibrossarcoma no local em que a vacina foi aplicada). Também no caso de o seu gato ter alguma infecção, eu peço mil vezes pelo amor de Deus que não o deixe sair de casa. Se o seu gato é portador do vírus FeLV, FIV ou FIP, não é correto e, na verdade, é antiético deixar que ele contamine outros gatos da vizinhança, uma vez que são doenças altamente contagiosas (via brigas, saliva ou contato com o sangue). Também no caso de o seu gato ter sido desprovido das garras, não o deixe sair para a rua. O mundo lá fora é um lugar onde um cão devora o outro e deixar um gato desprovido de garras sair é a mesma coisa que mandá-lo desarmado para a guerra. Finalmente, se você deixa o seu gato sair, não tenha um alimentador de pássaros no quintal (uma crueldade e tanto, que me obrigaria a denunciar você ao Sierra Club e à entidade local de proteção aos animais!). E, mais importante, tome providências para que ele ande com uma coleira equipada com um microchip contendo seus dados de identificação, e um sininho para impedir que ele mate desnecessariamente criaturas inocentes. (Por favor, faça com que os pobres passarinhos e esquilos sejam avisados de sua presença. Ver a resposta à pergunta "Como impedir que o Twinkie mate pequenas criaturas inocentes?" no Capítulo 5).

Por que os gatos ficam querendo voltar para dentro de casa logo depois de terem insistido para sair?

Já observou como o Simba coloca-se diante da porta, jogando-se contra ela e arranhando-a e miando para que você o deixe sair? E que, quando você o solta, ele dá dois passos lá fora e quer em seguida voltar para dentro? E você tem então vontade de deixá-lo lá fora até que ele decida o que quer afinal.

Bem, você já deve ter ouvido falar de gatos que saem atrás de cachorros e até de ursos no quintal. Defender seu quintal é para eles um negócio sério. Os gatos são extremamente cientes de seu território e se orientam pelo faro. Quando o Simba vai lá fora, ele demarca seu território esfregando as glândulas odoríferas por toda a parte (ou pior, espalhando urina por todo o quintal). Ele quer que toda a vizinhança saiba que esse quintal é dele. Apesar de irritar você com essa de não se decidir entre sair e entrar, o que ele quer mesmo é conferir o cenário. Com apenas algumas cheiradas, ele sabe se alguém esteve por ali. Feita essa confirmação, o Simba prefere voltar para a segurança e o aconchego da casa. Foi só para checar, mamãe!

Por que os gatos fazem aqueles estranhos sons guturais quando veem um passarinho do lado de fora da janela?

Se você já esteve num zoológico ou assistiu a filmes do canal Animal Planet, talvez tenha tido a sorte de ver uma pantera ou um leopardo da neve tossindo. Essa é a maneira deles de se comunicarem, em lugar do típico miado. Pois o gato faz esse som estranho quando vê algo que quer pegar. É o gorgolejo de seu instinto predatório preparado para entrar em ação. Eu só vi meus gatos fazerem isso em situações impossíveis de pegar a criatura lá fora (graças à janela trancada), talvez como uma maneira de expressar a frustração de seu instinto predatório. Normalmente, o gato não faz nenhum ruído quando está diante de uma presa, pois poderia espantar sua próxima refeição.

Quantos pássaros canoros são anualmente exterminados por gatos?

O fato de ser veterinária não quer dizer que eu ame *apenas* cachorros e gatos. Sou defensora ferrenha de todas as espécies e, apesar de estar decidida a nunca mais ter um passarinho (o motivo eu vou explicar no terceiro livro desta série), quero que eles continuem tendo o prazer de voar e a liberdade para desfrutar a imensidão do espaço. Considerando-se que existem 80 milhões de gatos apenas nos Estados Unidos, se cada gato mata um passarinho por ano, são mais de 80 milhões de pássaros canoros mortos por ano. É claro que como muitos gatos vivem dentro de casa, essa suposta estatística não é totalmente precisa. Mas, supondo-se que um quarto da totalidade dos gatos dos Estados Unidos tivesse acesso ao espaço aberto, seriam mais de 20 milhões de pássaros canoros mortos. E essa cifra não inclui todos os gatos que vivem soltos nem todas as regiões com superpopulação de gatos desgarrados (Europa e Ásia). Apesar de não dispormos de nenhum meio que nos permita calcular exatamente quantos pássaros canoros são mortos anualmente, os gatos continuam sendo os principais suspeitos desse extermínio.

Embora eu recomende o uso de uma coleira com sininho, essa medida não tem, infelizmente, a eficácia que gostaríamos. Isso porque os gatos são predadores competentes e, também, astutos para caçar sem fazer ruído, aproximando-se lenta e silenciosamente da presa. Mesmo que você não veja nenhuma graça naqueles estorninhos enfadonhos e pardais insípidos, os gatos são de fato também os responsáveis pela matança de espécies migratórias originárias de outras regiões do planeta; afinal, elas estão apenas de passagem em sua jornada de milhares de quilômetros e, inadvertidas quanto à presença do gato predador, fazem uma paradinha rápida em seu quintal para matar a sede no bebedouro dos passarinhos. Visite o site do Point Reyes Bird Observatory na Internet (ver Referências) para obter informações sobre a ampla campanha em andamento para levar os gatos que vivem na rua para dentro de casa e, com isso, ajudar a salvar muitos pássaros.

É seguro deixar o meu gato pegar ratos e esquilos?

Teoricamente, não queremos que seu gato mate nenhum ser vivo, mas se é para ajudar a reduzir a superpopulação de ratos no porão da sua casa, eu estou de acordo. A preocupação é com as doenças incomuns, cuja possibilidade de transmissão é rara, apesar de possível, que as criaturas mortas (ou semimortas) que o seu gato traz para dentro de casa podem espalhar. Certas bactérias, e até mesmo vírus (como o vírus da raiva, o hantavírus e a bactéria da tularemia) são transmitidos por roedores para os humanos. Apesar de a probabilidade de transmissão ser muito pequena (a não ser para quem mora na região sudoeste dos Estados Unidos – Colorado, Arizona ou Novo México – onde ela ocorre com mais frequência), tome muito cuidado ao entrar em contato com a carcaça de algum desses roedores, pois existe o risco pegar alguma infecção grave.[1] Felizmente, roedores como camundongos e esquilos não são transmissores da raiva, uma vez que esse vírus mata muito rapidamente esses pequenos hospedeiros, não lhes dando tempo para propagar e espalhar o vírus (mordendo você ou outro animal) antes de morrerem. Você não vai querer, no entanto, que o seu gato se engalfinhe ou traga para dentro de casa carcaças de gambás, marmotas, morcegos e coelhos, pois esses animais são os principais transmissores do vírus da raiva, que pode matar. Em caso de dúvida, mantenha seu gato em dia com a vacina contra a raiva, especialmente se ele anda na rua, pois não vai querer que ele espalhe a doença com sua saliva.

Posso deixar o meu gato fora de casa preso a uma guia?

Já discutimos as dificuldades para treinar um gato a andar preso a uma guia no Capítulo 5. Portanto, trate de ser paciente. Procure supervisionar o seu gato preso à guia lá fora para que ele não se meta em problemas. Recentemente, atendi a um caso de uma gata trazida à emergência por seus donos, que a tinham deixado presa a uma corda do varal, com uma guia longa. Os donos da gata não achavam que ela pudesse alcançar a árvore, já que estava presa à guia, mas ela provou o contrário. Ao saltar para cima de um galho, a fujona acabou ficando pendurada e se estressando a ponto de sua temperatura chegar a 42 °C, quando a normal é 37 °C, e o nível de açúcar em seu sangue baixar a ponto de privá-la de oxigênio e ameaçar sua vida. Quando os donos a encontraram um tempo depois, ela estava em estado de choque, ofegante e quase inconsciente. Por sorte, a Fiona se recuperou bem depois de alguns dias de tratamento intensivo com oxigênio (que custou alguns milhares de dólares) do dano neurológico que quase provocou sua morte cerebral. Portanto, se quiser deixar seu gato sair, faça-o com muito cuidado!

O que é um gato feroz?

É um gato selvagem, que não foi socializado. Alguns deles podem ter sido domesticados inicialmente, mas acabaram se extraviando e encontraram uma gangue de gatos selvagens com a qual passaram a viver. Em geral, depois de adulto, é muito difícil socializar um gato feroz que nunca tenha convivido com humanos. Muitos filhotes ferozes podem, no entanto, ser socializados se resgatados em tenra idade.

O tempo de vida dos gatos ferozes é em média de dois anos aproximadamente, enquanto os gatos que vivem dentro de casa podem viver de quinze a vinte anos. Graças ao empenho de certas organizações de resgate, onde eles encontram abrigo e comida, existem casos de gatos ferozes que chegam a viver vinte anos. Infelizmente, é comum esses gatos sucumbirem a doenças, a ataques de predadores, traumas ou até mesmo a condições ambientais extremamente difíceis (temperaturas altas ou baixas demais e falta de comida).

Existem entre 20 e 40 milhões de gatos ferozes apenas nos Estados Unidos (sem contar no resto do mundo) em consequência da negligência e irresponsabilidade dos humanos. Felizmente, algumas organizações de resgate capturam muitos gatos desamparados para vaciná-los e castrá-los, impedindo com isso a sua superpopulação. Se você encontrar um gato com a ponta da orelha cortada, esse pode ser um sinal de que em algum momento de sua vida ele foi capturado e marcado por algum veterinário como um "Jiffy Lubed" (indicando que ele teve as garras removidas, foi castrado, vermifugado e vacinado, tudo de uma só vez).

Castrar machos e fêmeas e mantê-los dentro de casa são os melhores meios de minimizar o problema da superpopulação felina. Outra maneira de contribuir para isso é convencendo seus amigos donos de gatos ainda não castrados a fazê-lo. Lembre-se de que todos esses gatos férteis que andam por aí produzem mais e mais filhotes que, por sua vez, continuam se proliferando e, com isso, contribuindo para aumentar ainda mais a superpopulação felina. Promover campanhas de arrecadação de fundos para custear a castração de toda essa população extra de fêmeas e machos caçadores de ratos, ou ajudar a encontrar um lar para cada gatinho castrado são também formas de contribuir.

Posso ter um gato "selvagem" em casa?

Os gatos domésticos evoluíram das espécies felinas da Ásia, Europa, África, Arábia e Índia. Apesar de existir uma enorme variedade de gatos selvagens (basta comparar o enorme tigre de Bengala com um lince ou um leão montanhês), amansamos ou domesticamos apenas o gato pequeno que conhecemos. É de se perguntar: onde foram parar os gatos selvagens? Alguns criadores procuraram reproduzi-los pelo cruzamento de gatos domesticados com os exóticos gatos selvagens, resultando em raças com aparência selvagem, como o American Bobtail, o Bengalês, o Bobcat híbrido, o Lince do Deserto, o Lince Montanhês, o Ocicat (que surgiu do cruzamento do Siamês com o Abissínio), o Pixie-bob, o Savana, o Serval e o Serengeti. Essas espécies têm o tamanho que vai desde o de um gato doméstico tradicional até o de um pequeno lince, e continuam sendo considerados "selvagens", apesar de alguns deles serem capazes de se adaptar e se tornar perfeitos gatos domésticos. A maioria dos veterinários não recomenda a posse de nenhuma dessas raças como gato doméstico, uma vez que é muito difícil amansá-los.

Os gatos domesticados que passaram a viver soltos em áreas urbanas e suburbanas podem voltar em breve à condição de "selvagens". Se eles deixam de ter contato com os humanos e passam a revirar lixo para sobreviver, podem acabar contribuindo para a superpopulação felina e a disseminação de doenças. Portanto, se você está a fim de adquirir um gato "selvagem", ou se achou um gato indomado, é importante saber que precisa de muito empenho para amansar e socializar seu lado feroz.

Seria possível, se eu dispusesse de espaço, domesticar um tigre ou um gato selvagem?

O simples fato de dispor de espaço e dinheiro não dá a você o direito de ter em casa gatos selvagens ou tigres domesticados. As pessoas andam obcecadas com o prestígio que a posse de um animal selvagem pode lhes dar (ideia oriunda de realezas de milhares de anos atrás e, mais recentemente, do rei do pop Michael Jackson). Os criadores começaram recentemente a procriar gatos selvagens como o American Bobtail, o Bengalês, o Bobcat híbrido, o Ocicat e o Serval, mas, apesar da beleza de seu porte selvagem, não é aconselhável tê-los em casa como bichos de estimação. Alguns desses gatos são fáceis de lidar, enquanto outros são de natureza indomável.

Se Michael Jackson não teve condições de manter e cuidar de seus dois tigres de Bengala – Thriller e Sabu –, o que faz você achar que tem? Felizmente, eles foram adotados pela mãe de Melanie Griffith, Tippi Hedren, que tem ligação com o Dr. Martin Dinnes, o veterinário de longa data de Michael Jackson. Estima-se custar mais de 75 mil dólares por mês manter os muitos gatos selvagens resgatados no santuário de Tippi. Se você tem todo esse dinheiro, poderia aplicá-lo melhor dando aos gatos selvagens um grande santuário de animais, onde eles teriam muito espaço para andar e correr, enquanto a atenção dos veterinários se voltaria para as estrelas. Também, se você está tentando criar um tigre num minúsculo apartamento do Bronx, como fez Antoine Yates em 2003, não se surpreenda se ele o atacar. Só não tente jogar a culpa num pit bull

182 ESTE MUNDO É DOS GATOS... VOCÊ APENAS VIVE NELE

quando for ao pronto-socorro (por sorte, os médicos de plantão não acreditaram que um ferimento tão sério pudesse ter sido causado por um cachorro e denunciaram o Sr. Yates à polícia).

Posso deixar o meu gato passar a noite toda fora de casa?

Atendi recentemente a um gato levado por sua dona ao serviço de emergência com fraturas sérias na mandíbula e traumatismo craniano. A dona havia encontrado o gato com sangue já ressecado no nariz e nas orelhas e notado que ele não conseguia fechar a boca. Eu suspeitei que ele tivesse sido atropelado por um carro e que, de fato, tivera muita sorte pelo fato de a parte mais atingida ter sido a cabeça e não seus órgãos vitais. A dona me contou então que ele costumava passar a noite toda na rua, mas que tinha uma "casinha" do lado de fora da casa. Ela costumava deixá-lo sair quando chegava do trabalho (às cinco horas da tarde) e o gato só voltava para casa às cinco da manhã, quando ela acordava. Gente, isso não é coisa que se faça com nossos bichos de estimação! Você gostaria de ser deixado na rua por doze horas sem água, alimento e abrigo? Você pode até achar que isso é "liberdade", mas na realidade está expondo seu gato aos perigos da rua, com carros, cachorros desgarrados, lobisomens, fantasmas e todas as outras criaturas assustadoras que costumam andar soltas à noite. Para piorar ainda mais sua situação, aquele gato tivera suas garras removidas e, portanto, não tinha como se defender de outros animais. Além do mais, os vizinhos provavelmente se sentem incomodados por seu gato usar o quintal deles como caixa sanitária (ver a resposta à pergunta "Tenho que me livrar do meu gato quando eu engravidar?" no Capítulo 9). Depois de pagar mil dólares para tratar as fraturas, a dona finalmente aprendeu a lição e percebeu a importância de manter seu gato dentro de casa.

Então, como transformar um gato acostumado a passar as noites farreando na rua num tipo que curte passá-las tranquilamente em casa? Eis alguns truques para treinar seu gato a voltar para passar a noite dentro de casa. Quando você chamar seu gato para dentro de casa, dê a ele comida assim que entrar. Com isso, ele terá motivo para entrar quando você o chamar. Procure chamá-lo agitando a embalagem de comida, para que ele reconheça seu "sinal" e entre correndo para se banquetear. A propósito, alimentá-lo antes de sair não ajuda a reduzir a quantidade de animais que ele captura nem de passarinhos que ele abocanha. Uma vez que ele já tenha entrado para passar a noite, procure estimulá-lo o máximo possível (ver a resposta à pergunta "Como fazer com que meu gato gordo e preguiçoso se exercite?" no Capítulo 5 para mais detalhes). Fazendo isso, você poderá transformá-lo num bichinho que curte passar a noite no aconchego doméstico.

É prudente adotar um gato de rua como novo membro da família?

Antes de começar a dar comida para aquele gato que aparece no seu quintal, verifique se ele usa coleira. Caso use, não dê comida a ele. Não apenas porque seu dono irá se perguntar por que ele anda engordando tanto, mas também porque você não sabe se o bichinho sofre de alguma doença específica (como doença inflamatória intestinal, insuficiência renal ou mesmo diabetes) que o impede de ingerir certos tipos de comida. Também, se você colocar comida do lado de fora, logo atrairá todos os gatos da vizinhança e, quando se der conta, já terá virado notícia por ter uma centena de gatos escondidos em sua casa. Seu quintal também ficará conhecido como a mais nova caixa sanitária do quarteirão e todos aqueles gatos desgarrados o usarão como seu novo toalete. Finalmente, as visitas do gato indomável se tornarão cada vez mais frequentes e você poderá sentir orgulho de ter um novo gato, já que ele dependerá totalmente de você para lhe prover água e comida.

Meu receio de que pessoas de bom coração adotem inadvertidamente gatos que já têm donos chega a assumir proporções paranoicas. Pensando que estão salvando um gato abandonado à própria sorte, elas na realidade estão roubando-o de um dono que lhe provê um bom lar e que já pagou para castrá-lo. Se você notar que o gato já foi castrado ou teve as garras removidas, espalhe cartazes para encontrar seu verdadeiro dono antes de tomar posse. Afinal, se alguém pagou por esses procedimentos, é bem provável que ele não seja um gato de rua, mas já tenha um lar. Procure espalhar cartazes pela vizinhança, colocar anúncios em sites como o *craiglist.com* ou no jornal local ou avisar a entidade beneficente mais próxima, para saber se o verdadeiro dono não está à procura do animal. Se ninguém aparecer atrás dele, então você poderá finalmente considerá-lo todo seu.

Se você decidir não adotar esse gato desgarrado, mas for um bom samaritano, trate, por favor, de entregá-lo a um veterinário ou a uma entidade beneficente. O pessoal dali o examinará para ver se não porta um microchip com os dados do possível dono. Se depois de tudo, você decidir adotá-lo, leve-o imediatamente a um veterinário, para ter a certeza de que tem boa saúde. É importante também submetê-lo a exames de sangue para descartar a possibilidade de ele ser portador de leucemia ou AIDS felina (ver a resposta à pergunta "O que são FIV e FeLV?" no Capítulo 2). Como você não sabe se ele já foi vacinado contra a raiva, terá que providenciar essa vacina também. Antes de levá-lo para casa, providencie os produtos contra pulgas e carrapatos; afinal, você não vai querer que ele encha de pulgas seu lindo e confortável carpete. Mantenha-o isolado num pequeno banheiro ou no porão (sem contato com outros animais) por pelo menos uma ou duas semanas para prevenir qualquer possibilidade de contágio. O ideal é mantê-lo preso dentro de casa, pois como é um gato acostumado a viver na rua, ele pode querer voltar a fugir assim que você tiver acabado de pagar por todas as providências (ver a resposta à pergunta "O que é um gato feroz?" neste mesmo capítulo). É de se esperar que, depois de você ter feito tudo isso, ele seja o elemento perfeito que faltava em sua casa. Mas trate de convencer seus filhos de que não é possível adotar todos os animais desgarrados que surgirem em seu caminho. Apesar de essa ser uma boa ação, a casa logo seria tomada por gatos. Trate, portanto, de empurrá-los para seus amigos!

CAPÍTULO 8

Substâncias tóxicas para gatos

Como especialista em emergência veterinária, estou acostumada a atender a casos de gatos que foram vítimas de todos os tipos de envenenamento. Um dos agentes mais comuns é o veneno para ratos que, em geral, não chega a matar nenhum rato, porque o infeliz do cachorro ou do gato se apressa em comer a isca. Eu *vivia pensando* em como era difícil achar um lugar para esconder o veneno onde o gato não pudesse chegar, até que... a vida tratou de me ensinar uma dura lição. Um dia, apesar de saber do perigo, acabei levando para casa veneno para ratos (eu sei, eu sei, mas não suporto camundongos andando pela casa e passando por cima da comida com suas patinhas sujas). Enfiei o cubo verde de veneno num canto escuro atrás da cômoda, pensando que ali nenhum gato fosse encontrá-lo. Ledo engano! Voltei ao quarto vinte minutos depois e encontrei Seamus se debatendo com a isca como se fosse um brinquedo. Caramba! Eu me senti horrível, a pior dona que um gato pode ter. Mas aprendi a lição e concluí que envenenar qualquer criatura é uma péssima ideia. Portanto, se eu que sou veterinária não consigo impedir que meus animais toquem no veneno, o que se pode esperar dos donos que são simples mortais?

Quando os gatos fazem algo errado, nós donos simplesmente jogamos a culpa em sua natureza; afinal, eles são curiosos, não é mesmo? Este capítulo irá entreter você com todas as coisas erradas que um gato considerado normal pode fazer, algumas das quais podem requerer uma visita de emergência ao veterinário. Descubra se a sua casa é *realmente* segura e quais substâncias tóxicas domésticas podem matar seu gato. Todos nós sabemos dos males que podem causar os remédios comprados sem receita médica, como também os anticongelantes, mas você sabia que um buquê de flores enviado por seu namorado também pode matar seu fiel amigo felino? Veja se você passa no teste à prova de gatos.

Quais são as dez principais substâncias tóxicas para gatos?

Eis a lista pela qual você estava esperando: a lista das principais substâncias tóxicas para gatos divulgada pelo departamento de controle toxicológico da sociedade americana de proteção aos animais (a ASPCA) no ano de 2006.[1] Sem dúvida alguma, as dez principais substâncias tóxicas para os gatos são as seguintes:

1. Inseticidas caninos contendo permetrina (um piretroide): sim, é isso mesmo: caninos! Leia a bula antes de passar o produto em seu gato. Canino não é o mesmo que felino!
2. Outros inseticidas tópicos (também contra pulgas): percebeu? Os gatos são extremamente sensíveis ao controle de pulgas!
3. Venlafaxina: depois de ingerir seu antidepressivo seu gato ficará tão deprimido quanto você.
4. Bijuterias e adesivos brilhantes: depois de gastar a mera quantia de 800 dólares, você *era* a luz da minha vida.
5. Lírios: pelo menos dessa vez, seu namorado não devia ter lhe mandado flores.

6. Perfumadores de ambiente: nem mesmo seu gato suportou o fedor de sua caixa sanitária.

7. Anti-inflamatórios não esteroidais (como o Advil): sua dor de cabeça só piorou, e muito.

8. Acetaminofen (isto é, Tylenol): sua enxaqueca ficou *muito* pior.

9. Rodenticidas anticoagulantes (veneno para ratos): a vingança do rato.

10. Anfetaminas (estimulantes): seu gato não vai tirar nenhum cochilo hoje!

Agora que você já conhece a lista, não aja como o resto dos americanos.

Simplesmente (sim, certo) mantenha todas as drogas bem escondidas em embalagens à prova de gatos guardadas no compartimento para remédios do armário do banheiro, e deixe as plantas domésticas longe de sua casa (ver resposta à pergunta "As plantas cultivadas dentro de casa podem ser venenosas para os gatos?" logo a seguir). Leia atentamente as bulas dos produtos antipulgas e não esconda o veneno contra ratos embaixo da cômoda para seu gato brincar (como esta veterinária fez). Esconda bem esses venenos de seus bichanos, se quiser evitar ter de recorrer ao atendimento de emergência a animais envenenados.

As plantas cultivadas dentro de casa podem ser venenosas para os gatos?

Apesar de serem carnívoros, acho que a maioria dos gatos gosta de mastigar uma planta de vez em quando. Não existe nenhuma explicação científica específica para esse comportamento, mas achamos que os gatos fazem isso por seu organismo ter necessidade de ingerir mais fibra, um pouco de variedade ou para induzir o vômito daquela bola de pelos entalada em seu estômago. Seja qual for a razão, como amante das plantas (como também, é claro, dos animais), acho que a minha planta--aranha, ou qualquer outra das minhas folhagens, é o principal alvo da mastigação dos meus gatos. De fato, eu tenho uma enorme variedade de plantas na minha casa e, propositadamente, deixo a planta-aranha ser sacrificada, para que Seamus e Echo deixem as outras em paz.

Enquanto a maioria das plantas cultivadas diretamente na terra é apenas levemente tóxica para os cachorros, algumas delas são extremamente venenosas para os gatos. Em geral, a *maioria* das plantas cultivadas dentro de casa é relativamente segura, mas algumas podem causar sintomas brandos como vômito, baba ou diarreia. Entre as plantas domésticas que mais comumente causam envenenamento estão as *Dieffenbachia* (Comigo-ninguém-pode) ou aqueles filodendros difíceis de serem exterminados. Ironicamente, as plantas menos tóxicas são aquelas que em geral as pessoas costumam considerar como mais nocivas. Em geral, as pessoas acreditam que as *Poinsettia* (Bico-de-papagaio) sejam venenosas, mas jamais imaginam que o lírio de Páscoa seja *mais* perigoso. A *Poinsettia* é comumente considerada "planta venenosa", mas em geral ela apenas provoca sintomas clínicos comparáveis aos resultantes da lambida de um cacto (nada agradável!). Graças à seiva leitosa irritante de sua folha, que contém cristais de oxalato de cálcio, o Félix começa imediatamente a babar, esfregar a pata do lado de fora da boca ("Eca, que nojo! Essa não é uma planta-aranha!") e a mostrar sinais de irritação na boca e sintomas gastrintestinais (como vômito ou diarreia), muita baba, náusea e salivação excessiva. Por sorte, o gato logo percebe e para de mastigar a planta.

É importante notar que existem algumas plantas venenosas que podem ter consequências imediatas *sérias* e até *fatais*, em cujos casos deve-se procurar imediatamente um veterinário. Algumas delas podem provocar sintomas mais graves, como arritmia cardíaca (*Kalanchoe*) ou até mesmo falência total dos rins. Entre elas, estão incluídas o lírio de Páscoa, lírio asiático, lírio oriental e até mesmo algumas espécies da família das liláceas. O gato que ingere uma dessas plantas pode morrer em dois ou três dias, mesmo recebendo as formas mais agressivas de tratamento. Comer uma folha de lírio de Páscoa basta para provocar sintomas de insuficiência renal aguda, como retenção urinária, vômito, letargia e mal-estar generalizado. Eu trato de sempre alertar as pessoas, especialmente as que cultivam jardins, ou por volta do período da Páscoa, pois, Oscar, o gato da minha irmã (que eu mesma dei a ela), morreu em consequência desse tipo de envenenamento. A pessoa com quem a minha irmã morava recebeu um buquê de flores e, por azar, Oscar foi direto ao lírio de Páscoa e mastigou uma ou duas folhas. Foi algo absolutamente estarrecedor. Este é o pedido de uma veterinária: por favor, tome todas as precauções ao levar uma nova planta para dentro de casa. Não vale a pena arriscar. E, já que estou pregando este discurso, aproveito a oportunidade para também dizer que, da próxima vez que falar com uma florista, procure avisá-la para informar seus clientes sobre quão venenosos esses buquês de flores podem ser.

De acordo com o centro de controle toxicológico da sociedade americana de proteção aos animais (a ASPCA), estas são as dez plantas venenosas mais comuns para os animais (e seus principais sintomas clínicos):[2]

1. Maconha (falta de coordenação, convulsão, coma, salivação, vômito, diarreia).
2. *Cyca* (insuficiência hepática, vômito, diarreia, depressão, convulsão).
3. Lírios (insuficiência renal aguda, apenas em gatos).
4. Tulipa/Narciso (vômito, diarreia, salivação, depressão, convulsão, arritmia).
5. Azálea/Rododendro (vômito, salivação, diarreia, fraqueza, coma).
6. Oleandro (vômito, arritmia, hipotermia, morte).
7. Mamona (vômito, diarreia, fraqueza, convulsão, coma, morte).
8. Ciclâmen (vômito, diarreia).
9. *Kalanchoe* (vômito, diarreia, arritmia).
10. Teixo (vômito, diarreia, parada cardíaca, coma, tremores).

Você pode encontrar uma lista de plantas não venenosas para cachorros e gatos no site da ASPCA na Internet (ver Referências).

Como em todos os casos de envenenamento, você deve levar o Félix ao veterinário para "desintoxicação" assim que descobrir que ele comeu algo que não devia. Esse é um procedimento médico que envolve indução ao vômito e esvaziamento do estômago para, em seguida, enchê-lo com carvão ativado para impedir a absorção. Só é possível fazer essa desinto-xicação nos primeiros minutos ou horas após a ingestão do veneno, uma vez que passado mais tempo, o animal já pode ter absorvido o veneno de seus intestinos. Portanto, leve o Félix ao veterinário assim que suspeitar de envenenamento. Caso você tenha alguma dúvida, ligue para um cen-tro de informação toxicológica para se esclarecer e saber se precisa real-mente levar o seu animal a um pronto-socorro veterinário.

Eis algumas sugestões para quem não consegue manter seu gato longe das plantas: livre-se de todas as plantas venenosas. Absolutamente nenhum lírio nos buquês ou na casa (peça à florista que não in-clua nenhum lírio). Se o Félix costuma ir para fora, arranque todos os lírios do seu quintal, como medida de precaução (você pode dá-los a seus amigos que moram bem longe do seu quintal). Melhor ainda, fique de olho no Félix enquanto ele estiver lá fora e não o deixe chegar perto de qualquer coisa que não seja limpa, saudável e desprovida de fertili-zantes. Quanto às plantas que tem dentro de casa, coloque-as em lugares altos, onde o Félix não consiga alcançá-las. Algumas pessoas forram as prateleiras com fita adesiva de dupla face para afastar os gatos das plan-tas ali colocadas (ver a resposta à pergunta "Por que o meu gato faz do meu sofá o alvo de seus arranhões e como impedi-lo de fazer isso?" no Capítulo 2). Quando o Félix sentir suas patas grudarem na fita adesiva, ele vai tratar de ficar longe daquela prateleira (até que em sua próxima vinda a faxineira se pergunte o que está acontecendo). Outra alternativa é comprar ou cultivar erva-dos-gatos (em geral, você pode encontrá-la em qualquer *pet shop*), pois é bem provável que o Félix prefira mascar essa planta. Ou, como última opção, compre uma planta-aranha para ser sacrificada. Todas as suas outras plantas ficarão agradecidas.

Há algo de errado no fato de o Tigger gostar dos enfeites da árvore de Natal?

Hora de montar a árvore de Natal? Preste um favor ao Tigger, evitando os enfeites com brilho. Aquelas bolas brilhantes suspensas por fios ficam parecendo brinquedos divertidos para ele e, como ele gosta de mastigar sacolas de plástico, elásticos e fitas, com certeza também será atraído por esses fios suspensos. Você pode até achá-lo uma gracinha por querer ajudar na decoração, mas na realidade todos aqueles fios podem acabar entalados em seu estômago e intestinos e resultar naquilo que chamamos de *corpo estranho linear*. O que pode acontecer é algum pedaço de fio ficar enroscado em volta da base da língua ou até mesmo entalado no estômago, enquanto o restante passa lentamente para os intestinos. Com a contração normal dos intestinos, o fio começa a cortar a língua, o esôfago, o estômago e os intestinos, resultando numa cirurgia que custa mil dólares como seu presente de Natal. Faça a você mesmo o favor de doar esses penduricalhos a alguém que não tenha nenhum gato em casa.

Por que você não deve usar fio dental ou, se usá-lo, deve livrar-se corretamente dele?

Caso você não tenha percebido a importância do tal *corpo estranho linear* já mencionado, é com você mesmo que estou falando! Como os gatos são curiosos por natureza, o fio dental com sabor de menta que você usa pode se tornar um brinquedo barato para eles... é o que você pensa. Portanto, conforme a recomendação de seu dentista, use fio dental. Mas tome cuidado ao descartá-lo, usando a descarga ou colocando-o numa lata de lixo com tampa. Não se arrisque a deixá-lo do lado de fora da lata de lixo para seu gato brincar.

Se vejo um fio saindo do ânus do meu gato, devo puxá-lo?

Não há nada pior do que um amigo ou membro da família me ligar a uma hora da madrugada para me perguntar isso. Por mais estúpido que possa parecer, isso realmente acontece. Em caso de dúvida, você deve deixar tudo que tem a ver com o ânus do seu gato para seu veterinário, uma vez que somos (infelizmente) especialistas nessa extremidade dos gatos. Se há algo entalado, deixe que o profissional remova. Não se atreva a puxá-lo, pois coisas horríveis podem acontecer, como uma ruptura nos intestinos ou no cólon do gato.

Os gatos têm um histórico de engolir mais do que cinco centímetros de fio (pedaços desse comprimento *devem* sair facilmente por si sós), mas quando eles engolem sessenta centímetros de fio simplesmente para provar a você que conseguem, essa quantidade pode ficar entalada em algum lugar que funciona como âncora. Isso ocorre mais comumente no piloro (a porção terminal do estômago) ou na base da língua. Se você puxar o fio, ele pode dobrar os intestinos, comprimindo-os e até cortando o seu revestimento. Uma perfuração na parede intestinal pode resultar em séria infecção intestinal e o gato dificilmente sobrevive a uma peritonite séptica. Mantenha todas as fitas, cordões, fios, linhas, fio dental, lã para tricô, cadarços, fitas cassete (está entendendo?) longe do seu gato. Se você costuma dar a ele algum brinquedo do tipo que tem uma pena presa a um barbante, trate simplesmente de ficar de olho o tempo todo. E seja um dono responsável, mantendo o brinquedo fora do alcance dele sempre que não o estiver usando.

Se vejo um fio saindo da boca do meu gato, devo puxá-lo?

Se a explicação acima não bastou, deixe um profissional resolver o problema e simplesmente não o puxe! Os intestinos do seu gato ficarão agradecidos por você não puxá-lo amadoristicamente. Confie em nós – tivemos que estudar oito anos para aprender a fazer isso; portanto, deixe que nós solucionemos o problema. Se o fio está enroscado em volta da base da língua do gato, você pode causar uma lesão séria. Em caso de dúvida, fique segurando uma parte do fio (sem se deixar morder nem aplicar qualquer pressão) enquanto procura desesperadamente por alguém que possa levá-los imediatamente a uma clínica veterinária de emergência. E, em hipótese alguma, corte o fio. Nós precisamos vê-lo.

Simplesmente mantenha seu gato impossibilitado de engolir mais. Você pode fixar o fio à coleira do gato com uma fita adesiva, enquanto procura desesperadamente um veterinário.

Posso dar ao meu gato um comprimido de Tylenol?

Mão de vaca a ponto de não querer levar seu gato ao veterinário e preferir medicá-lo por conta própria? Preste atenção (especialmente você que é médico ou médica!). Remédios adquiridos sem receita médica, como Tylenol, Advil, ou naproxeno são anti-inflamatórios não esteroidais e um único comprimido pode *matar* um gato. Os gatos são muito sensíveis a esses medicamentos (e também muitos sensíveis a todas as drogas) pelo fato de terem uma alteração metabólica no sistema da enzima glutationa, o que os impede de metabolizar bem certas drogas. Os efeitos colaterais desses medicamentos não esteroidais incluem severas úlceras estomacais, sintomas gastrintestinais como vômito ou diarreia com fezes escuras (causada pela presença de sangue no trato intestinal), insuficiência renal ou até convulsão e coma. Com certeza nada agradável, e *sua* dor de cabeça só vai piorar! Se você deu a seu gato algum anti-inflamatório não esteroidal, leve-o imediatamente ao veterinário para induzir a êmese (esvaziamento do estômago pelo vômito forçado), receber carvão ativado (para impedir a absorção da toxina) e fluidos intravenosos, e medicá-lo contra a úlcera.

Se o seu gato tomar um comprimido de Tylenol, a cara dele ficará inchada e a língua azulada, o fígado entrará em colapso e ele provavelmente terá de ser submetido a tratamento de oxigênio, transfusão de sangue e medicamentos para normalizar o oxigênio e os glóbulos vermelhos. A conta do veterinário será mais ou menos dez vezes mais alta graças à sua pretensão de veterinário autodidata. A conta mais barata que uma cliente minha já recebeu foi pelo atendimento de emergência em consequência de ter deixado cair um comprimido de Tylenol no chão. Como ela não conseguia encontrá-lo, estava convencida de que o gato o havia engolido. Por apenas 150 dólares, eu examinei o gato e removi "profissionalmente" o comprimido de Tylenol escondido na pelagem de sua barriga. Ah, quem dera eu tivesse toda essa sorte...

Os produtos antipulgas são todos iguais?

Muitas pessoas aplicam em seus cachorros produtos antipulgas à base de permetrina ou piretrina comprados em qualquer *pet shop*. A permetrina é uma substância química sintética, enquanto a piretrina é produzida naturalmente e foi descoberta nas flores do crisântemo. Embora por isso ela possa parecer segura, na verdade não é, pelo menos não para os gatos. Os gatos são muito sensíveis aos efeitos dos piretroides (o grupo genérico de substâncias químicas) e normalmente são expostos a eles acidentalmente, quando o dono pensa que, se funcionam com cachorros pequenos, devem funcionar também com gatos. Sua toxicidade pode resultar em sérios tremores musculares (que parecem convulsões), desidratação, hipertermia e até em morte, se não forem tratados. Se o seu gato apresentar algum desses sintomas, lave-o com um detergente líquido suave (como o Dawn) e corra para o veterinário. Se não conseguir lavá-lo (porque ele, enfurecido, começa a arranhar e soltar grunhidos), leve-o imediatamente à clínica veterinária para que o pessoal de lá o faça. Felizmente, a maioria dos gatos sobrevive e tem boa recuperação se aplicados os devidos tratamentos agressivos, incluindo relaxantes musculares intravenosos (metocarbamol), Valium intravenoso (em caso de convulsão) e fluidos intravenosos.

Que essa experiência lhe sirva de lição para não usar em seu gato produtos para cachorros. Lembre-se de que, como muitos antipulgas em forma de *spray* ou pó e também muitas coleiras antipulgas adquiridas por conta própria não são particularmente eficientes, é recomendável ater-se a produtos prescritos e recomendados pelos veterinários, como os das marcas Advantage, Frontline ou Capstar, quando seu gato estiver infestado de pulgas. Você pode comprá-los do próprio veterinário e custam muito menos do que do que uma internação de emergência por dois ou quatro dias. Pode acreditar.

Caso você tenha usado o produto recomendado de acordo com as instruções do veterinário e mesmo assim seu gato apresentou uma reação estranha, entre imediatamente em contato com ele. Irritações leves ou manifestações de hipersensibilidade na pele (Echo teve perda passageira de pelo nos lugares em que eu passei o produto) podem ser tratadas com um banho com detergente líquido que remova o produto. Se a parte afetada continuar irritada, você poderá abrir uma cápsula de vitamina E e aplicar o seu conteúdo sobre a pele; ou então, aplicar a gosma de sua planta babosa.

São duas horas da madrugada. Tenho que realmente levar meu gato à clínica veterinária de emergência?

Ah, os gatos! Por mais que a gente os ame, é duro segurar as pontas quando eles começam a vomitar as tripas às duas horas da madrugada. E o que fazer se isso se repetir por muitas e muitas vezes? Quando, afinal, é chegada a hora de levá-los ao pronto-socorro veterinário? Não dá para esperar até amanhecer para levar o Félix ao veterinário? Qual é o tamanho da urgência?

Em casos de dúvida, ligue para seu veterinário ou uma clínica de emergência para saber se precisa levar o gato até lá. Alguns sintomas indubitáveis de que você deve levar seu gato ao atendimento de emergência são: dificuldade para respirar, respiração de boca aberta, arfagem, mais de cinquenta respirações por minuto (a dica é contar as respirações por um período de quinze segundos e multiplicar o resultado por quatro para chegar ao total de respirações por minuto), salivação excessiva, ele andar se escondendo (debaixo da cama, dentro do armário), não se mover, se esforçar e ir várias vezes até a caixa sanitária, vômito abundante, ficar parado sem se mexer em cima da vasilha de água, ter convulsões ou contrações, qualquer tipo de trauma, qualquer tipo de toxicidade ou a presença de algum fio saindo de um de seus orifícios. Apesar de não ser completa, essa lista é um bom começo para você se orientar. Quando tiver alguma dúvida, procure consultar imediatamente um veterinário. É preferível exagerar a se arrepender quando é a vida de seu bichano que está em jogo.

Por que os perfumadores de ambiente são tóxicos para os gatos?

Seu namorado andou reclamando do fedor exalado pela caixa sanitária? Pensando em neutralizar os odores produzidos por seu gato com alguma fragrância artificial? Nenhum problema com os dispositivos Glade colocados na tomada, mas se você está pensando em disfarçar os odores da caixa sanitária com soluções líquidas, vá com cuidado. O tipo de mistura a que estamos nos referindo é derretido ou aquecido sobre a chama de uma vela e pode ser encontrado normalmente em lojas como Yankee Candle, Target e Bath and Body Works. Talvez você ache que seu gato seja esperto o bastante para evitar uma chama exposta, mas o fato é que ele não consegue resistir ao cheiro estranho do líquido derretido. Esse líquido é feito de detergentes e óleos essenciais que podem irritar o esôfago e a boca. Umas simples lambidas podem provocar não apenas úlceras na boca, baba, náusea e vômito, mas também depressão, sintomas neurológicos e pressão baixa.[3] Por provocar irritação no esôfago, nem você nem o veterinário deve forçá-lo a vomitar; mas antes tentar a abordagem "a diluição é a solução para a contaminação", dando ao gato um pouco de leite ou de água. Lamentavelmente, o gato não é suficientemente esperto para parar na primeira lambida quando está diante de um perfumador de ambiente. Portanto, sempre que tiver dúvida, evite usar esse tipo de produto em casa. Você terá de encontrar outra solução para o problema do fedor exalado pela caixa sanitária do seu querido bichano.

Por que aquelas bijuterias fosforescentes são tóxicas?

Você se lembra daquelas peças de bijuteria feitas de plástico que brilham no escuro e que as crianças querem porque querem que você compre nos dias de jogos de beisebol, nas celebrações da Independência ou do Halloween? Elas são inofensivas... desde que não sejam ingeridas por seu gato, cachorro ou filhote humano. O líquido oleoso que faz o plástico brilhar é o dibutil ftalato. Para ser fatal, a dose ingerida tem que ser extremamente alta (os pobres ratos de laboratório têm que ingerir uma grande quantidade para morrer), mas uma dose mínima basta para produzir efeito imediato em sua gatinha. A salivação excessiva e a náusea instantânea que resultam de sua ingestão geralmente indicam a quantidade que sua gatinha pode lamber. Por sorte, o gosto é tão horrível que a gatinha não chega a ingerir o suficiente para sua barriga fosforescer. Você pode simplesmente dar a ela um petisco saboroso (tente dar molho de peru, ou bife ou atum enlatado) para remover aquele sabor horrível que ficou na boca. Se você acabou de assistir a um episódio da série *CSI: Investigação Criminal*, está num tremendo baixo astral e a fim de mandar a nuvem escura pra bem longe, você pode ir com a Phoebe para um quarto escuro e ali descobrir se ela continua com algum resto do líquido brilhando. Para não correr riscos, o melhor mesmo é não ter nenhuma dessas bijuterias fosforescentes por perto!

Por que o veneno para ratos não mata apenas ratos?

Se o seu gato é preguiçoso demais para pegar o camundongo que vive na sua casa, tome muito cuidado ao usar o rodenticida d-Con ou algum outro que seja anticoagulante. Essa é uma forma complicada de dizer que esse tipo específico de veneno para ratos, por ser um inibidor da vitamina K (normalmente produzida pelo fígado), provoca hemorragia interna. Quer você acredite, quer não, esse é o melhor tipo de veneno a ser comprado, por ser reversível e tratável. Outros tipos de venenos para ratos contêm brometalina (que provoca inchaço no cérebro) e colecalciferol (que aumenta os níveis de cálcio e causa insuficiência renal) e nenhum deles tem antídotos. Escolha o veneno com cuidado. Lembre-se de que se esta veterinária pode envenenar acidentalmente seu gato, você também pode. Muito cuidado com esses venenos!

CAPÍTULO 9

Sexo, drogas e rock and roll

Finalmente, chegamos ao capítulo mais suculento deste livro. No que diz respeito a seus órgãos sexuais, a espécie é tão retraída que chega a confundir e, portanto, não é de surpreender que as pessoas tenham tantas dúvidas. Certa vez, coube-me atender a uma fêmea felina inteira (em outras palavras, não castrada) levada por sua dona ao serviço de emergência num dia particularmente atribulado. A pobre dona totalmente exausta tentava me convencer de que havia algo muito errado com a Fanny pelo fato de ela andar muito agitada. Ela não apenas vivia correndo atrás da dona e chorando a ponto de não deixá-la dormir, seguindo-a para todos os lados como se estivesse realmente carente de algo, mas também parecia ter contrações severas nas costas. Depois de pagar 150 dólares por uma consulta, eu tive de esclarecer a ela que é assim que se comporta uma gata no cio. É por isso que recomendamos aos donos que castrem seus gatos, tanto os machos como as fêmeas, antes de completarem seis meses de idade. Quando um dono é submetido à tortura de suportar os miados de um gato excessivamente amável que está querendo fazer sexo, ele normalmente aprende rapidamente a lição e dispõe-se a aceitar a recomendação de castrá-lo até no máximo ele completar seis meses de idade.

Como Bob Barker e os veterinários em geral vivem pregando sobre a castração de machos e fêmeas, descubra neste capítulo se essa medida contribui realmente para a redução dos riscos de câncer. Conheça o bê-a--bá da sexualidade felina para saber o tamanho da encrenca em que está prestes a se meter. Se o seu filho pequeno está querendo que a Kitty tenha uma ninhada, descubra o que isso pode lhe acarretar. Se você não sabe que a ovulação das fêmeas felinas tem de ser "induzida" e que talvez você tenha de colocar um *swab* de algodão Q-tip em lugares curiosos para ajudar sua rainha a ovular, então você pode não ter o preparo necessário para encarar o desafio de ter uma gata reprodutora. Saiba como se comporta uma gata no cio e se ela precisa usar absorvente higiênico. Descubra também se existem gatos doadores de esperma e como encontrar um macho reprodutor para emprenhar sua gata. Por que o pênis do gato nunca é visível? Você sabia que ele é farpado e eriçado (o pênis, não o pelo do macho)? Continue lendo para ter as respostas a todas essas perguntas.

Por que é tão difícil determinar o sexo de um felino?

Tenho vergonha de admitir, mas tive muita dificuldade para determinar o sexo dos gatinhos (se eram machos ou fêmeas), durante meu primeiro ano na faculdade de veterinária. Essa é uma habilidade que se aprende. É difícil determinar o sexo de um gato porque ele não tem um típico pênis com prepúcio saliente. Diferentemente dos cachorros, nos quais o pênis fica perto do umbigo, o pênis dos gatos fica embaixo do rabo. Na verdade, ele normalmente fica contraído para dentro e só se projeta para fora quando o gato urina ou cobre uma fêmea. Às vezes, é possível sentir dois testículos minúsculos próximos do pênis, mas deixe que o veterinário os apalpe se não quiser que seu gato considere seu comportamento pra lá de esquisito. Examinando a parte mais baixa do traseiro (cujo termo mais científico é "ânus"), você verá um pequeno furo ou orifício logo abaixo do reto. Se esse orifício tiver a forma de um pequeno ponto, o gato é macho (mas não, ele não vai gostar se você, para ver melhor, tentar apertar ou puxar seu pênis para fora). Se o traço for maior (para encaixar o ponto, sabe como é), é fêmea. Não se culpe se não conseguir determinar o sexo do seu gato. Como já disse, até eu já tive dificuldade para fazer isso. Portanto, não se preocupe se não conseguir. Já vi muitos gatos de nome Carlitos virarem Clarissa e outros tantos chamados Tom virarem Tomi. Por isso, sempre que tiver dúvida, peça o veredito de um veterinário. Deixe que um profissional tome conta disso e se, no início, ele também não tiver certeza, escolha um nome que sirva para ambos os sexos (ou troque de veterinário).

Por que a cabeça dos gatos machos inteiros é maior?

Porque ele não foi castrado. O macho inteiro é famoso pela urina malcheirosa e pelo talento para com ela demarcar o território, atributos esses que os distinguem dos gatos castrados. Mas, em compensação, eles são tão fofos! Devido aos efeitos da testosterona, eles têm bochechas desenvolvidas para se proteger, parecendo maiores e mais ameaçadores do que os outros machos com os quais disputam. É uma pena que essas grandes bochechas boas para dar uns apertões fiquem menores quando o gato é castrado. Por mais fofos que eles sejam, sempre que tiver alguma dúvida, opte por não querer muitos machos (ou melhor, nenhum) rondando sua casa, quintal ou jardim, pois eles atrairão mais outros machos com mania de demarcar território com a urina, transformando seu quintal numa privada fedorenta.

É verdade que o pênis dos machos felinos possui espículas e é voltado para trás; ou "Por que os gatos de rua fazem toda aquela barulheira?"

Ah, por que eles fazem tanto barulho? Por um bom motivo. O pênis do gato possui espículas (como se fossem espinhos), portanto, toda vez que ele encontra uma fêmea não castrada, ocorre toda aquela gritaria. A ovulação das fêmeas felinas é induzida (ou seja, elas precisam de muita estimulação vaginal para liberar um óvulo para ser concebido), e a evolução preparou o pênis do gato para roçar a parede vaginal e induzir a ovulação. É arrepiante. Espículas fibrosas cobrem toda a extensão do pênis para ajudar a estimular a fêmea e induzir a ovulação. E, para completar, os gatos são extremamente fecundos, o que quer dizer que suas múltiplas (e dolorosas) tentativas de acasalamento podem resultar em filhotes de diferentes pais.

Portanto, por mais terrível que seja ouvir a gritaria, você não faz ideia de quão dolorosa toda aquela função é!

Por que não consigo ver o pênis do meu gato?

Porque ele não é mesmo para ser visto. O aparato dos gatos é voltado para trás e, diferentemente dos cachorros, cujo prepúcio vai acabar perto do umbigo, ele fica contraído embaixo da cauda. Ele não apenas está voltado para o lado contrário, mas também tem naturalmente uma grande dobra (que facilita a sua penetração na fêmea). Os gatos parecem ser extremamente discretos e não gostam de mostrá-lo (diferentemente dos cachorros que, quando excitados, gostam de expor seu "batom" (ver meu outro livro, *A Vida é do Cachorro... Mas o Tapete é Seu*).*

Se você notar o pênis do seu gato retesado para fora, é porque há algo de muito errado e você deve procurar imediatamente o veterinário. O normal é o gato esconder seu aparato. No caso de haver necessidade de colocar uma sonda uretral no pênis do gato, o veterinário terá que sedá-lo, pois o macho felino não gosta de ter "sua dobra estendida". Se o pênis do seu gato está projetado para fora, normalmente é indício de obstrução urinária. Em outras palavras, pode haver algo entalado na cabeça do pênis (como uma pedra, um fragmento de cristal ou uma bola de muco) impedindo-o de urinar (ver a resposta à pergunta "Por que os gatos gostam de lamber as partes íntimas?" no Capítulo 2). Ele pode estar

---

* Publicado pela Editora Cultrix, São Paulo, 2012.

se esforçando em vão para urinar e, se você perceber isso, leve-o imediatamente ao veterinário. Nós não vamos considerar obscena a sua atitude de examinar as partes íntimas do seu gato.

Por que o meu gato tem a mania de lançar jatos de urina?

Não há nada pior do que sentir cheiro de urina ao entrar na casa de um amigo, você não concorda? Imagino que só possa ser pior quando é a sua própria casa que fede a urina. Em ambos os casos, como é que se pode dizer isso ao dono da casa? Como veterinária, eu encaro essa situação numa boa, usando minha experiência profissional para dizer a verdade sem ofender: "Cara, o que há de errado com seu gato? Tem cheiro de urina impregnado por todo o ambiente!". É claro que então seu amigo começa a despejar toda a sua ladainha de frustrações, mostrando as manchas de urina nas paredes e se queixando que os gatos da sua esposa estão acabando com o porão e que ele não sabe o que fazer. Depois disso, ele começa a convidar você com mais frequência para ajudá-lo a resolver o problema sanitário. Em troca de jantares e cervejas, eu tenho que convencê-los a comprar outra caixa sanitária, ensiná-los a limpar com mais frequência a caixa sanitária que está transbordando de excrementos (em vez de jogá-la fora a cada dez dias), repreendê-los por não pôr material suficiente na caixa e instigá-los a ter uma caixa sanitária extra. Se vale a pena fazer isso em troca dos convites para jantar? Com certeza... Eu trabalho por comida (ou por algumas cervejas...).

Os gatos costumam empinar o traseiro e agitar a cauda diante de algum objeto em posição vertical para soltar jatos de urina concentrada e fétida, preferencialmente em paredes que acabaram de ser pintadas e sobre carpetes novos. Esse é o jeito felino de dizer aos outros gatos das redondezas que aquele ali é território particular dele. Apesar de ser um comportamento típico dos machos inteiros que dominam a área, às vezes vemos também gatos castrados fazerem isso (em geral, machos, mas existem fêmeas castradas que também fazem isso). Gatos castrados que vivem dentro de casa fazem isso devido a problemas comportamentais:

se há agressões entre os gatos da mesma casa, se a situação das caixas sanitárias é precária (sujas e nojentas demais por seu marido não estar cumprindo com sua obrigação de limpá-las), se não há caixas sanitárias suficientes ou elas ficam expostas e são usadas por outros gatos.

Se o seu gato anda espalhando jatos de urina pela casa, tente as seguintes medidas: comece usando uma lâmpada de luz negra para localizar de onde vem o fedor e coloque mais caixas sanitárias na área em que ele anda urinando. Experimente forrar essa área com material plástico fixado com fita adesiva de maneira a fazer com que a urina escorra para dentro da caixa sanitária; dessa maneira, você mantém suas paredes protegidas, além de estimular seu gato a usar a caixa sanitária. Faça a limpeza das caixas sanitárias com mais frequência (ver sobre materiais para caixas sanitárias no Capítulo 3) e procure usar um material que seja granulado. Finalmente, se o seu gato anda provocando os gatos da rua, bloqueie a sua visão para que ele não possa vê-los. Caso ele veja gatos de rua através da janela, ou se você traz cheiro de gato para dentro de casa, seu bichano astuto, achando que eles estão a fim de usurpá-lo, pode começar a espalhar jatos de urina como forma de demarcar seu território: ele não está disposto a dividir você com mais ninguém. Converse com seus vizinhos (e alardeie as vantagens de manterem seus gatos dentro de casa) para impedir que eles venham para o seu quintal, ou use uma mangueira com jato extremamente forte ou algum outro artifício para espantá-los. Consulte um especialista em comportamento animal e considere a possibilidade de usar drogas terapêuticas se tudo mais falhar. O feromônio felino Feliway, que pode ser adquirido sem receita, tem se mostrado eficaz para reduzir a incidência desse problema (ver a resposta à pergunta "O que é Feliway e para que servem esses feromônios felinos?" no Capítulo 5). Se nada disso funcionar, a versão felina do Prozac pode ser a solução.

Existem gatos doadores de esperma?

Sim, existem gatos doadores de esperma, como também bancos de esperma felino, mas normalmente com a finalidade de ajudar a preservar a variedade genética de animais ameaçados de extinção, não os gatos domésticos. Há alguns anos, a sociedade zoológica de Londres criou um grande banco de esperma para ajudar a preservar as gerações futuras de gatos selvagens ameaçados de extinção, como o tigre de Amur, o tigre de Sumatra e o leopardo de Amur (dos quais restam no mundo apenas um terço da população original). Sem essa providência, os poucos gatos selvagens que restam no zoológico teriam que procriar muito. Além disso, devido aos avanços recentes, a inseminação artificial é mais eficiente, permitindo que os gatos multipliquem sua prole com apenas uma "doação" (uma vez que existem muitos milhões de espermatozoides e só é necessário um para reproduzir).

Quanto aos nossos gatos domésticos, são muito raros os doadores, como também a inseminação artificial, já que a maioria dos criadores usa apenas um macho (um macho privilegiado cuja função é ser procriador). Graças ao advento da Internet, tornou-se muito mais fácil estabelecer contatos através dos fóruns de reprodução, onde você pode "tomar emprestado" (ou melhor, pagar por) um gato reprodutor. Enquanto a inseminação artificial começa a ser usada com mais frequência pelos criadores de cachorros, o mesmo não acontece entre os criadores de gatos – suponho que considerem essa prática menos divertida para seus bichanos!

Como se comporta uma gata no cio?

Quando você, como dono, se vê pela primeira vez diante do ciclo reprodutivo de sua gata, quer ir correndo ao veterinário para castrá-la. O *estro*, ou cio, é o que ocorre quando os hormônios da gata enlouquecem e, por isso, é a melhor hora para ela ficar prenhe. Em geral, ele ocorre pela primeira vez quando ela está com nove meses de idade, mas pode também ocorrer com apenas quatro meses, especialmente nos períodos do ano em que os dias são longos. A gata pode ter esses períodos a cada duas ou três semanas, durando alguns dias e torturando você a ponto de mandá-la castrar, emprenhar ou apelar para um Q-tip (ver a resposta à pergunta "O que é Q-tip?" logo a seguir neste capítulo). Nesses períodos, ela usa todos os recursos de que dispõe para provocar e atrair um macho. Você nota que, de repente, ela se mostra muito mais afável, esfregando a cabeça, as costas e o corpo todo em suas pernas e seguindo você por toda a casa. Ela começa a miar como jamais fez e até mesmo a espalhar jatos de urina para atrair os machos. Não se preocupe, pois isso vai durar apenas alguns dias e, então, ela provavelmente vai se cansar.

É bom que você saiba, no entanto, que nós veterinários não costumamos fazer a castração como procedimento de emergência só porque a sua gata não está deixando você dormir. Faça um favor ao planeta, mandando castrá-la precocemente, pois com isso estará evitando a superpopulação de gatos, além de poder dormir em paz. Se você está pensando em fazê-la reproduzir, pondere se vale a pena passar por todo esse ritual duas vezes por mês, e por meses seguidos. Você tem ainda a opção de comprar um bom par de protetores de ouvido...

O que é um Q-tip?

Enquanto pesquisava para escrever este livro, fiquei espantada com o que descobri circulando pela Internet. Você sabia que pode encontrar soluções para acalmar sua gata no cio? Enquanto a maneira mais fácil, recomendada pelos veterinários, é a castração, você pode também acalmá-la quando está no cio. Há instruções detalhadas (demasiadamente detalhadas, na minha opinião) para estimular a vagina da sua gata com um *swab* chamado Q-tip, para que ela pare com toda aquela miação desesperada por um pouco de amor. Como a ovulação da fêmea felina é induzida, sua gata pode não liberar óvulos enquanto não for fisicamente estimulada (esta é uma das razões de o pênis do macho ter espículas). Uma vez estimulada, o cio logo passará. Sem a estimulação, o ciclo *só* terminará depois de alguns dias de tortura (com todos aqueles miados, tentativas de fuga para buscar um pouco de amor e necessidade constante de atenção), para recomeçar algumas semanas depois. Eu não vou entrar nos detalhes do Q-tip, mas você pode obter todas as informações que quiser na Internet, com tantos detalhes gráficos quantos desejar, tudo isso graças ao Google.

"Castração" é a mesma coisa que "histerectomia"?

Nós veterinários ouvimos de tudo. Vou esclarecer algumas coisas, já que esses termos podem confundir, especialmente porque os veterinários nem sempre usam as mesmas denominações que os médicos de humanos. Você leva a Lizzie a uma clínica veterinária para realizar o procedimento chamado ovário-histerectomia (substantivo) ou para castrá-la (verbo); você não a leva para receber um golpe de espada na cabeça. Eu costumo ouvir pessoas dizerem "Acho que ela já foi 'espadada'"*. Isso *realmente* acontece.

Nos Estados Unidos, é comum realizarmos a ovário-histerectomia, através da qual removemos ambos os ovários e quase todo o útero, deixando apenas o colo do útero. Na histerectomia, por sua vez, apenas o útero é removido, deixando ambos os ovários intactos. Embora esse procedimento a impeça de emprenhar, a Lizzie continuará exposta aos efeitos tanto do estrogênio quanto da progesterona, que são os hormônios produzidos pelos ovários deixados intactos. Como esses hormônios aumentam os riscos de câncer das glândulas mamárias (ou câncer de mama), em geral nós não recomendamos esse procedimento. Outra opção menos comum é remover apenas os ovários (deixando o útero intacto); e a esse procedimento chamamos de ovariectomia, uma prática que é apenas muito raramente realizada no âmbito da medicina veterinária. Com a remoção dos ovários, elimina-se o problema decorrente desses hormônios e, já que se está com a mão na massa, por que não aproveitar a oportunidade para remover também as trompas?

"Capar" é a mesma coisa que "castrar" um animal?

"Capar um animal" significa dessexuá-lo.[1] Apesar de tecnicamente a capação poder ser feita tanto em machos como em fêmeas, por alguma razão, o termo *capar* é mais comumente associado aos machos. Pelo

---

* Confusão entre as palavras *spayed*, "castrada", e *spaded*, "ser alvo de um golpe de pá". (N. T.)

visto, a palavra "castração" faz com que os homens se sintam ameaçados e saiam correndo da clínica veterinária com seu gato – contribuindo com isso para o aumento da superpopulação de machos reprodutores no mundo. Independentemente do termo, o procedimento usado para *capar* ou *castrar* basicamente deixa o pênis, o canal uretral peniano e o escroto intactos e ilesos, mas remove ambos os testículos do escroto.

A castração de um gato é diferente da de um cachorro. No gato, fazemos uma pequena incisão bem *em cima* do escroto e removemos delicadamente ambos os testículos, deixando o escroto e o pênis intactos (não se preocupe, o saco vai sarar e se encolher). Quando castramos um cachorro, fazemos uma pequena incisão diretamente *em frente* do escroto e através dela removemos os testículos (forçando-os para fora do escroto). Como o corte no escroto dos cachorros apresenta um pouco de dificuldade para cicatrizar, nós o fazemos de uma maneira um pouco diferente. Mas depois de alguns dias, tanto o gato como o cachorro e você mal percebem vestígios do procedimento.

A vantagem de castrar o macho felino é que, ao longo dos dias ou das semanas seguintes, seus hábitos nojentos (como o de lançar jatos de urina concentrada e fétida por todas as paredes) vão gradualmente desaparecendo; mas com esse hábito desaparecerão também as lindas bochechas tão atrativas para a gente dar uns beliscões! A boa notícia é que o gato fica menos agressivo, se masturba menos e usa menos frequentemente a urina como forma de demarcar seu território. Com essa iniciativa, você faz a sua parte em favor da diminuição da superpopulação felina. Mas como o metabolismo do gato castrado fica mais lento, você deve reduzir a quantidade de comida que dá a ele assim que tiver se recuperado da cirurgia.

Os gatos se masturbam?

Sim, eles se masturbam ou, como nós veterinários costumamos brincar, "se esfregam no seco". Quando você flagrar seu gato mordendo um cobertor, sovando com as patas dianteiras ("fazendo bolinhos") e corcoveando, pode ter a certeza de que ele está se masturbando. Essa função é bem diferente de sua atividade normal de chupar lã ou "fazer bolinhos" (ver a resposta à pergunta "Por que o meu gato gosta de chupar meu suéter de caxemira?" no Capítulo 3 e à pergunta "O que o meu gato está fazendo quando amassa o meu cobertor?" no Capítulo 4), pois, quando ele está se masturbando, a expressão dele é mais de felicidade e seus quadris remexem mais. Felizmente para você, toda essa função de seu gato castrado não vai dar em nada. Portanto, não se preocupe, pois a colcha que você herdou da sua velha vovó não vai ficar lambuzada. Não se alarme, pois é comum um gato castrado se masturbar de vez em quando, faz parte da natureza.

É verdade que se pode mudar o sexo de um gato?

Você pode até ter ouvido falar nisso, mas nós veterinários não costumamos usar essa expressão (por não ser precisa). No âmbito da medicina veterinária, não costumamos fazer uma verdadeira amputação do pênis. Às vezes, torna-se necessária uma uretrostomia perineal (mais conhecida como u.p.) em gatos que tenham um histórico de múltiplas obstruções urinárias (ver a resposta à pergunta "Por que os gatos gostam de lamber as partes íntimas? no Capítulo 2). Embora não envolva amputar o pênis nem alterar o sexo, esse procedimento alarga o diâmetro da uretra (o canal que vai da bexiga até a ponta do pênis) para que o gato possa expelir pedras, cristais ou coisas do gênero. Não precisa se preocupar, o George não vai deixar de ser macho por isso.

É verdade que a castração reduz o risco de câncer?

Sempre que houver dúvida, a recomendação é castrar antes cedo do que tarde. Um estudo recente[2] realizado por Overley e colegas provou que as gatas castradas antes da idade de seis meses apresentaram 91% de redução dos riscos de câncer de mama em comparação com as fêmeas inteiras. Esse mesmo estudo também demonstrou que o fato de ter tido muitos filhotes, como acontece com as mulheres, não reduz os riscos de câncer. Portanto, mande castrar a sua gata antes de ela completar um ano de idade para minimizar os riscos *e também* a superpopulação felina. Os veterinários insistem na castração tanto de machos como de fêmeas porque ela reduz o risco total de câncer. Enquanto nas fêmeas caninas, as chances de tumores mamários malignos e benignos são as mesmas, nas fêmeas felinas esses tumores são altamente associados com *malignidade* (90%) – em outras palavras, o câncer de mama nas gatas é de um tipo extremamente agressivo. Se ao passar a mão na barriga da sua gata, você sentir caroços próximos a seus mamilos sem função, leve-a imediatamente ao veterinário para descartar a possibilidade de câncer de mama.

Os machos felinos só muito raramente desenvolvem câncer ou outros problemas de próstata. Para começar, a próstata deles é muito pequena, apenas um vestígio, comparada à dos homens e à dos cachorros e, por isso, não traz para eles tantos problemas quanto para os machos humanos e caninos. Depois, nós veterinários não atendemos a muitos machos inteiros (já que na sua maioria eles vivem soltos) e, portanto, os números da população a qual assistimos não correspondem à realidade. Em outras palavras, muitos desses machos soltos podem ter câncer de próstata, mas nós ficamos sem saber, simplesmente porque eles vivem na rua e não são comumente examinados por veterinários, resultando numa redução drástica de seu tempo de vida. Por sorte, tanto o câncer de próstata como o de testículos é muito raro em gatos. Mas é importante lembrar que também o gato macho pode ter câncer de mama, embora muito raramente. Portanto, se desconfiar daquele nódulo que apalpou, leve-o ao veterinário para um exame mais minucioso.

Eu quero que a minha gata tenha uma ninhada para que o meu filho possa presenciar o milagre da vida. O que preciso saber?

Quer recuperar parte do dinheiro gasto com a aquisição de sua gata Persa ou dar ao seu filho a chance de presenciar diretamente o milagre da vida? Alugue uma fita de vídeo. Você pode até achar que é divertido sua gata ter uma ninhada, mas criá-la é uma tremenda sobrecarga financeira, emocional e física! Lembre-se de que manter uma ninhada pode trazer os seguintes custos:

- Exame veterinário da mãe (para ter a certeza de que ela é saudável, está com todas as vacinas em dia, não é portadora dos vírus FeLV e FIV, para determinar seu tipo sanguíneo, verificar se foi devidamente desverminada e se não é portadora de nenhum problema cardíaco ou qualquer outra doença congênita/hereditária que você, por questões éticas, não vai querer passar adiante).
- Possíveis custos para que ela seja coberta por um macho reprodutor.
- A primeira dose de vacinas e vermifugação de toda a ninhada.
- Mamadeiras e comida para os gatinhos.
- Problemas de sono por você ter que acordar a cada uma ou duas horas para dar mamadeira aos filhotes nas primeiras duas ou três semanas, caso sejam rejeitados pela mãe.
- Área isolada com aquecimento para mantê-los confortáveis.
- Lâmpada e almofada para aquecimento.
- Visitas de emergência ao veterinário, no caso raro de a mãe precisar ser submetida a uma cesárea (que custa em média dois mil dólares).
- Custos com anúncios para vender os filhotes ou encontrar interessados em adotá-los.

Presenciar o milagre da vida em primeira mão não é tão barato quanto você possa imaginar. E o mais importante: lembre-se de que milhões de animais são sacrificados a cada ano por não encontrarem quem queira ficar com eles. Por favor, considere tudo isso antes de resolver emprenhar sua gata. Afinal, "Para que reproduzir ou comprar animais quando há tantos morrendo desamparados?"[3]

Se ainda assim você quiser presenciar o milagre da vida, existem algumas opções mais favoráveis aos animais. Considere a possibilidade de adotar uma gata prenhe de alguma sociedade beneficente ou grupo de resgate. Essas organizações estão sempre à procura de pessoas dispostas a oferecer um ambiente mais propício para mamães de quatro patas em vias de parir. Talvez você possa assistir ao parto em casa, mas as pessoas em geral perdem essa oportunidade. Como os gatos são extremamente discretos e não gostam de se expor, é bem provável que, ao voltar para casa de uma sessão de cinema, você se depare com seis filhotes! Por sorte, seus filhotes humanos, tomados pela excitação diante dos recém-nascidos, nem lembrarão que perderam o "espetáculo"!

A reprodução consanguínea ocorre entre os grandes felinos?

Espera-se que a população de gatos inteiros que vivem soltos não seja um problema na sua vizinhança, mas lembre-se de que um macho pode gerar uma prole imensa – ele está interessado apenas em acasalar e passar seus genes adiante, não nas consequências futuras de seus atos. Se as fêmeas de sua progênie são as únicas gatas inteiras que ele tem à disposição, adivinha com quem ele vai "brincar"? Provavelmente com a filha, ou mesmo com a mãe (que horror!). Isso contribui para aumentar ainda mais a reprodução consanguínea.

Infelizmente, esse problema também ocorre com cada vez mais frequência entre os grandes felinos, pelo fato de algumas espécies estarem ameaçadas, existindo, portanto, cada vez menos parceiros disponíveis (e você que achava que as dificuldades nesse sentido se restringissem aos humanos!). Uma década atrás, a pantera da Flórida estava quase extinta, restringindo cada vez mais a combinação genética. Em consequência, ocorreu a reprodução consanguínea e começaram a nascer panteras com cada vez mais defeitos cardíacos, mortes prematuras e esperma com baixas contagens de espermatozoides. Foi implementado um programa controverso de procriação e, apesar de muitos serem contrários à intervenção humana, a combinação genética foi aumentada pela inclusão de algumas panteras do Texas. Ficou comprovado que esses híbridos (as duas espécies misturadas) apresentaram uma taxa mais alta de sobrevivência e menos defeitos, além de terem contribuído para aumentar o número de panteras pela ampliação das possibilidades de combinação genética.

É verdade que muitos felinos de zoológico são portadores do vírus da AIDS felina?

Muitos vírus podem afetar as diferentes famílias de felinos, independentemente de serem grandes ou pequenos. Vírus como o da panleucopenia felina, da leucemia felina, da peritonite infecciosa felina ou mesmo da imunodeficiência felina (FIV) não afetam apenas os gatos domésticos, mas também felinos selvagens como os leões. Até mesmo a cinomose canina (apesar do nome) afeta esses gatos selvagens. É muito provável que a maioria dos leões que você vê no zoológico esteja contaminada pelo vírus FIV (o equivalente felino ao HIV humano) e que tenha sido contagiada da mesma maneira que os gatos domésticos – ou seja, pelo contato com o sangue ou a saliva. Enquanto os gatos domésticos contaminados pelo FIV têm seu tempo de vida reduzido, apresentam baixa resistência a doenças, são afetados por problemas crônicos de gengivas e perdem peso, muitos leões parecem conviver com a doença sem serem clinicamente afetados. Afora isso, você não precisa se preocupar: o vírus não pode ser transmitido para você pelo leão do zoológico local, nem você pode passá-lo para ele.

Se o meu gato tem herpes, o vírus pode passar para mim?

Seu veterinário acabou de constatar que seu novo gatinho está com o herpesvírus? Antes de se alarmar ou culpar seu namorado, saiba que o herpes felino não contagia as pessoas, apenas outros gatos. O mais provável é que seu gato tenha sido contagiado pelos espirros de outro gato quando ainda vivia no abrigo. O herpesvírus felino é da mesma família daquele que produz as irritações em seus lábios. Nos gatos, o herpes é um dos muitos vírus que contribuem para a infecção das vias respiratórias que se manifestam em sintomas como espirros, nariz escorrendo ou olhos lacrimejantes. Em casos graves, o herpesvírus pode também causar ulcerações nos olhos e na boca.

Fatores como ter sido submetido a banho e tosa, transferência recente de um abrigo, visita à clínica veterinária e convivência com muitos gatos podem ser extremamente estressantes para os felinos e eles expressam isso soltando espirros para todos os lados. Em situações de estresse, o vírus se fortalece e se manifesta em sintomas quando você e seu gato estão fragilizados demais para lidar com ele. Enquanto vírus, ele não precisa ser tratado com antibióticos, a não ser quando o muco nasal do gato fica esverdeado, indicando que há também uma infecção bacteriana secundária. Infelizmente, o herpes pode contaminar os outros gatos da casa e, quando você percebe, toda a casa – inclusive você – não consegue mais dar conta do problema!

Lamentavelmente, não há cura para esse vírus e, por isso, é necessário tratar os sintomas. Procure tomar medidas como limpar os olhos e o nariz do gato, manter suas narinas desobstruídas de todas aquelas bolas de meleca e dar a ele petiscos saborosos. Como os gatos não ingerem a comida da qual não sentem o cheiro, às vezes basta aquecer a comida enlatada por alguns segundos no micro-ondas, ressaltando seu pungente sabor de fígado, para despertar seu apetite. Finalmente, você pode levar seu gato junto com você para o banheiro quando for tomar uma ducha; mas não o coloque debaixo do chuveiro – apenas deixe-o ficar no banheiro. O vapor quente e úmido ajuda a desobstruir as narinas. Se nenhum desses truques funcionar, consulte seu veterinário a respeito da possibilidade de dar a ele remédios antivirais, ou lisina (um aminoácido que ajuda a combater a infecção das vias respiratórias), ou até mesmo algum antibiótico em caso de absoluta necessidade.

Por que os gatos gostam de levar umas palmadas no traseiro?

Os gatos, tanto machos como fêmeas, mesmo que sejam castrados, curtem levar umas palmadas no traseiro. Você pode observar que eles arqueiam as costas e erguem o rabo para o alto, pedindo mais. Será que isso acontece por terem alguma perversão sexual do tipo sadomasoquista? Esse comportamento é típico das fêmeas no cio (é seu jeito de expor as partes íntimas para atrair o macho), mas já observei que ambos os sexos curtem receber palmadas no traseiro. O mais provável é que isso ocorra por eles não conseguirem, apesar de toda a sua flexibilidade, esfregar ou arranhar a parte mais baixa das costas, e as palmadas satisfazerem suas necessidades de serem tocados e afagados.

Os gatinhos de uma mesma ninhada são gêmeos idênticos ou fraternos?

Apesar de todos os gatinhos da ninhada que você acabou de resgatar do abrigo parecerem iguais, é muito pouco provável que eles sejam gêmeos idênticos, mas apenas gêmeos fraternos. Os gêmeos idênticos resultam da divisão em dois (ou mais) embriões de um óvulo fertilizado (por um espermatozoide), fazendo com que todos os filhotes tenham a mesma constituição genética (uma espécie de clone da própria Mãe Natureza). Cada um dos filhotes de uma mesma ninhada foi provavelmente formado por um óvulo e um espermatozoide individuais. Na realidade, se a mãe cruzou com vários machos (menina despudorada), ela pode ter gatinhos de diferentes pais numa mesma ninhada. Felizmente, ela não os discrimina e ama a todos da mesma maneira. Apenas o teste de DNA pode revelar quem é pai de quem, mas duvido que seus gatos estejam dispostos a percorrer todo o caminho até Montel Williams ou Jerry Springer apenas para descobrir sua ascendência.

Tenho que me livrar do meu gato quando eu engravidar?

Não! Mesmo que o seu médico tenha dito isso, você não tem que se livrar do seu gato simplesmente por estar grávida. Os gatos são portadores do parasita unicelular infeccioso *toxoplasma*, mas são raramente afetados por ele – eles apenas o transmitem. Quase um terço da população adulta dos Estados Unidos tem anticorpos contra o *toxoplasma*, indicando com isso que as pessoas foram expostas a esse parasita, mas não foram infectadas realmente por ele. Os três principais meios de contágio ou exposição ao toxoplasma são os seguintes: (a) transmissão da mãe para o filho em gestação, quando a mãe é infectada durante a gravidez (muito raramente); (b) manuseio ou ingestão de carne crua ou malcozida de animais infectados (como carne de veado, ovelha ou porco); ou (c) inalação ou ingestão do oocisto (estágio "de ovo" inicial do toxoplasma)[4] pelo contato com a terra ou excrementos (ao manusear a caixa sanitária do seu gato, mexer na terra ou brincar na caixa de areia do seu filho). Essa última possibilidade é particularmente provável se você mora numa região onde os gatos que vivem soltos vêm enterrar suas fezes no seu jardim ou na caixa de areia do seu filho – outro motivo que me leva a defender entusiasticamente a ideia de manter os gatos dentro de casa.

As pessoas em risco de contrair a toxoplasmose são as mulheres grávidas e as pessoas com baixa imunidade (como os idosos, as crianças pequenas, os portadores de lúpus ou AIDS ou aquelas que estão sendo submetidas à quimioterapia). Lamentavelmente, essa doença pode causar aborto, retardo mental, surdez, cegueira e, raramente, a morte. A mulher que pretende engravidar deve antes ou, caso já esteja grávida, durante a gestação, se submeter ao exame de sangue que detecta anticorpos contra o *Toxoplasma gondii*, porque, caso já seja soropositiva (em outras palavras, o exame de sangue seja positivo), ela *não* corre o risco de adquirir uma infecção primária aguda. Pelo menos nesse caso, o resultado positivo é algo bom. Isso quer dizer que a mulher já está protegida e que seu sistema imunológico está armado com anticorpos capazes de combater o vírus. O risco é maior quando o resultado do teste é negativo, porque significa que a mulher nunca esteve exposta ao toxo-plasma e não tem, portanto, anticorpos que a protejam. Sendo o resul-tado do exame negativo, ela não deve de maneira nenhuma se expor a qualquer risco de contaminação durante a gravidez.

Como os oocistos do toxoplasma levam mais de 24 horas para se tornarem "maduros" e capazes de infectar uma pessoa, a limpeza diária da caixa sanitária ajuda a prevenir esse problema. Sabendo disso, se você está grávida, a proteção é maior se a caixa sanitária é limpa uma ou duas vezes por dia durante todo o período da gestação, ou, melhor ainda, entregue a tarefa de limpá-la ao seu parceiro pelos próximos nove meses. Pela segurança de todos. É surpreendente que muitos veterinários e donos de gatos não sejam soropositivos, apesar de conviverem por déca-das com gatos, e isso pode se dever à falta de exposição de seus gatos ou a hábitos neuróticos de limpeza da caixa sanitária.

Em vez de livrar-se do seu gato, uma maneira fácil e simples de se proteger do toxoplasma é lavar bem as mãos com água e sabão depois de lidar com excrementos, terra, areia, adubo composto ou carne. Além disso, procure lavar bem as verduras do seu quintal antes de comê-las e ferver toda a água que venha de qualquer fonte desconhecida (como quando está acampando). Cozinhar a carne a uma temperatura de 66 °C ou mais mata o toxoplasma. Mantenha seu gato dentro de casa, pois ele se expõe, sobre-tudo, à toxoplasmose quando sai à caça de animais daninhos. Cubra ainda a caixa de areia das crianças, quando não estiver sendo usada, para deses-timular os gatos a defecarem nela (ela os atrai por parecer uma grande caixa sanitária). Em regra, consulte tanto seu veterinário como seu médico sobre possíveis ocorrências de zoonoses (doenças transmissíveis dos ani-mais para os humanos). Existem também muitas informações disponíveis na Internet sobre as precauções a serem tomadas[5] (ver Referências).

Será que o meu gato vai se dar bem com o meu bebê?

Depende do seu gato, da necessidade que ele tem de atenção e do grau de ciúme. Eu sempre recomendo aos donos que procurem acostumar o gato com o bebê recém-nascido. Eu já ouvi muitas histórias bem-sucedidas e vi meu sobrinho se entender perfeitamente bem com Elliot, o gato da família. Na verdade, me surpreendeu o fato de ele ter aceitado tão bem o pimpolho de duas patas, chegando às vezes a deixar que ele subisse em suas costas e ficasse ali sentado puxando seu pelo. Que Deus abençoe essas criaturas de quatro (e também as de duas) patas!

Tem muitas coisas que você pode fazer durante a gestação (e antes de levar o bebê para casa) para ajudar o seu gato a se adaptar com os cheiros do seu filhote de duas pernas. Comece deixando expostos alguns brinquedos e carrinhos que serão usados pelo bebê. Ponha para tocar no cercadinho aquela musiquinha (irritante) para que ele se acostume aos novos barulhos. Passe um vídeo com um bebê chorando para acostumar os ouvidos do gato aos berros que em breve ecoarão por toda a casa (sorte sua!). É também uma boa ideia levar para casa uma fralda ou um cobertor com o cheiro do bebê antes de levá-lo da maternidade para casa. Deixe o gato investigar com o focinho esse novo cheiro. E o mais importante, procure dar a ele o mesmo nível de atenção a que está acostumado, mesmo na presença do bebê, para que ele não fique enciumado ou se sentindo rejeitado. E torça para que ele associe positivamente os novos cheiros com calma e felicidade.

Paralelamente, procure tornar sua casa segura tanto para o bebê como para o gato. Chupetas, babadores com restos de comida e brinquedos podem ser facilmente ingeridos pelo gato e acabarem entalados em seus intestinos. Quando o bebê começa a engatinhar, é bem provável que ele queira andar atrás do gato. Procure não deixar o gato sozinho com o bebê recém-nascido ou mesmo maiorzinho. O mais provável é que o gato fuja, mas, se o bebê começar a correr também, ele pode ter mais dificuldade para escapar. Por isso, eu recomendo que você tenha um quarto à prova de gatos. Arranje um cercado para o gato poder se refugiar dos puxões de cauda e "carinhos" do bebê. Um inocente puxão de cauda ou de orelha pode provocar um arranhão ou mordida do gato e você tem que estar de olho para impedir que isso aconteça.

CAPÍTULO 10

O VETERINÁRIO E OS ANIMAIS DE ESTIMAÇÃO

Ainda que não responda a todas as suas dúvidas sobre questões veterinárias, espero que este livro possa contribuir para que você tenha bem claro quais as qualidades que está procurando encontrar no veterinário para cuidar de seu bichano. Neste capítulo, vamos responder francamente às perguntas que a maioria das pessoas gostaria de fazer, mas muitas vezes se sente constrangida demais para colocá-las ao veterinário. Você vai saber por que os gatos não contraem a doença de Lyme e por que a dirofilariose está se tornando cada vez mais comum entre os felinos. Você também vai saber quais são os efeitos colaterais das vacinas e com que frequência você precisa *realmente* vacinar seu gato. Além disso, você vai saber se, mesmo mantendo o seu gato preso dentro de casa, tem que continuar levando-o ao veterinário (Sim, tem!).

Para aqueles que são donos também de outras espécies animais, há muitas informações disponíveis no meu outro livro – *A Vida é do Cachorro... Mas o Tapete é Seu*. No entanto, essas informações são tão importantes que eu achei que deveria compartilhá-las também com todos os meus amigos amantes dos felinos. Você gostaria de saber o que é necessário para se tornar um veterinário? É verdade que é mais difícil ingressar na faculdade de veterinária do que na de medicina? Atualmente, mais de 70% dos profissionais formados em veterinária são do sexo feminino.[1] Por que será? Você irá também saber as diferenças que existem entre um médico, um veterinário e um veterinário especialista. Este capítulo irá conduzir você pelos bastidores dos sete a treze anos de estudos necessários para seu veterinário poder dizer por que seu gato solta gases, por que ele reage agressivamente a um afago na barriga e se tudo bem remover as garras do seu felino. E o mais importante: você vai saber o que o seu veterinário espera de você enquanto dono responsável e consumidor consciente. Saiba como encontrar o melhor veterinário para você e sua família e que perguntas deve fazer para assegurar que seu amigo felino de quatro patas esteja realmente em boas mãos. Lembre-se de que os veterinários querem que você seja um dono bem informado, que possa colaborar com eles em prol da saúde do seu bichano. Não é todo dia que um veterinário se dispõe a dar informações corretas sobre seu felino e sua saúde – você não pode se dar ao luxo de não lê-las!

Como as idas ao veterinário sempre deixam meu gato muito estressado, se eu o mantiver estritamente dentro de casa, ele não precisa mais tomar vacinas?

O fato de as viagens de carro ao veterinário deixarem seu gato muito estressado não é motivo para você negligenciar os cuidados de rotina. Quer você acredite, quer não, é realmente importante submeter seu gato a um exame anual. Seu veterinário pode detectar problemas muito antes do que você imagina com base apenas nas informações que você fornece (ele está perdendo peso e bebendo água ou urinando excessivamente) e no que ele próprio descobre através do exame clínico e físico (apalpando alguma pedra nos rins ou nódulo na tireoide). Esse exame é particularmente importante quando o gato entra na meia-idade (entre oito e nove anos) ou começa a envelhecer (a partir dos quatorze anos), quando a insuficiência renal, o hipertireoidismo, o diabetes, a doença inflamatória intestinal e o câncer são mais comuns. Mas se o seu gato fica estressado demais com a ida ao veterinário, você pode solicitar previamente que ele receite algum tranquilizante felino (como acepromazina ou Torbugesic) para acalmá-lo e tornar a visita mais fácil para todos os envolvidos (você, o veterinário e o próprio gato).

Como os exames anuais podem com o tempo ir ficando muito caros, você pode conversar com seu veterinário e procurar encontrar um programa de vacinação que seja apropriado tanto para você como para o seu gato. Caso ele não tenha que tomar todas aquelas vacinas, você tampouco terá que pagar por elas ano após ano. Devido aos efeitos colaterais das vacinas (mesmo que sejam raros), eu costumo discutir com os clientes a busca de uma solução que responda ao caso específico de cada gato, dependendo do contato com outros animais e das condições financeiras do dono. Em regra, depois de ter recebido toda a série de vacinas obrigatórias e ter sido vacinado anualmente por vários anos, a minha recomendação é para que ele seja submetido ao exame anual, mas vacinado apenas a cada período de dois a três anos, dependendo do nível de exposição a riscos (ver a resposta à pergunta "Quantas vacinas meu gato precisa *realmente* tomar?" a seguir). Em caso de dúvida, procure um veterinário que apoie a sua decisão – se não, trate de encontrar outro!

Quantas vacinas meu gato precisa *realmente* tomar?

Em regra, mesmo que o seu gato viva apenas dentro de casa e não se exponha ao contato com outros gatos, ele deve ser submetido a toda a série de vacinas para filhotes (uma dose a cada três ou quatro semanas, iniciando na sexta e indo até a décima sexta semana de vida) e também à vacina anual contra a cinomose felina e a raiva por um período de três a cinco anos. Feito isso, ele deve ser submetido a um exame *anual*, mas as vacinas podem ser restringidas a períodos de dois a três anos, dependendo da legislação do seu estado quanto à obrigatoriedade da vacinação contra a raiva. Se o seu gato se expõe aos riscos da rua ou se você alimenta ou cuida de muitos gatos visitantes, ele deve receber as vacinas anuais, além da vacina contra a leucemia felina (FeLV). Como essa vacina não é tão eficiente quanto a vacina contra a cinomose felina (ver a resposta à pergunta "Devo vacinar o meu gato contra a leucemia felina?" logo a seguir), consulte seu veterinário para saber se o seu gato precisa realmente tomá-la e se os benefícios compensam os riscos. Se o seu gato não se expôs ao risco de contrair a doença de Lyme, a giardíase ou a leucemia felina, acho que não é necessário ele tomar vacinas extras. Consulte as orientações recomendadas pelo relatório do conselho de vacinações felinas da American Association of Feline Practitioners (que podem ser encontradas nos sites da AAFP e do Cornell Feline Health Center na Internet) para estabelecer juntamente com seu veterinário um calendário apropriado para o seu animal.[2]

Devo vacinar o meu gato contra a leucemia felina (FeLV)?

Apesar de oferecer alguma proteção, a vacina contra a leucemia felina (FeLV) não é totalmente eficaz. Embora reduza a *gravidade* dessa doença, ela não evita totalmente a ação desse vírus mortal. Ela é muito diferente da vacina contra a cinomose felina, que tem uma eficiência de quase 99% e *impede* o desenvolvimento da doença. A vacina contra a leucemia felina é uma das menos eficientes que existem no mercado e, por causa de raros problemas associados ao uso dessa vacina (especificamente, um câncer de pele conhecido como fibrossarcoma), nós costumamos recomendá-la *apenas* para os gatos de alto risco: ou seja, aqueles que andam soltos, são imunodeficientes ou estão expostos ao contato casual com muitos gatos (em outras palavras, se você alimenta ou cuida de muitos gatos que podem pôr o seu em risco). Você pode obter mais informações no site do Cornell's Feline Health Center, que oferece informações tanto a veterinários como a donos (ver Referências).

Por que as vacinas não podem ser aplicadas entre as escápulas do meu gato?

Em 1991, os veterinários começaram a observar que alguns gatos estavam desenvolvendo tumores (sarcomas ou fibrossarcomas) no tecido conjuntivo das mesmas áreas em que haviam recebido as vacinas. Desde então, começou a se estabelecer uma associação entre certas vacinas e o surgimento de sarcomas. Por mais assustador que isso possa parecer, é importante você saber que é por estarem preocupados com a saúde do seu gato que os veterinários continuam recomendando as vacinas contra doenças fatais. Apesar de serem extremamente mínimos os riscos de o seu gato desenvolver um sarcoma em consequência de vacinas, seu veterinário deve discuti-los e avaliá-los com você, para que seu gato não seja vacinado desnecessariamente.

Existem também bases científicas que ajudam a avaliar quais as vacinas específicas que seu gato precisa tomar. A Vaccine-Associated Feline Sarcoma Task Force (força-tarefa incumbida de avaliar a ocorrência do sarcoma felino decorrente de vacinas), que tem representantes veterinários de organizações como a American Veterinary Medical Association, a American Animal Hospital Association, a American Association of Feline Practitioners e a Veterinary Cancer Society, oferece diretrizes e orientações a seu veterinário.

As recomendações vigentes são para que se apliquem certas vacinas em áreas específicas do corpo do gato. Pelo fato de o fibrossarcoma ser extremamente invasivo, a recomendação é para que a vacina seja aplicada na parte mais baixa possível da perna; assim, na hipótese rara de surgir um sarcoma, pode-se remover o máximo possível dele pela amputação do membro afetado ou pela aplicação de radioterapia apenas em sua parte inferior em vez de em todo o corpo. É por esse motivo que deixamos de aplicar vacinas na área entre as escápulas. Atualmente, nós veterinários seguimos esta regrinha: a vacina contra a raiva é aplicada na nádega direita; a vacina contra a cinomose felina, no membro direito dianteiro; e a vacina contra a leucemia felina, no membro esquerdo traseiro. Pode parecer muita informação a ser absorvida, mas dessa maneira você estará bem informado para decidir onde quer que o seu gato seja vacinado.

Devo submeter meu gatinho aos exames que detectam se ele é portador dos vírus FeLV e FIV?

Sempre me surpreende o fato de as pessoas não saberem se seu gato já foi submetido ao exame que detecta o vírus da leucemia felina (FeLV) ou da AIDS felina (o vírus da imunodeficiência felina, ou FIV). No atendimento de emergência, as pessoas costumam responder à minha pergunta com frases do tipo: "Bem, não tenho certeza, mas ele está em dia com as vacinas e acho que também com esses exames". É importante que todos saibam, como eu já disse, que a vacina contra o vírus da leucemia felina é extremamente ineficaz e que a maioria dos veterinários não a aplica. Você precisa saber a situação do seu gato com respeito a essas duas doenças sérias. Afinal, você não procura saber se o seu novo namorado é soronegativo ao HIV antes de ir para a cama com ele? Para se prevenir de muita dor de cabeça no futuro, faça a você e a seus outros gatos o favor de submeter qualquer gato ao exame de sangue antes mesmo de *considerar* a possibilidade de adotá-lo. Alguns abrigos submetem automaticamente todos os gatos a esses exames, mas não tome isso como certo e trate *sempre* de repeti-los na clínica do seu veterinário. O exame de sangue que detecta o vírus da leucemia felina é extremamente simples e, em geral, realizado junto com o teste que detecta a FIV. Para fazê-lo, são necessárias apenas algumas gotinhas de sangue e aqueles dentre nós que são obsessivo-compulsivos ou sofrem de déficit de atenção podem obter os resultados em alguns poucos minutos, antes de ir para casa com seu Tigger. Se você mantém seu gato preso dentro de casa, só precisa fazer o exame uma ou duas vezes no primeiro ano de vida, se não surgir nenhum outro problema de saúde.

Se o resultado do exame for positivo para um desses vírus, considere a possibilidade de consultar um oncologista ou especialista em medicina interna para saber sobre as opções de tratamento que existem.

Lamento ter que dizer que o tempo de vida do Tigger, caso ele contraia a febre tifoide, será dramaticamente reduzido pela presença dessas doenças. A minha filosofia consiste em continuar dando ao seu gato a melhor qualidade de vida possível antes de ele ficar realmente doente, já que cada dia vivido com prazer e alegria é lucro, não é mesmo? E o mais importante: procure manter o Tigger sempre dentro de casa e isolado, para expô-lo o mínimo possível ao contato com os outros gatos, uma vez que esses vírus são altamente contagiosos. Afinal, você não vai querer que o seu gato dissemine doenças fatais para todos os gatos da vizinhança, não é mesmo? A entrada para seu quintal deve ser totalmente interditada (justificadamente) em defesa da vida!

Por que os gatos não contraem a doença de Lyme?

Os gatos parecem ser muito resistentes a infecções por espiroquetas (que são aqueles microrganismos perversos responsáveis por doenças como a de Lyme ou a leptospirose). De acordo com estudos realizados, os gatos podem ser induzidos experimentalmente à doença de Lyme, mas apenas muito raramente.[3] Talvez pelo fato de os gatos terem mania de limpeza, os carrapatos não têm tempo suficiente para atacar. Os carrapatos normalmente precisam permanecer agarrados por 48 horas para que a doença de Lyme possa ser transmitida e, a essa altura, o gato já pode ter mastigado e cuspido fora o carrapato. Mesmo que deixemos o gato sair para o quintal, ele não costuma ir passear no bosque e, por isso, se expõe menos aos carrapatos do que os nossos companheiros caninos. Finalmente, é possível que a doença de Lyme não seja comumente detectada em gatos de rua simplesmente porque não se pode observá-los tão de perto como os gatos que vivem dentro de casa. Aqueles gatos que andam soltos percorrendo bosques infestados de carrapatos podem não ter donos para notar qualquer sintoma ou, se têm, esses donos não os levam rotineiramente para serem examinados, resultando no fato de a doença de Lyme entre os felinos não ser diagnosticada e, portanto, não ser devidamente contabilizada.

O que é a febre da arranhadura do gato?

Não foi John Travolta quem a inventou, mas Ted Nugent escreveu sobre ela.

A doença da arranhadura do gato, ou febre da arranhadura do gato, é causada por uma bactéria chamada *Bartonella henselae*. Aproximadamente 40% dos gatos são portadores dela em algum estágio da vida, embora ela seja mais comumente encontrada nos filhotes. Apesar de serem transmissores, os gatos não costumam manifestar seus sintomas (Alguma novidade? Os gatos são transmissores de doenças, mas como têm tantas vidas, não são afetados por elas!) e, por isso, é quase impossível saber qual gato a passou para você. Um arranhão despercebido pode resultar em mal-estar generalizado (que nós veterinários carinhosamente apelidamos de "indisposição"), febre, nódulos linfáticos inchados, falta de apetite e dor nas costas (nas suas costas, é claro).

Embora seja facilmente tratável, essa doença pode provocar sintomas graves, especialmente em pessoas com baixa imunidade (após terem sido submetidas a um transplante de órgão, estarem em tratamento de câncer ou serem portadoras do vírus HIV/AIDS). Não estou dizendo isso para alarmar você, mas para chamar a atenção para a necessidade de se tomarem certas precauções. Não se deixe arranhar por seu gato (Difícil!). Brincadeiras provocativas não são nunca recomendadas, pois, além de poderem resultar em arranhões, ensinam ao gatinho inexperiente que tudo bem brigar e atacar. Procure também manter as unhas do seu gato bem cortadas. Se levar um arranhão, lave bem a área do ferimento com água corrente e sabão e procure imediatamente um médico.

Como a *Bartonella* pode ser encontrada nas pulgas, é importante também mantê-las sob controle – não por meio de uma coleira antipulgas qualquer, mas usando produtos realmente eficientes (ver a resposta à pergunta "Os produtos antipulgas são todos iguais?" no Capítulo 8). É totalmente improvável o contágio ocorrer pela picada de uma pulga; nesse caso, a doença seria chamada de febre da picada de pulga, você não concorda? Seja como for, o importante é impedir que uma pulga transmita essa bactéria para seu gato. Se você sofrer um arranhão e começar a perceber algum sintoma, entre imediatamente em contato com seu médico e o informe sobre o que aconteceu. E não, você não pode de maneira nenhuma tomar o remédio (Clavamox) sabor morango de seu gato em vez de procurar um médico.

A peste bubônica está de volta...

É difícil acreditar, mas a peste bubônica está de volta e tanto você como seu gato podem estar vulneráveis a ela. Se você mora na região das Montanhas Rochosas ou perto dos quatro estados limítrofes a elas, preste atenção. A *Oropsylla montana*, ou pulga dos ratos, pode ser um vetor da peste, que é causada pela bactéria *Yersinia pestis*. Se a pulga morde um roedor infectado, ela pode espalhar a peste, que pode ser letal e altamente contagiosa, mesmo quando tratada. Portanto, por que culpar os gatos? Bem, os gatos são altamente suscetíveis à peste se andam soltos, pegando roedores infectados (e trazendo-os para dentro de sua casa). Eles podem ser infestados por pulgas e espalhar a doença. Mais um motivo para manter o seu gato preso dentro de casa, certo?

Apesar de haver tratamento contra a peste bubônica, ela deve ser identificada e tratada rapidamente com antibióticos apropriados (como tetraciclina). Nas últimas três décadas, foram detectados quinze casos humanos dessa doença associados a gatos. A peste bubônica preocupa muito a nós veterinários, porque 50% das pessoas que contraíram a doença eram profissionais da área. Que horror! Talvez por isso você não queira abraçar nem beijar o seu veterinário. Falando sério, essa é uma doença muito grave e precisa ser legalmente comunicada às autoridades de controle e prevenção que, por sua vez, a comunicam para a Organização Mundial da Saúde. Infelizmente, a peste bubônica pode também ser usada como arma biológica em guerras. Tem alguém disposto a comprar o produto contra pulgas Advantage?

Por que a dirofilariose está se tornando cada vez mais comum entre os felinos?

Quem tem cachorro sabe quão importante (e também dispendioso) é mantê-lo prevenido contra a dirofilariose (ministrando aquele comprimido saboroso que deve ser mastigado uma vez por mês). Para quem não tem cachorro e, portanto, não sabe, o agente da dirofilariose é um minúsculo parasita (ou microfilária) que é transmitido por mosquitos para a corrente sanguínea de seu amigo de quatro patas. Esses microrganismos se alojam nos vasos pulmonares e no coração do seu animal de estimação, provocando complicações graves e potencialmente fatais. Se você mora numa região infestada por mosquitos (como o Meio-Oeste, a Costa Leste, o Sul dos Estados Unidos... entendeu?), tanto o seu cachorro como o seu gato que anda solto podem estar correndo o risco de contrair a doença. Nos cachorros, os sintomas clínicos da dirofilariose incluem tosse, intolerância a exercícios (ficam logo cansados), perda de peso, desmaios e presença de líquido no abdômen (que são sintomas de insuficiência cardíaca direita), enquanto nos gatos, a doença é mais sutil, mas igualmente letal. Nos gatos, a dirofilariose pode provocar dificuldades respiratórias e vômito crônico e, ao contrário dos cachorros, não existe nenhum meio eficaz de "cura".

Felizmente, proteger seu gato da dirofilariose é fácil – ele só precisa tomar um comprimido uma vez por mês para matar as microfilárias antes que elas fiquem adultas. Eu só comecei a dar esse remédio a meus gatos depois que me mudei para Minnesota, devido à presença persistente de mosquitos dentro da minha casa, apesar de tudo que eu faço para mantê-los afastados (mesmo durante o inverno). Como não existe nenhuma cura para a dirofilariose nos gatos (apenas remédios preventivos), eu prefiro tratá-los a correr o risco de eles pegarem essa doença. Portanto, não, essa não é uma invenção dos veterinários para arrancar mais dinheiro de você. Na realidade, fazer o diagnóstico da dirofilariose nos gatos custa muito mais do que os medicamentos preventivos (pois são necessários exames especiais de sangue e lavagem dos pulmões).

Portanto, se você vive em Minnesota, na região de fronteira com os três estados limítrofes, ou em qualquer outro lugar onde os mosquitos adoram picar, e tem um gato que anda solto, faça a si mesmo e ao gato o favor de consultar seu veterinário sobre a ingestão mensal do comprimido preventivo.

O que o veterinário realmente faz quando leva seu gato para a sala dos fundos?

É sempre constrangedor para o gato ser manuseado (ou, nesse caso, agarrado) diante do dono, já que nem um nem outro entende por que o estamos imobilizando (supõe-se que o gato, não o dono). Como é muito doloroso ver seu gato ser contido (mesmo com a melhor das intenções), e como alguns gatos de fato se comportam muito pior na presença de seus donos do que quando eles estão longe, nós costumamos levá-lo para a temida "sala dos fundos", onde podemos imobilizá-lo para delicadamente retirar dele uma amostra de sangue. Diferentemente de seu flebotomista humano, que pode mandar você parar de se mexer, nós não podemos fazer isso com os gatos e, por isso, muitas vezes temos que usar um "chapéu de festa" (isto é, uma focinheira) ou mesmo uma toalha ou cobertor para dominá-los. Quanto mais rápido o procedimento, mais cedo ele acaba, portanto, faça o favor de confiar no seu veterinário. Com certeza, sua aflição só aumentaria se visse seu gato com a boca amordaçada por um cobertor.

Com que frequência os veterinários são mordidos por gatos?

Como o meu professor de anestesia, o Dr. John Ludders, costumava nos ensinar na faculdade de veterinária: "Melhor usar drogas para viver", ou "Simplesmente diga sim às drogas". Mas atenção, pessoal, apenas as drogas com finalidades médicas, não para recreação. Digo isso apenas porque os veterinários seriam mordidos com muito menos frequência se todos nós usássemos mais drogas.

Na última consulta que tive com minha médica, ao olhar para meus braços e mãos, ela me perguntou se eu estava em segurança e se estava num relacionamento não violento. Meus braços pareciam ter sido cortados por uma navalha (mesmo sendo muito difícil, o meu trabalho atendendo a emergências não é tão ruim assim), graças aos arranhões e mordidas de gatos. Infelizmente, levar arranhões e mordidas (além de ser alvo de fezes, urina e vômito) são ossos do ofício. Como os gatos não entendem por que tentamos imobilizá-los (eu garanto que é apenas pelo bem deles), eles costumam contra-atacar com as garras e os dentes que Deus lhes deu. Um aviso para aqueles que defendem a remoção de garras: os gatos que têm as garras removidas são mais propensos a *morder*. Na realidade, nós preferimos levar arranhões a mordidas. Aqueles rasgões na carne dos braços podem parecer mais traumáticos, mas têm menos chance de infeccionar. A boca do gato é extremamente malvada e as feridas provocadas por suas mordidas infeccionam facilmente. Por sorte, eu só sou mordida por gatos (daquele tipo de mordida que requer uma visita ao pronto-socorro de gente e tratamento com antibióticos) uma vez por década (bato na madeira para que continue sendo assim).

Desde a última vez que levei uma mordida séria de gato, eu venho praticando a veterinária de formas mais inteligentes e menos aflitivas; em outras palavras, eu ponho em prática os ensinamentos do Dr. Ludders: eu imobilizo meus pacientes por meios químicos. Meus auxiliares se encarregam de imobilizá-los, recorrendo à sedação para facilitar as coisas para os mais esquizoides (só para gatos, não *você*!) e treino minhas habilidades de ninja na frente do espelho todas as noites, para ter reflexos mais rápidos. É claro que se estiver a fim de colaborar com o veterinário, existem sedativos orais que você pode dar a seu gato mais ou menos uma hora antes de levá-lo à clínica; eu garanto que tanto você como seu veterinário, seus auxiliares e seu gato malhado de garras afiadas ficarão agradecidos! Se você quiser colaborar, telefone antes de levar o gato à clínica, para que possamos indicar algum sedativo para você dar a ele antes de levá-lo ao próximo exame. Isso vai me poupar um bocado de pele!

Existem veterinários que são alérgicos a gatos?

Surpreendentemente, muitos veterinários que eu conheço são de fato alérgicos a gatos, mas apesar das coceiras, dos olhos vermelhos e das fungadas, seguem bravamente em frente. É impossível deixar de amar essas criaturas adoráveis apenas por causa de alguns pequenos incômodos, não é mesmo? Graças ao Claritin (e mais ainda ao Claritin que se pode comprar livremente em qualquer farmácia de esquina), os veterinários podem atualmente continuar exercendo sua profissão livres do constante corrimento nasal. Não tome como ofensa pessoal quando, ao pegarmos seu gatinho, não o aproximamos da cara. É que, às vezes, eles provocam em nós uma reação alérgica. Se você notar que os olhos da sua veterinária estão vermelhos, inchados e lacrimejantes, não se preocupe: ou ela é extremamente alérgica a seu gato ou acabou de levar um fora do namorado.

Os veterinários são atacados por pulgas?

Alguma vez você já se perguntou por que seu veterinário usa aquele macacão enorme em vez de roupa decente para trabalhar? Ele não faz isso por não ter dinheiro para comprar roupas nem para parecer mais extravagante ou excêntrico – mas sim como uma maneira de prevenir-se e não levar doenças infecciosas para casa e contagiar seus próprios animais. No final do dia, nos livramos do macacão para não levar para casa pulgas e também excrementos como fezes, vômito, urina, sangue ou vírus que possam infectar nossos próprios animais. O que não quer dizer que nossos trajes comuns não tenham aquele aroma almiscarado típico dos animais, motivo pelo qual eu evito usar camisas Thomas Pink e prefiro minhas roupas normais. No dia em que fiz 24 anos, minha mãe me disse gentilmente que, se eu usasse menos roupas de flanela e lã, eu "estaria apta a encontrar um homem" (as intenções dela são as melhores possíveis, tenho certeza). Quando ela tenta me comprar roupas elegantes, eu as recuso com uma típica desculpa de criança: "Mas elas vão ficar emporcalhadas!".

Sorte dos veterinários que o risco de pegar alguma doença infecciosa dos gatos é menor do que o risco de pegar alguma doença dos humanos – não tenho que me preocupar tanto com a possibilidade de ser acidentalmente picada por uma agulha ou de alguma gota de sangue de gato cair sobre algum dos muitos arranhões, já que são poucas as doenças que os gatos podem passar para os humanos Entretanto, existem algumas doenças que podem ser transmitidas pelo contato ou por alguma secreção do corpo, como micoses, parasitas, ácaros e pulgas, além de outras afecções curiosas. E sim, infelizmente, apesar de todas as medidas de precaução, nós veterinários levamos ocasionalmente para casa algum parasita raro e mesmo pulgas. São ossos do ofício, meu amigo. Agora você entende por que ao desinfetar o próprio estetoscópio ou ter macacões de reserva para trocar, podemos evitar muitas dessas infecções. Em geral, você pode se tranquilizar, os veterinários são pessoas que se preocupam muito com o próprio asseio. Apesar de ficarmos cobertos de secreções, nós tomamos cuidado para não levar nada para casa. Não tenha receio de se aproximar de um veterinário (a não ser que ele não goste de você)!

Quais são os dez principais motivos que fazem as pessoas levarem seus gatos ao veterinário?

De acordo com a Veterinary Pet Insurance Company, os dez principais motivos alegados são os seguintes:

1. Infecções do trato urinário;
2. Desarranjos estomacais;
3. Insuficiência renal;
4. Alergias de pele;
5. Diabetes;

6. Infecções respiratórias;
7. Infecções de ouvido;
8. Extrações de dentes;
9. Colite (diarreia);
10. Hipertireoidismo.

É claro que essa lista se restringe ao âmbito da clínica geral e o que eu vejo no atendimento de emergência são casos um pouco mais assustadores e muito mais graves: insuficiência renal, câncer, icterícia, anemia, desarranjo estomacal, obstruções urinárias ou da uretra, insuficiência cardíaca... e assim por diante.

O que é um especialista veterinário?

Para alguém se tornar veterinário nos Estados Unidos, tem que cumprir créditos em disciplinas como anatomia, fisiologia, química orgânica, bioquímica e física num curso anterior à graduação. Eu me formei em ciências dos animais no Virginia Tech e muitas de minhas aulas foram em fazendas e em laboratórios. Algumas faculdades de veterinária admitem candidatos do segundo ou terceiro ano do curso preparatório, possibilitando com isso que você comece a estudar veterinária um ou dois anos mais cedo (e possivelmente economizando entre 20 e 50 mil dólares por ano). Já na faculdade de veterinária, você é submetido a um rigoroso programa de treinamento de quatro anos em todas as *logias* (farmacologia, fisiologia, toxicologia – soa engraçado?), sendo o último ano voltado para a atividade clínica (quando você atua como médico veterinário sob a orientação da faculdade) num hospital. Quando conclui a faculdade, você é um veterinário completamente habilitado e tem permissão para atuar como clínico geral em veterinária.

Em dezembro de 2007, havia nos Estados Unidos 58.240 veterinários trabalhando em clínicas particulares de atendimento a animais de pequeno porte (cachorros e gatos), animais exóticos (pássaros, animais selvagens e de zoológicos), animais de grande porte (gado, ovelhas e outras espécies curiosas, como aves pernaltas, alpacas, alces, lhamas etc.), equinos, suínos e outras espécies.[4] Outros 29 mil veterinários trabalham como servidores públicos ou em empresas privadas, incluindo órgãos de pesquisa governamentais e instituições acadêmicas. No total, existem 83.730 veterinários nos Estados Unidos, sendo aproximadamente 8.885 deles especialistas.

Um especialista veterinário é alguém que passou por um treinamento subsequente ainda mais avançado ou secundário por meio de um rigoroso programa de residência de um ano, seguido de mais outro treinamento de dois a quatro anos como residente; é por isso que há todas aquelas letras acompanhando meu nome: DACVECC, ou seja, doutora em veterinária pelo American College of Veterinary Emergency and Critical Care. Existem atualmente muitas especialidades, como anestesiologia, comportamento animal, cardiologia, odontologia, dermatologia, tratamento de emergência, medicina interna, neurologia, nutrição, oftalmologia, oncologia, patologia, radiologia, cirurgia e medicina de animais silvestres.

Atualmente, a tendência é a medicina veterinária se tornar progressivamente tão especializada quanto a medicina humana. Em geral, os veterinários especializados atendem a casos mais complicados, que são encaminhados a eles. Por exemplo, se o seu gato precisar se submeter a um tratamento avançado de quimioterapia ou a uma ultrassonografia do coração, ele provavelmente terá que ser atendido por um veterinário credenciado que seja especializado em oncologia ou cardiologia, respectivamente. Se o problema for uma insuficiência renal grave, terá de obrigatoriamente passar por um especialista em medicina interna. No caso de ele estar gravemente doente e necessitar de tratamento intensivo por 24 horas, seu gato terá de ser atendido e avaliado por um especialista em emergência crítica. Você pode encontrar mais informações sobre as diferentes especialidades na página da American Veterinary Medical Association na Internet (ver Referências) ou na página específica da associação profissional de cada especialidade. A minha especialidade é tratamento crítico de emergência e tenho o título de doutora pelo American College of Veterinary Emergency and Critical Care (DACVECC).

Qual é a principal implicância que a Dra. Justine A. Lee tem com a veterinária?

No primeiro dia de orientação na Faculdade de Medicina Veterinária da Cornell University, o reitor nos deu o seguinte sábio conselho: "Se há uma coisa que vocês aprendem no curso de veterinária é como se pronuncia a palavra 'veterinário'. Não é ve-tri-ná-rio, e sim ve-te-ri-ná-rio". Da mesma maneira como não é "ve-tra-no", mas "ve-te-ra-no". Pode ter sido algo típico da elite acadêmica confinada à sua Torre de Marfim (algo bastante pernóstico) para dizer em nosso primeiro dia de orientação, mas o fato é que desde então isso se tornou uma questão de honra para mim, exatamente como predisse o doido daquele reitor. Agora é tarde demais; como você já comprou este livro, fico só torcendo para que não me considere uma metida à besta incorrigível.

Posso confiar num veterinário que não seja ele mesmo dono de nenhum gato?

Você confiaria num chefe de cozinha que não come a comida que faz?

Vou ser polêmica aqui, dizendo que não. Você não vai querer levar seu filho a um pediatra que não gosta de crianças, não é mesmo? Admito que eu seja uma pessoa do tipo que tende mais para os cachorros, por adorar andar ao ar livre e me enlamear com eles, mas adoro igualmente conviver com gatos. Por sorte, a maioria dos veterinários gosta de ambas as espécies, mas se tiver alguma dúvida, procure assegurar-se de que ele ama os gatos tanto quanto você. Acho que o veterinário pode ter mais empatia com você e seu gato se ele realmente sabe o que está acontecendo com você e seu gato Félix. Não me interprete mal – existem veterinários maravilhosos que podem não ter eles mesmos nenhum gato. Posso, no entanto, garantir que seu felino peludo não terá o mesmo tratamento se for atendido por um profissional que não esteja acostumado a tirar uma soneca com um gato.

Vocês fazem ressuscitação cardiopulmonar (RCP) em gatos?

A ressuscitação cardiopulmonar, atualmente mais conhecida como ressuscitação cardiopulmonar cerebral ou RCPC, é de fato realizada em animais. É interessante notar que são usados porcos em pesquisas humanas de RCPC para melhorar os resultados e ver que drogas funcionam melhor. Nós veterinários avaliamos essas pesquisas e tomamos decisões quanto a como aplicar a RCPC no âmbito da veterinária. Infelizmente, a RCPC não tem nada a ver com o que mostram os seriados de televisão, como *Plantão Médico* ou *Grey's Anatomy*. Nós não fazemos respiração boca a boca nos gatos, mas enfiamos um tubo em sua traqueia para que eles possam respirar. Qualquer dia desses, vamos preferir os piolhos de gatos aos humanos.

Com a RCPC, a probabilidade de trazer o animal de volta quando ele parou de respirar ou seu coração parou de bater é muito menor do que com os seres humanos, abarcando apenas uma média de 4% a 10% em cachorros e gatos.[5] A probabilidade é maior com os gatos do que com os cachorros e isso provavelmente se deve ao fato de eles terem nove vidas (é sério). Nos humanos, pode-se fazer "mais facilmente" a desfibrilação para restaurar o ritmo cardíaco normal após uma parada provocada por um ataque cardíaco, mas como os cachorros raramente têm ataque cardíaco, a parada normalmente ocorre devido a uma falência dos rins, doença do fígado, câncer ou algum outro problema de fundo em estágio avançado ou terminal. Assim, quando o coração do Félix para, é improvável que um veterinário consiga revivê-lo e ainda mais improvável que a ocorrência não volte a se repetir. Procure discutir essa decisão com seus familiares antes que isso possa vir a ocorrer na vida do seu gato.

Quanto custa sacrificar um animal?

Infelizmente, tudo tem seu preço. Eu já passei pela experiência lamentável de ouvir um cliente dizer: "Se soubesse que iria custar tudo isso, eu o teria deixado morrer em casa!". O preço para sacrificar o Tigger depende de quanto seu veterinário costuma cobrar por seus serviços, mas pode variar entre 45 e 250 dólares. Portanto, se quiser, procure antes se informar. Em geral, o veterinário que atende a família ou a fazenda é menos careiro do que as escolas de veterinária, apesar de elas cobrarem menos pela necrópsia. De qualquer maneira, não tente sacrificar seu animal em casa. Muitas pessoas esperam que o Tigger tenha uma morte tranquila em casa, mas, na realidade, isso raramente acontece. Não o deixe sofrer lentamente quando é possível aliviar em muito sua dor. Existem veterinários que atendem em domicílio para que tudo ocorra da forma mais íntima e tranquila possível. Mas seja qual for a solução, você terá de abrir a carteira. Considere esse custo como seu último presente a seu pobre amigo felino que sempre lhe foi tão leal. E nesses últimos dias, procure dar ao Tigger todo o atum e o leite que ele quiser.

Eu tenho que estar presente enquanto meu gato é sacrificado?

A decisão de sacrificar seu animal é inteiramente sua e nenhum veterinário tem o direito de questionar sua decisão de estar ou não presente quando seu gato é sacrificado. Essa é obviamente uma das decisões mais difíceis de serem tomadas e uma das experiências mais dolorosas que existem, por mais que o veterinário se esforce para torná-la o mais tranquila possível. Eu sempre digo ao dono que deve guardar uma boa lembrança dos momentos com seu gato e que, se esse momento é de aconchego no sofá ou de vê-lo tirando um cochilo ao sol, em lugar de uma despedida num ambiente estéril como o de uma clínica veterinária, tudo bem. Se você escolher não estar presente, seu veterinário e assistente estarão com seu gato o tempo todo, oferecendo-lhe todos os cuidados e uma despedida afetuosa.

Se você decidir ficar com ele, é importante saber que seu gato pode apresentar certos sinais de relaxamento provocados pelos sedativos e pela solução mortífera. Sempre aviso o dono de que o cachorro poderá urinar, defecar, fazer uma última respiração profunda ou ficar de olhos abertos o tempo todo, mesmo depois de já ter morrido. Muito raramente, alguns animais podem ter contrações musculares depois de morrer, devido ao cálcio e eletrólitos nos músculos. Mesmo sabendo de tudo isso, você pode confiar em nós e ter a certeza de que o processo todo é muito rápido (leva apenas alguns segundos) e tranquilo. A decisão de acabar com o sofrimento ou com a vida do seu animal de estimação é muito séria, mas seu veterinário acompanhará você até o fim e respeitará sua decisão de estar ou não presente no momento final.

Existe algum documento pelo qual posso assegurar o direito de decidir sobre a vida do meu gato em alguma situação de emergência?

Quando eu adotei o Echo, eu sabia que ele poderia ter uma morte terrível por causa do seu problema cardíaco congênito. Ou por um derrame que paralisaria suas pernas traseiras (trombose lombar) ou pela presença de líquido nos pulmões (insuficiência cardíaca congestiva) e dificuldade respiratória. Na verdade, havia uma determinação para que ele fosse adotado apenas por um veterinário, pelo fato de esse profissional saber que ele teria pouco tempo de vida e, portanto, seria "menos apegado" (pois sim!). É claro que eu me apaixonei perdidamente por ele, mas sabia ao adotá-lo que podia dar a ele uma boa vida (apesar de curta) até a hora em que tivesse de ser sacrificado.

Como eu não queria que o Echo sofresse, eu fiz uma declaração determinando que providências deveriam ser tomadas em alguma situação de emergência em que eu não estivesse presente. Prescrevi uma lista de procedimentos de ressuscitação para que as pessoas que estivessem com ele soubessem o que fazer numa situação de emergência em que não conseguissem entrar em contato comigo. Tenho essas recomendações gravadas no arquivo eletrônico de meus animais de estimação no hospital veterinário e costumo recomendar às pessoas que também façam isso. Pergunte ao seu veterinário sobre a possibilidade de criar essa garantia para seu gato, de maneira que ele saiba o que você quer que seja feito numa situação de emergência. Para certas pessoas, pode parecer uma medida esdrúxula (ou neurótica), e assustadora para a babá eventualmente contratada para tomar conta do meu gato, mas eu a acho importante tanto para as criaturas de quatro como de duas pernas. Não costumamos falar sobre isso com as pessoas queridas e, quando o fazemos, em geral já é tarde demais.

Durante a minha residência, assisti a todo tipo de coisas a que as pessoas submetem seus animais, sem levar em conta as recomendações dos veterinários. Por ter visto animais serem submetidos a coisas que eu nunca faria comigo mesma nem com meus bichos de estimação (e presenciado o sofrimento pelo qual passaram), eu decidi criar uma declaração para garantir a minha própria vontade numa situação de emergência. Eu não quero ser alvo de todas aquelas façanhas heroicas – prefiro morrer em paz, sem ser um peso financeiro, emocional ou físico para as pessoas que amo. Foi mais ou menos na mesma época em que decidi criar essa garantia para JP, Seamus e Echo. Todos nós amamos nossos animais, mas o "amor" que sentimos por eles assume formas diferentes. É importante que seu veterinário, familiares e pessoas que eventualmente cuidam de seus animais saibam que você tem esse documento, para que possam também respeitar sua vontade.

Os veterinários fazem necrópsias de animais?

Sim, por mais repulsivo e chocante que possa parecer, nós veterinários fazemos necrópsias de nossos amigos de quatro patas. No contexto da medicina humana, apenas 10% dos direitos sobre a autópsia[6] são concedidos ao hospital (em outras palavras, a maioria das pessoas rejeita a opção de fazer a autópsia de seus entes queridos). Também no contexto da medicina veterinária, a decisão de fazer a necrópsia pode estar baseada em diversos fatores. O primeiro deles é que fazer a necrópsia pode afetar sua vontade com relação ao que fazer com o corpo do Tigger. É possível se realizar uma necrópsia cosmética se você quiser levar o corpo do Tigger para ser enterrado no equivalente humano a um "caixão aberto", mas saiba que, se pedir uma necrópsia completa, não poderá levar seu corpo para casa, a não ser em forma de cinzas por meio de uma cremação particular. Isso é para evitar que você fique procurando encontrar seus órgãos e tecidos no latão de resíduos. Se preferir que o hospital disponha do corpo do seu gato para finalidades médicas, você pode assim mesmo pedir que a necrópsia seja realizada. A questão é: para quê?

A realização da necrópsia serve a diversos propósitos. O primeiro deles é prover a seu veterinário importantes informações com respeito ao diagnóstico e tratamento – em outras palavras, se o tratamento estava funcionando ou qual foi a causa da morte do paciente. Em segundo lugar, esses procedimentos nos permitem saber se poderíamos ter feito mais, como também ajudam os estudiosos a identificar mais rapidamente a doença e, com isso, a possibilidade de encontrar a cura. Para a família, a necrópsia é extremamente importante para saber se havia algum risco de contágio, como uma doença que pudesse passar para você ou seus outros animais (como a peritonite infecciosa felina, a leucemia felina na medula óssea ou uma doença rara). Às vezes, a necrópsia ajuda a identificar as causas da morte súbita ou inesperada de nossos animais, embora coágulos de sangue que se formam repentinamente (como no tromboembolismo pulmonar ou numa parada cardíaca) em geral não sejam revelados pela necrópsia. Finalmente, a necrópsia pode ser necessária para comprovar legalmente os casos de intoxicação ou envenenamento. Se você desconfia que seu vizinho tenha envenenado o seu gato com algum anticongelante (o que, por sorte, é uma ocorrência rara), a necrópsia deve obrigatoriamente ser realizada. Alguns veterinários que cuidam de animais de abrigos também recomendam a necrópsia quando suspeitam de práticas de violência contra animais, o que, em muitos estados, eles são obrigados a denunciar aos órgãos competentes.

Finalmente, a decisão de autorizar a necrópsia do Tigger pode ser influenciada pelo preço. O custo de uma necrópsia varia e pode depender de se ela é feita pelo próprio veterinário ou se por um patologista credenciado (pelo American College of Veterinary Pathologists), que pode fazer exames e culturas mais abrangentes para determinar o diagnóstico. A necrópsia é, em última análise, o meio mais eficiente de se saber o que ocorreu, quando a resposta escapa a todos os exames. Com os resultados da necrópsia, o dono pode ficar tranquilo ao saber que seu gato tinha câncer e que ele tomou a decisão "certa" ao resolver sacrificá--lo pelo seu próprio bem.

Quais são as possibilidades de eu dispor dos restos mortais do meu gato?

Nenhum veterinário pode julgar sua decisão quanto ao que fazer com o corpo do seu gato. Se o seu faz isso, procure outro! Algumas pessoas decidem levar o corpo de seu felino para ser enterrado no quintal de casa; mas antes de fazer isso, procure conhecer a legislação da sua cidade a esse respeito. Outras preferem que o veterinário dê um destino ao corpo, para ser cremado ou enterrado longe de seus olhos, a fim de pouparem-se desse sofrimento. E outras ainda preferem levar para casa as cinzas do gato. Parece estranho ou estúpido ou repulsivo? De maneira nenhuma! A cada um o que por direito lhe pertence. Se guardar as cinzas do seu gato na cornija da lareira for para você uma forma agradável de lembrar dele, então é isso que recomendamos. Tem gente que decide espalhar as cinzas sobre os lugares preferidos do gato – embaixo de sua árvore preferida ou no jardim.

Ultimamente, surgiram outras possibilidades, como a de transformar as cinzas em bijuterias de vidro (ver Referências). Apesar de para algumas pessoas isso parecer estranho, eu já vi peças muito bonitas, verdadeiras obras de arte. É claro que nem todos se dispõem a andar com os restos de seu gato em volta do pescoço, mas essa é uma opção limpa, segura e artística... só que custa os olhos da cara!

É verdade que é mais difícil ingressar numa faculdade de veterinária do que numa de medicina?

Como existem apenas 27 (esse número vem aumentando) faculdades de veterinária nos Estados Unidos (enquanto são mais de 120 as faculdades de medicina), ingressar numa faculdade de veterinária pode envolver maior competição simplesmente porque existem menos vagas. Por outro lado, seja ou não em busca de poder, prestígio e salários mais altos, há mais pessoas querendo ingressar numa faculdade de medicina do que numa de veterinária (ou querendo obter o título de "doutor em medicina veterinária", graças à mania da Universidade da Pensilvânia de usar palavras latinas). Não que eu esteja me queixando – afinal meu trabalho continua garantido! Também pelo fato de muitas escolas de veterinária serem estaduais, os candidatos têm restringidas as possibilidades de matrícula. Por exemplo, a faculdade de veterinária de Virginia-Maryland só aceita um punhado de candidatos de outros estados por ano. Portanto, sim, eu suponho que seja muito difícil ingressar numa faculdade de veterinária, mas não em função de as exigências serem mais rigorosas. Afora isso, o curso de veterinária é quase tão longo quanto o de medicina; por isso, menos pessoas ingressam na escola de veterinária, uma vez que o salário (os veterinários ganham muito menos do que os médicos) não compensa o investimento em anos de estudo. Finalmente, como os cursos preparatórios para a faculdade de veterinária são idênticos aos preparatórios para a medicina, muitos estudantes da área de veterinária acabam passando para o outro lado antes de se formarem. Portanto, se o seu médico costuma dar um tapinha nas suas costas depois da consulta, agora você já sabe por quê!

Para alguém ser veterinário nos Estados Unidos precisa ter no mínimo um diploma do curso preparatório (normalmente de três a cinco anos) e mais quatro anos de estudo em escola veterinária. O último (quarto) ano da faculdade de veterinária é dedicado à prática clínica, em que o estudante "faz o papel de doutor", trabalhando no hospital em diferentes setores, sob a supervisão do corpo docente. Concluída essa formação, a pessoa pode imediatamente trabalhar como clínico geral em veterinária. Entretanto, uma parcela menor (aproximadamente entre 10% e 20% de cada turma de formandos) continua estudando para obter o diploma de especialização. Em geral, para obter esse diploma é necessário mais um ano de prática em medicina e cirurgia, seguido de um período de dois a quatro anos de residência para desenvolver a especialização. Portanto, por mais que toda menina de sete anos sonhe em se tornar veterinária, quando ela descobre que para isso terá de passar pelo menos sete anos (e até treze!) fazendo lições de casa e tendo ataques de histeria, ela muito provavelmente irá desistir. Apenas as realmente dedicadas conseguem enxergar além e é por isso que nossa profissão continua sendo tão competitiva.

Por que existem tantas mulheres veterinárias?

Até a década de 1970, 90% dos profissionais veterinários eram homens. Isso não é tão surpreendente, se considerarmos que 90% do mundo continue sob o domínio dos homens. Naquela época, era extremamente difícil para uma mulher ingressar numa faculdade de veterinária. Mas, desde então, a medicina veterinária vem se tornando progressivamente, e de maneira incrível e indubitável, mais cordial às mulheres e, com isso, aumentaram as suas oportunidades. Pessoalmente, eu acho que muitas garotas loucas por cavalos e por animais empalhados crescem querendo ser veterinárias (até descobrirem por quantos anos terão de estudar ou que terão de sacrificar animais) e, por isso, não me surpreende que tenha havido tal procura a essa área. Embora esse aumento da presença feminina não tenha ocorrido no campo da medicina humana, é possível assim mesmo lançar a hipótese de que isso se deve ao fato de as mulheres serem naturalmente mais compassivas e atenciosas do que os homens e que possam ter uma tendência natural a querer ajudar os animais. Pelo menos é o que eu, como mulher, prefiro pensar.

É verdade que os veterinários detestam ouvir a frase: "Eu queria ser veterinário, mas não suportei a ideia de ter de sacrificar animais"?

Sim. Surpreendentemente, não foi tampouco essa a razão que nos levou a querer adotar essa profissão. Falando sério.

Você assiste a casos de violência contra animais?

Lamentavelmente, é um dos problemas mais graves que temos de encarar em nossa profissão. Infelizmente isso ocorre, porque como as crianças e os cachorros, os gatos não podem pegar seus donos e dar-lhes o troco no traseiro. O problema é que nem sempre se pode adivinhar ou identificar o dono que tem comportamento violento. Já vi casos de pessoas que pareciam perfeitamente "normais", e que viviam pagando milhares de dólares para reparar fraturas, baços rompidos, hemorragia interna ou ossos quebrados. E não levou muito tempo para acender o sinal vermelho.

Os casos de violência contra animais são bastante complicados. Dependendo do estado onde você vive, o veterinário pode ser obrigado por lei a denunciá-los às autoridades competentes. Em outros estados, não existem leis a esse respeito. Em certos casos, as agressões têm origem na violência doméstica e os veterinários temem as possíveis consequências da denúncia, como retaliações violentas. Os sintomas típicos de quem pratica essas agressões podem também se dever à síndrome de Münchhausen, um transtorno psicológico que leva o dono a agredir seu animal para atrair mais atenção para si mesmo e sentir-se mais dedicado. Não sei o que você acha, mas para mim, ver um gato quebrado por amor, como na peça *Misery* (Louca Obsessão) de Stephen King, não tem nenhuma graça. Tenho certeza de que os animais concordariam comigo, mas infelizmente eles não podem falar por si mesmos. Qualquer que seja o caso, a violência praticada contra animais é sempre de natureza complexa, pois seus danos podem não se restringir ao animal.

Em caso de suspeita de que alguém esteja maltratando um animal, existem serviços aos quais você pode denunciar. Os abrigos para animais dispõem de sistemas de proteção e de funcionários para investigar as denúncias. Embora eles possam estar sobrecarregados de trabalho, é bom saber que se tem onde recorrer para denunciar um caso de suspeita de violência ou crueldade contra animais.

Como saber se um hospital veterinário é bom?

Encontrar um provedor de serviços de saúde no qual você possa acreditar e confiar é imperativo, seja o cliente de duas ou quatro pernas. São os seguintes os fatores a serem levados em consideração para determinar se uma clínica veterinária é boa:[7]

- Você se sente à vontade com o veterinário e seus assistentes? Eles dedicam tempo a responder suas perguntas?
- A clínica veterinária mantém arquivos organizados contendo registros detalhados de prescrições, resultados de exames físicos e de sangue? Eles dão a você cópias dos exames de sangue?
- Seu horário de atendimento é conveniente para você?
- Que planos ou sistemas de pagamento eles oferecem?
- Qual a abrangência dos serviços oferecidos? Eles fazem coleta de sangue e raios X em domicílio? Eles têm equipamento para anestesia, oxigênio, farmácia completa e opções para encaminhamento se necessário?
- Como são atendidos os chamados de emergência?
- Eles oferecem outros serviços, como de banho e escovação, corte de unhas e hospedagem e, se não, eles têm condições de recomendar algum desses serviços?
- Seus veterinários são membros de alguma associação profissional (como a American Veterinary Medical Association) ou de alguma associação de âmbito estadual?

Pergunte aos seus amigos, criadores de animais ou colegas de trabalho quem é o veterinário deles e pesquise. Seja um consumidor consciente para o membro de quatro patas da sua família. Não se trata de comprar uma nova marca de comida para gatos; exige pesquisa e análise prévia para fazer a melhor escolha possível. E o mais importante: procure um veterinário que seja atencioso, compassivo e confiável, que se disponha a explicar todas as suas opções (desde as questões médicas até o encaminhamento a um especialista) e trabalhar com você em favor do que é melhor para o seu gato e para você.

Nós queremos que nossos clientes sejam donos inteligentes, que prezem a descontração e a responsabilidade. O primeiro passo para se tornar um consumidor consciente é encontrar um veterinário com quem você se sinta à vontade. Exatamente como ocorre com seu médico, você deve confiar e gostar do seu veterinário. Se isso não acontece, procure outro. E não esqueça de que você tem opções. Existem muitas informações disponíveis na Internet, mas você tem que saber separar o joio do trigo. A Internet também difunde muitas informações errôneas e tanto seu gato como seu veterinário odiarão se você tomar uma decisão precipitada. Quando tiver qualquer dúvida, fale com seu veterinário e lembre-se de que você sempre tem a possibilidade de buscar uma segunda opinião e de consultar um especialista, com ou sem a aprovação dele. Procure se informar sobre a saúde do seu gato ou consultando fontes veterinárias confiáveis ou perguntando ao seu próprio veterinário.

Além disso, tenha em casa uma ficha médica minuciosa e bem organizada do seu gato, com todas as informações acessíveis, para o caso de ocorrer alguma emergência. Uma dica importante: peça uma cópia de todos os exames de sangue para guardar em seu arquivo particular. Ainda que todos aqueles números e códigos não signifiquem nada para você, eles darão muitas informações ao veterinário que o atender numa possível situação de emergência. Finalmente, procure manter seu veterinário informado sobre todas as maneiras de entrar em contato com você, incluindo seu telefone celular e e-mail, como também sobre as diretrizes que devem ser seguidas. Seja o advogado do seu animal de estimação, porque além de você, do seu veterinário e do próprio gato, ninguém mais é capaz de defender seu amigo de quatro patas!

Quais são os benefícios que um gato traz para a saúde do seu dono?

Não tem certeza se todo aqueles pelos e o vômito às três horas da manhã, agitação em volta da sua cabeça à meia-noite e lençóis cobertos de excrementos de gato valem a pena? Bem, você sabia que ter um gato pode reduzir significativamente a sua pressão sanguínea em apenas um curto período de tempo – especialmente se você tende a sofrer de hipertensão?[8] O National Institute of Health Technology Assessment Workshop demonstrou que a companhia de animais ajuda a reduzir a incidência de doenças cardíacas em seus donos. Pelo visto, as pessoas que não têm animais são mais malucas, já que ter um amigo leal dá uma "maior estabilidade psicológica", minimizando com isso o risco de doenças cardíacas. Além disso, constatou-se que os donos de animais de estimação vão menos ao médico por problemas corriqueiros. Surpreende-me o fato de mais seguradoras de saúde não estarem distribuindo animais de presente a seus clientes para reduzir os custos com assistência médica.

Todos nós que temos gatos sabemos que nossos amigos felinos são ótimos agentes de redução do estresse. Depois de um árduo dia de trabalho, é muito mais fácil descontrair e curtir a vida quando se tem uma taça de vinho tinto numa mão e com a outra se acaricia um gato. Todos nós deveríamos aprender com nossos gatos a levar a vida de maneira relaxada: tirando muitas sonecas, não nos estressando, cantando de galo, deixando que alguém cuide de nós e se encarregue de limpar o que sujamos e aproveitando as coisas simples da vida, como uma soneca, um raio de sol e o aconchego de um colo quentinho.

NOTAS

CAPÍTULO 1

1. Leslie A. Lyons. "Why Do Cats Purr?" 27 de janeiro de 2003, disponível no seguinte endereço: www.sciam.com/article.cfm?id=why-do-cats-purr.

2. R. Gunter. "The Absolute Threshold for Vision in the Cat." *Journal of Physiology* 114 (1995): 8-15.

3. Paul E. Miller. "Vision in Animals – What Do Dogs and Cats See?" Atas do Twenty-fifth Annual Waltham/OSU Symposium, outubro de 2001.

4. American Veterinary Dental College Position Statement: Feline Odontoclastic Resorption Lesions, disponível no seguinte endereço: www.avdc.org/FORL.pdf.

5. D. Vnuk, B. Pirkic, D. Maticic *et al.* "Feline High-Rise Syndrome: 119 Cases (1998-2001)." *Journal of Feline Medicine and Surgery* 6, nº 5 (2004): 305-312. F. Collard, J. P. Genevois, C. Decosnes-Junot *et al.* "Feline High-Rise Syndrome: A Retrospective Study on 42 Cases." *Journal of Veterinary Emergency Critical Care* 15, nº 1 (2005): S15-S17. Amy Kapatkin e D. T. Matthiesen. "Feline High-Rise Syndrome." *Compendium on Continuing Education for the Practicing Veterinarian* 13, nº 9 (1991): 1389-1397.

6. *Ibid.*

7. L. N. Trut. "Early Canid Domestication: The Farm-Fox Experiment." *American Scientist* 87 (1999): 160-169.

8. www.patentstorm.us/patents/5443036.html

9. www.freepatentsonline.com/crazy.html

10. www.lib.unc.edu/ncc/gallery/twins.html

CAPÍTULO 2

1. IDEXX Senior Care brochure, disponível no seguinte endereço: www.idexx.com/animalhealth/education/diagnosticedge/200509.pdf.

2. B. M. Kuehn. "Animal Hoarding: A Public Health Problem Veterinarians Can Take a Lead Role in Solving." *Journal of the American Veterinary Medical Association* 221, nº 8 (2002): 1087-1089. G. J. Patronek. "Hoarding of Animals: An Under-recognized Public Health Problem in a Difficult-to-Study Population." *Public Health Reports* 114, nº 1 (1999): 81-87.

3. *Ibid.*

4. "Your Cat: Indoors or Out?", disponível no seguinte endereço: www.hsus.org/pets/pet_care/our_pets_for_life_program/cat_behavior_tip_sheets/your_cat_indoors_or_out.html.

5. Richard D. Kealy, D. F. Lawler, J. M. Ballam *et al.* "Effects of Diet Restriction on Life Span and Age-Related Changes in Dogs." *Journal of the American Veterinary Medical Association* 220, nº 9 (2002): 1315-1320.

6. *Ibid.*

7. A. J. German. "The Growing Problem of Obesity in Dogs and Cats." *Journal of Nutrition* 136 (2006): 1940S-1946S.

8. www.partnersah.vet.cornell.edu/pet/fhc/pill_or_capsule.

9. www.authorsden.com/visit/viewshortstory.asp?id=10278.

10. www.lifestylepets.com/hypocat.html.

11. Steve Sternberg. "To Head Off Allergies, Expose Your Kids to Pets and Dirt Early, Really." *USA Today*, 19 de março de 2006, disponível no seguinte endereço: www.usatoday.com/news/health/2006-03-19-allergies-cover_x.htm. Gina Greene. "Kids' Best Friends: Pets Help Prevent Allergies." CNN.com Health. 28 de agosto de 2002, disponível no seguinte endereço: www.archives.cnn.com/2002/HEALTH/parenting/08/27/kid.pet.allergies. D. R. Ownby, C. C. Johnson e E. L. Peterson. "Exposure to Dogs and Cats in the First Year of Life

and Risk of Allergic Sensitization at 6 to 7 Years of Age." *Journal of the American Medical Association* 288 (2002): 963-972. T. A. E. Platts-Mills. "Paradoxical Effect of Domestic Animals on Asthma and Allergic Sensitization." *Journal of the American Medical Association* 288 (2002): 1012-1014.

12. G. M. Strain. "Hereditary Deafness in Dogs and Cats: Causes, Prevalence, and Current Research." Atas da Tufts' Canine and Feline Breeding and Genetics Conference, outubro de 2003.

13. G. M. Strain. "Deafness in Dogs and Cats", disponível no seguinte endereço: www.Isu.edu/deafness/deaf.htm; D. R. Bergsma, K. S. Brown. "White Fur, Blue Eyes, and Deafness in the Domestic Cat." *Journal of Heredity* 62, nº 3 (1971): 171-185; I. W. S. Mair. "Hereditary Deafness in the White Cat." *Acta Otolaryngologica.* Supl. nº 314 (1973): 1-48; I. W. S. Mair. "Hereditary Deafness in the Dalmatian Dog." *European Archives of Otorhinolaryngology* 212, nº 1 (1976): 1-14; G. M. Strain. "Aetiology, Prevalence, and Diagnosis of Deafness in Dogs and Cats." *British Veterinary Journal* 152, nº 1 (1996): 17-36. G. M. Strain. "Congenital Deafness and its Recognition." *Veterinary Clinics of North America: Small Animal Practice* 29, nº 4 (1999): 895-907. G. M. Strain. "Deafness Prevalence and Pigmentation and Gender Associations in Dog Breeds at Risk." *The Veterinary Journal* 167, nº 1 (2004): 23-32.

14. D. A. Gunn-Moore e C. M. Shenoy. "Oral Glucosamine and the Management of Feline Idiopathic Cystitis." *Journal of Feline Medicine and Surgery* 6, nº 4 (2004): 219-225.

CAPÍTULO 3

1. www.peteducation.com/article.cfm?cls=1&cat=1838&articleid=1542.

2. Jacqueline C. Neilson. "Top Ten Behavioral Tips for Cats." Atas da Western Veterinary Conference, fevereiro de 2003.

3. Sarah Hartwell. "The Domestication of the Cat." Cat Resource Archive, disponível no seguinte endereço: www.messybeast.com/cathistory.htm.

4. J. A. Baldwin. "Notes and Speculations on the Domestication of the Cat in Egypt." *Anthropos* 70 (1975): 428-448.

5. www.karawynn.net/mishacat/toilet.html e www.petplace.com/cats/how--to-toilet-train-your-cat/page1.aspx.

6. www.thecatsite.com/Snips/107/Cat-Litter-The-Dust-Settles.html.

7. Amanda Yarnell. "Kitty Litter: Clay, Silica, and Plant-Derived Alternatives Compete to Keep Your Cat's Box Clean." *Science & Technology* 82, nº 17 (2004): 26.

8. www.minerals.usgs.gov/ds/2005/14C/claysbentonite-use.pdf.

9. www.catgenie.com/compare-save/3-save-environment.

CAPÍTULO 4

1. Karen Overall. *Clinical Behavioral Medicine for Small Animals* (St. Louis: Mosby, 1997).

2. Sharon A. Center, T. H. Elston, P. H. Rowland *et al.* "Fulminant Hepatic Failure Associated with Oral Administration of Diazepam in 11 Cats." *Journal of the American Veterinary Medical Association* 209, nº 3 (1996): 618-625. Dez Hughes, R. E. Moreau, L. L. Overall *et al.* "Acute Hepatic Necrosis and Liver Failure Associated with Benzodiazepine Therapy in Six Cats, 1986-1995." *Journal of Veterinary Emergency Critical Care* 61, nº 1 (1996):13-20.

3. PetPlace Staff. "Do Dogs Mourn? Canine Grief", disponível no endereço: http://www.petplace.com/dogs/do-dogs-mourn/page1.aspx e Nashville Pet Finders. "Do Dogs Mourn?" ASPCA Mourning Project, disponível no endereço: www.nashvillepetfinders.com/mourn.cfm.

4. *Ibid.*

5. S. M. Reppert, R. J. Coleman, H. W. Heath *et al.* "Circadian Properties of Vasopressin and Melatonin Rhythms in Cat Cerebro-spinal Fluid." *American Journal of Physiology-Endocrinology and Metabolism* 243, nº 6 (1982): E489-E498.

6. David M. Dosa. "A Day in the Life of Oscar the Cat." *New England Journal of Medicine* 357 (2007): 328-329.

7. E. Fuller Torrey e Robert H. Yolken. "*Toxoplasma gondii* and Schizophrenia." *Emerging Infectious Diseases* 9, nº 11 (2003): 1375-1380.

8. Alan S. Brown, Catherine A. Schaefer, Charles P. Quesenberry Jr. *et al.* "Maternal Exposure to Toxoplasmosis and Risk of Schizophrenia in Adult Offspring." *American Journal of Psychiatry* 162, nº 4 (2005): 767-773.

9. *Ibid.*

10. Beth Thompson. "Flawed Conclusion Fingers Cats as Cause of Mental Illness." *Compendium on Continuing Education for the Practicing Veterinarian* 27, nº 9 (2005): 648-649.

11. *Ibid.*

CAPÍTULO 6

1. Pet Connection Staff. "Pet-Food Recall: The Scope of the Tragedy." Universal Press Syndicate, disponível no seguinte endereço: http://www.petconnection.com/recall.

2. *Ibid.*

3. *Ibid.*

4. *Ibid.*

5. *Ibid.*

6. A. J. German. "The Growing Problem of Obesity in Dogs and Cats." *Journal of Nutrition* 136 (2006): 1940S-1946S.

7. D. R. Strombeck. *Home-Prepared Dog & Cat Diets: The Healthful Alternative* (Ames: Iowa State Press, 1999).

8. Charlotte H. Edinboro, Catharine Scott-Moncrieff, Evan Janovitz *et al.* "Epidemiologic Study of Relationships Between Consumption of Commercial Canned Food and Risk of Hyperthyroidism in Cats." *Journal of the American Veterinary Medical Association* 224, nº 6 (2004): 879-886.

9. C. B. Chastain, Dave Panciera e Carrie Waters. "Evaluation of Dietary and Environmental Risk Factors for Hyperthyroidism in Cats." *Small Animal Clinical Endocrinology* 11, nº 2 (2001): 7.

10. J. Olczak, B. R. Jones, D. U. Pfeiffer *et al.* "Multivariate Analysis of Risk Factors for Feline Hyperthyroidism in New Zealand." *New Zealand Vet Journal* 53, nº 1 (2005): 53-58.

CAPÍTULO 7

1. James E. Childs, Lesley Colby, John W. Krebs *et al.* "Surveillance and Spatiotemporal Associations of Rabies in Rodents and Lagomorphs in the United States, 1985-1994." *Journal of Wildlife Diseases* 33, nº 1 (1997): 20-27.

CAPÍTULO 8

1. Valentina Merola e Eric Dunayer. "The 10 Most Common Toxicoses in Cats." *Veterinary Medicine*, 2006: 339-342, disponível no seguinte endereço: www.aspca.org/site/DocServer/vetm0606_339-342.pdf?docID=9643.

2. Animal Poison Control Center. "17 Common Poisonous Plants", disponível no seguinte endereço: www.aspca.org/site/PageServer?pagename=pro_apcc_common.

3. Valentina Merola e Eric Dunayer. "The 10 Most Common Toxicoses in Cats."

CAPÍTULO 9

1. D. C. Blood, V. P. Studdert. *Baillière's Comprehensive Veterinary Dictionary* (Oxford: Baillière Tindall, W. B. Saunders, 1988).

2. Beth Overley, Frances S. Shofer, Michael H. Goldschmidt *et al.* "Association Between Ovariohysterectomy and Feline Mammary Carcinoma." *Journal of Veterinary Internal Medicine* 19, nº 4 (2005): 560-563.

3. www.isaronline.org/index.html.

4. www.dpd.cdc.gov/dpdx/HTML/Toxoplasmosis.htm.

5. www.petsandparasites.com/cat-owners/toxoplasmosis.html, www.pawssf. org, www.cdc.gov/healthypets, www.avma.org/animal_health/brochures/toxoplasmosis/toxoplasmosis_brochure.asp e www.cdc.gov/toxoplasmosis/pdfs/toxocatowners_8.2004.pdf.

CAPÍTULO 10

1. Carin A. Smith. "The Gender Shift in Veterinary Medicine: Cause and Effect." *Veterinary Clinics of North America: Small Animal Practice* 36, nº 2 (2006): 329-339. Veterinary Market Statistics, American Veterinary Medical Association, 2007, disponível no seguinte endereço: www.avma.org/reference/marketstats/usvets.asp.

2. American Association of Feline Practitioners Feline Vaccine Advisory Panel Report. *Journal of the American Medical Veterinary Association* 229, nº 9 (2006): 1405-1441, disponível no seguinte endereço: www.aafponline.org/resources/guidelines/2006_Vaccination_Guidelines_JAVMA.pdf.

3. E. C. Burgess. "Experimentally Induced Infection of Cats with *Borrelia Burgdorferi.*" *American Journal of Veterinary Research* 53, nº 9 (1992): 1507-1511.

4. Veterinay Market Statistics, American Veterinary Medical Association, 2007, disponível no seguinte endereço: www.avma.org/reference/marketstats/usvets.asp.

5. D. T. Crowe. "Cardiopulmonary Resuscitation in the Dog: A Review and Proposed New Guidelines (Part II)." *Seminars in Veterinary Medicine and Surgery (Small Animal)* 3, nº 4 (1988): 328-348; B. A. Gilroy, B. J. Dunlop, H.

M. Shapiro. "Outcome from Cardiopulmonary Resuscitation in Cats: Laboratory and Clinical Experience". *Journal of the American Animal Hospital Association* 23, nº 2 (1987): 133-139; W. E. Wingfield e D. R. Van Pelt. "Respiratory and Cardiopulmonary Arrest in Dogs and Cats: 265 cases (1986-1991)." *Journal of the American Veterinary Medical Association* 200, nº 12 (1992): 1993-1996. Philip H. Kass, S. C. Haskins. "Survival Following Cardiopulmonary Resuscitation in Dogs and Cats." *Journal of Veterinary Emergency Critical Care* 2, nº 2, (1992): 57-65.

6. Atul Gawande. *Complications: A Young Surgeon's Notes on the Imperfect Science* (Nova York: Metropolitan Books, 2002). E. C. Burton e P. N. Nemetz. "Medical Error and Outcome Measures: Where Have All the Autopsies Gone?" *Medscape General Medicine* 2, nº 2 (2000). G. D. Lundberg. "Low-Tech Autopsies in the Era of High-Tech Medicine: Continued Value for Quality Assurance and Patient Safety". *Journal of the American Medical Association* 280, nº 14 (1998): 1273-1274.

7. American Veterinary Medical Association. "What You Should Know About Choosing a Veterinarian for Your Pet". Junho de 2004, disponível no seguinte endereço: www.avma.org/animal_health/brochures/choosing_vet/choosing_vet_brochure.asp.

8. Karen Allen, Barbara E. Shykoff e Joseph L. Izzo. "Pet Ownership, But Not ACE Inhibitor Therapy, Blunts Home Blood Pressure Responses to Mental Estresse." *Hypertension* 38 (2001): 815-820.

REFERÊNCIAS

TABELAS COMPARATIVAS DE IDADES:

- *www.antechdiagnostics.com/petOwners/wellnessExams/howOld.htm*
- *www.idexx.com/animalhealth/education/diagnosticedge/200509.pdf*

AMERICAN COLLEGE OF VETERINARY BEHAVIORISTS:

- *www.dacvb.org*

AMERICAN COLLEGE OF VETERINARY EMERGENCY AND CRITICAL CARE:

- *www.acvecc.org*

AMERICAN COLLEGE OF VETERINARY NUTRITION:

- *www.acvn.org*

AMERICAN VETERINARY DENTAL COLLEGE:

- *www.avdc.org/index.html*

AMERICAN VETERINARY MEDICAL ASSOCIATION:

- *www.avma.org/*
- *www.avma.org/reference/marketstats/default.asp*
- *www.avma.org/reference/marketstats/vetspec.asp*

AMERICAN SOCIETY FOR THE PREVENTION OF CRUELTY TO ANIMALS:

- *www.aspca.org/site/PageServer*
- *www.aspca.org*

BANFIELD, THE PET HOSPITAL:

- *www.banfield.net*

CAT FANCIERS' ASSOCIATION (associação dos aficionados por gatos):

- *www.cfa.org*

CAT FENCE (cercas para gatos):

- *www.purrfectfence.com*

COMPANION ANIMAL PARASITE COUNCIL:

- *www.capcvet.org*
- *www.petsandparasites.com*

CENTERS FOR DISEASE CONTROL AND PREVENTION (órgãos responsáveis pelo controle e prevenção de doenças):

- *www.cdc.gov/healthypets*

CORNELL FELINE HEALTH CENTER:

- *www.vet.cornell.edu/FHC*

CREMATION JEWELRY (bijuterias feitas de cinzas de animais):

- *www.ashestoashes.com*
- *www.memorypendants.huffmanstudios.com*

EUKANUBA/IAMS (fabricantes de comida para gatos):

- *www.us.eukanuba.com/eukanuba/en_US/jsp/Eur_Page.jsp?pageID=OT*

INTERNATIONAL SOCIETY FOR ANIMAL RIGHTS (sociedade internacional em defesa dos direitos dos animais):

- *www.isaronline.org/index.html*

MERIAL FRONTLINE AND HEARTWORM PRODUCTS

- *www.merial.com*

HOTÉIS QUE HOSPEDAM ANIMAIS:

- *www.petshotel.petsmart.com/*

REFERÊNCIAS   259

PRONTO-ATENDIMENTO A ANIMAIS EXTRAVIADOS:

- *www.vet.cornell.edu/Org/PetLoss*
- *www.vet.cornell.edu/Org/PetLoss/OtherHotlines.htm*

OBSERVATÓRIO DE PÁSSAROS POINT REYES:

- *www.prbo.org/*

PRONTO-ATENDIMENTO A ANIMAIS ENVENENADOS:

- *www.aspca.org/apcc*
- *www.petpoisonhelpline.com*

PURINA PET FOOD:

- *www.purina.com/cats/health/BodyCondition.aspx*

SOFTPAWS (protetores de garras):

- *www.softpaws.com/*

TREINAMENTO PARA USAR O TOALETE:

- *www.karawynn.net/mishacat/toilet.html*
- *www.petplace.com/cats/how-to-toilet-train-your-cat/page1.aspx*
- *www.citikitty.com*

VETERINARY PET INSURANCE (seguros de saúde para animais):

- *www.petinsurance.com/*

WELACTIN OMEGA FATTY ACIDS (ácidos graxos):

- *www.nutramaxlabs.com/Brochures/Welactin%20for%20Cats%20brochure.pdf*

AGRADECIMENTOS

A meus pais, cuja sabedoria eu prezo muito – sou extremamente grata por vocês sempre terem acreditado em mim e por terem me ajudado a realizar os meus sonhos. Não sei o que seria de mim sem vocês. Amo muito vocês dois.

Para Dan, por ter aprendido a *gostar* dos meus gatos e até mesmo a curti-los. Mais uma vez, não tenho palavras para expressar a minha gratidão por ter me ajudado a superar todas as dificuldades.

Ambos os livros *A Vida é do Cachorro... Mas o Tapete é Seu* e *Este Mundo é dos Gatos... Você Apenas Vive Nele* não teriam sido possíveis sem o apoio extraordinário de Rick Broadhead, meu agente literário; Heather Proulx, minha editora; Alice Peisch, minha assessora de imprensa e *todos* os demais da Crown – um imenso muito obrigada por terem assumido também este empreendimento!

E, finalmente, a todos que se dedicam aos animais com amor: pelo ato de generosidade gratuita ao adotar um animal extraviado e cuidar dele e, com isso, contribuir para a redução da superpopulação de animais ou mesmo salvar suas vidas... o meu muito obrigada!

PRÓXIMOS LANÇAMENTOS

Para receber informações sobre os lançamentos da
Editora Cultrix, basta cadastrar-se
no site: www.editoracultrix.com.br

Para enviar seus comentários sobre este livro,
visite o site www.editoracultrix.com.br ou mande
um e-mail para atendimento@editoracultrix.com.br